国家林业和草原局普通高等教育"十三五"规划教材

计算机辅助设计上机练习与指导

沈嵘枫 编

中国林业出版社

内 容 简 介

AutoCAD 是 Autodesk 公司开发的一个通用计算机辅助设计软件,现已广泛应用于机械、化工、电子、土木建筑及服装设计等各行业中。本书以 AutoCAD 软件为基础,力图使操作者在较短的时间里对 AutoCAD 有一个较系统、清楚的了解。全书共分 11 章,第 1 章为基本操作和概述;第 2~8 章介绍绘图、编辑等命令;第 9、10 章为工程图绘制及实例;第 11 章讲述绘制图纸输出。

本书适合作为大学本科、高等职业院校相关专业计算机辅助设计教材,也是计算机辅助设计初学者和工程人员自学用书。

图书在版编目（CIP）数据

计算机辅助设计上机练习与指导 / 沈嵘枫编. —北京：中国林业出版社，2022.2
国家林业和草原局普通高等教育"十三五"规划教材
ISBN 978-7-5219-1472-6

Ⅰ.①计… Ⅱ.①沈… Ⅲ.①计算机辅助设计—AutoCAD软件—教学参考资料 Ⅳ.①TP391.72

中国版本图书馆CIP数据核字（2021）第274011号

策划、责任编辑：曹鑫茹　　　　　　责任校对：苏　梅
电　　话：（010）83143560　　　　传　　真：（010）83143516

出版发行　中国林业出版社（100009　北京市西城区刘海胡同 7 号）
　　　　　E-mail:jiaocaipublic@163.com　电话:（010）83143500
　　　　　http://www.forestry.gov.cn/lycb.html
印　刷　北京中科印刷有限公司
版　次　2022 年 2 月第 1 版
印　次　2022 年 2 月第 1 次印刷
开　本　787mm×1092mm　1/16
印　张　18.5
字　数　470 千字
定　价　49 元

未经许可，不得以任何方式复制或抄袭本书之部分或全部内容。
版权所有　侵权必究

前 言

在计算机应用不断发展的今天，CAD 的作用越来越重要，应用越来越广泛，各行各业对 CAD 的人才需求很迫切。本书力图使学生在较短的时间里对 AutoCAD 有一个较系统、清楚的了解，着重使学生较全面、熟练地掌握 AutoCAD 的应用方法，强调其实用性。本书对学生学习 AutoCAD 的知识和掌握使用基本技能有所帮助，并为今后的发展打下基础。全书共分 11 章，第 1 章为基本操作和概述；第 2~8 章介绍绘图、编辑等命令；第 9、10 章为工程图绘制及实例；第 11 章讲述绘制图纸输出。本书有以下特点。

（1）适用范围较广。对于初学者，不需要预备知识就能直接学习、快速入门；对于有一定 CAD 基础的人员，通过学习本教材，能使 CAD 设计技能得到较大提高。

（2）注重基本理论。在计算机辅助设计部分，使学生对 CAD 有一个总括、全面的了解，搞清 CAD 的概念及掌握相关基础知识。

（3）注意抓住重点内容。AutoCAD 的内容、命令比较多，本书注意突出重点，抓住常用的有代表性的命令，结合具体实例进行讲解。

（4）具有很强的实用性，可操作性。为使初学者便于上手，在介绍一些常用的、有代表性的命令时，有具体操作步骤、过程与说明。便于读者较快学习、切实掌握。

本书适合作为大学本科、高等职业院校相关专业计算机辅助设计教材，也是给 AutoCAD 初学者和工程人员的一本难得的参考书籍。初学者可以从中掌握基本绘图命令和技巧，工程技术人员可将其作为基本的绘图参考手册。

本书的编写得到福建农林大学教材出版基金（111971813）资助。

由于编者水平有限，书中难免存在不足之处，敬请专家和广大读者批评指正。读者对本书存有任何技术疑问，均可以通过 E-mail 信箱 fjshenrf@163.com 联系，我们将竭诚为您服务，共同促进技术进步。

沈嵘枫

2021 年 09 月

目 录

前 言

第 1 章 AutoCAD 基础 1
1.1 AutoCAD2019 启动 1
1.2 AutoCAD 界面 2
1.3 AutoCAD 设置成经典界面 10
1.4 图形文件的管理 17
1.5 绘图环境的设置 20
1.6 数据输入操作 24
1.7 控制图形的显示缩放 29
1.8 坐标输入 35
1.9 使用捕捉、栅格和正交 38
1.10 创建和管理图层 43
1.11 重画与生成 48

第 2 章 绘制基本二维图形 51
2.1 绘图流程与基本原则 51
2.2 直线、射线、多线和构造线 52
2.3 矩形和正多边形 56
2.4 圆、圆弧、椭圆 59
2.5 圆环 64
2.6 多段线 65
2.7 样条曲线 68
2.8 绘制多线 70
2.9 点的绘制 73
2.10 局部剖面图 75

第 3 章 编辑二维图形对象 79
3.1 选择二维图形对象 79

3.2 夹点编辑图形对象 85
3.3 删除、移动、旋转对象 88
3.4 复制、阵列、偏移和镜像对象 91
3.5 拉伸、拉长、延伸 97
3.6 倒角、圆角 99
3.7 编辑对象特性 101
3.8 编辑多线 101

第 4 章 编辑文字和表格单元 107
4.1 设置文字 107
4.2 创建并编辑单行文字 110
4.3 创建与编辑多行文字 113
4.4 创建表格样式和表格 116
4.5 编辑表格和表格单元 122

第 5 章 图案填充与查询工具 140
5.1 图案填充 140
5.2 面域 150
5.3 信息查询 152

第 6 章 标注图形尺寸 159
6.1 尺寸标注的规则与组成 159
6.2 创建与设置标注样式 162
6.3 长度型尺寸标注 168
6.4 半径、直径和圆心标注 172
6.5 角度标注与其他类型的标注 173
6.6 形位公差标注 177
6.7 基准 180
6.8 编辑标注对象 182

第 7 章 块与外部参照 194
7.1 块 194
7.2 外部参照 200

第 8 章 参数约束与设计中心 217
8.1 几何约束 217
8.2 标注约束 218
8.3 设计中心 219

第 9 章 机械设计绘图 ·················· 232
9.1 机械工程图规则 ················ 232
9.2 零件图简介 ···················· 236
9.3 零件图绘制过程及方法 ········ 237
9.4 装配图简介 ···················· 238
9.5 装配图绘制过程及方法 ········ 240

第 10 章 建筑设计绘图 ················ 248
10.1 建筑设计概述 ················· 248
10.2 建筑制图标准 ················· 249
10.3 模板介绍 ···················· 252

第 11 章 打印输出和发布 ············· 263
11.1 创建与管理布局 ·············· 263
11.2 打印输出 ···················· 267
11.3 发布图形 ···················· 270

参考文献 ························· 281
附录 1 AutoCAD 常用键盘命令 ······ 283
附录 2 AutoCAD 样板说明 ·········· 287

第1章 AutoCAD 基础

⏵ 本章导读

AutoCAD 是由美国 Autodesk 公司开发的通用计算机辅助绘图与设计软件包，该软件具有易于掌握、使用方便、体系结构开放等优点，能够帮助制图者实现绘制二维与三维图形、标注尺寸、渲染图形以及打印输出图纸等功能，广泛应用于机械、建筑、电子、航天、造船、冶金、石油化工、土木工程等领域。本章重点介绍 AutoCAD 软件的基础入门知识，为后面的学习打下坚实的基础。AutoCAD 是一款功能强大的工程绘图软件，使用该软件不仅能够将设计方案用规范、美观的图纸表达，还能够有效地帮助设计人员提高设计水平及工作效率，从而解决传统手工绘图效率低、准确度差以及工作强度高的缺点。利用 AutoCAD 软件绘制的二维和三维图形，在工程设计、生产制造和技术交流中都起着不可替代的重要作用。

⏵ 知识目标

了解 AutoCAD 2019 工作空间及工作界面。
了解管理图形文件。
认识使用快捷特性。
了解设置参数选项。
熟悉菜单栏。
熟悉输入方式。

⏵ 能力目标

设置绘图环境、命令与系统变量。
使用 AutoCAD 绘图方法、坐标系。
操作与管理图层、控制图形显示。
使用栅格和捕捉、对象捕捉功能。

1.1 AutoCAD2019 启动

在安装 AutoCAD 之前，计算机至少要满足系统需求，才能有效地使用 AutoCAD 软件。如果不满足系统需求，可能会出现很多问题。安装 AutoCAD 时，计算机将自动检测 Windows 操作系统是 32 位版本还是 64 位版本。安装程序将自动安装适当的 AutoCAD 版本。不能在 64 位版本的 Windows 上安装 32 位版本的 AutoCAD。双击运行"setup.exe"程序，根据弹出的窗口选择、操作即可。

启动 AutoCAD 的方法主要有以下两种：

①选择"开始"菜单→所有程序→ Autodesk → AutoCAD – 简体中文（Simplified Chinese）→ AutoCAD 命令，就可以启动 AutoCAD，如图 1-1 所示。

②双击桌面上的 AutoCAD 的快捷图标，如图 1-2。安装 AutoCAD 后，系统会自动在

Windows 桌面上生成对应的快捷方式。双击该快捷方式，即可启动 AutoCAD。与启动其他应用程序一样，也可以通过 Windows 资源管理器、Windows 任务栏按钮等启动 AutoCAD，如图 1-3。

1.2 AutoCAD 界面

在学习 AutoCAD 之前，首先要了解该软件的操作界面，软件界面非常人性化，提供便捷的操作工具，可以帮助用户快速熟悉操作环境，从而提高工作效率。AutoCAD 默认启动的为"草绘与注释"工作界面。该工作界面包括标题栏、应用程序菜单、快速访问工具栏、功能区、绘图区、命令窗口、快捷菜单和状态栏等。AutoCAD 还提供了几种工作空间供用户选择使用。

图 1-1 启动 CAD

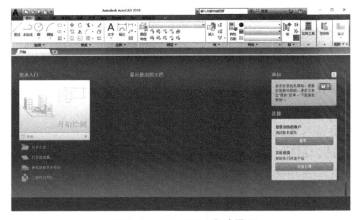

图 1-2 双击快捷键启动 CAD　　图 1-3 AutoCAD 启动界面

1.2.1 AutoCAD 操作界面

（1）AutoCAD 工作界面

启动 AutoCAD 应用程序后，进入 AutoCAD 默认的工作界面——草图与注释工作空间窗口，各部分组成如图 1-4 所示。该屏幕界面主要由标题栏、菜单、工作空间、工具栏选项卡、绘图窗口、图纸空间选项卡、命令行窗口、状态栏、坐标系、导航工具栏图标等组成。图 1-5 是为了兼顾先前的版本用户的 AutoCAD 的工作界面——AutoCAD 经典工作空间。

（2）AutoCAD 的工作空间

工作空间就是由分组组织的菜单、工具栏、选项板和功能区控制面板组成的集合。如果用户需要在各个工作空间模式中进行切换，可以在状态栏上单击"切换工作空间"按

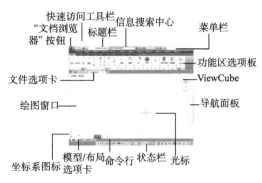
图1-4 AutoCAD 默认工作空间界面

图1-5 AutoCAD 经典界面

钮,在弹出的下拉菜单中选择相应的命令,即可切换至相应的工作空间。

AutoCAD 提供草图与注释(图1-6)、三维基础(图1-7)、三维建模(图1-8)和自定义(图1-9)等多种工作空间模式。用户还可以根据自己的需求对空间进行重新设置或自定义空间,以达到适合用户自己应用的工作环境界面。在 AutoCAD 中可以使用自定义工作空间来创建绘图环境,以便显示用户需要的工具栏、菜单和可固定的窗口。自定义用户工作空间提供一个界面,用于自定义工作空间、工具栏、菜单、功能区面板、快捷菜单和其他用户界面元素。与窗口和选项板一样,工具栏可以固定或浮动。固定的工具栏附着在绘图区域的边上。可以通过双击双栏,可浮动工具栏。通过将工具栏拖动到新位置,可移动或固定工具栏(图1-10)。拖动浮动工具栏的一条边可以调整其大小。按照希望的方式排列好工具栏和固定、浮动或定位的窗口后,可以锁定它们的位置。固定的工具栏和窗口仍然可以使用、打开或关闭。要暂时解除锁定,按住 Ctrl 键。自定义工作空间的备份需要在"工具"→"输出自定义设置"→"自定义用户界面"对话框→将"主定义文件"(即当前的配置文件)中的自定义工作间直接拖动到"新文件"下的"工作空间"条目下,"保存"到指定目录即可(图1-11)。

(3)模型空间与图纸空间

AutoCAD 为用户提供了模型空间(图1-12)与图纸空间(又被称为布局空间,图1-13)两种绘图空间,在这两种空间中都可以对图像进行绘制与编辑。当打开一个新图形文件时,软件默认自动进入模型空间。

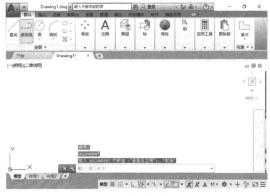
图1-6 草图与注释工作空间

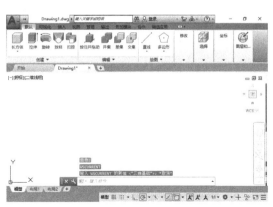
图1-7 三维基础工作空间

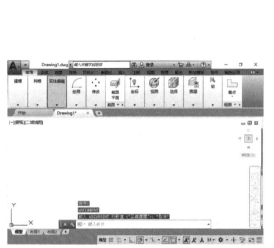

图 1-8　三维建模工作空间

图 1-10　锁定工具栏和选项板

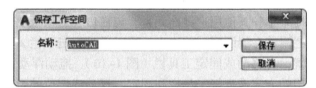

图 1-9　自定义工作空间

图 1-11　保存工作空间

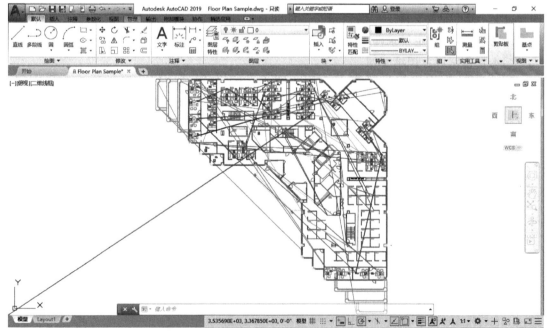

图 1-12　模型空间

图 1-13 图纸空间

（4）标题区

在屏幕上方的第一行，显示了软件的名称（AutoCAD）、版本图标及当前图名等。单击位于标题栏右侧的各按钮，可分别实现 AutoCAD 窗口的最小化、还原（或最大化）及关闭 AutoCAD 等操作。

（5）菜单区及其下拉菜单

菜单栏是主菜单，可利用其执行 AutoCAD 的大部分命令。单击菜单栏中的某一项，会弹出相应的下拉菜单，为"视图"下拉菜单。下拉菜单中，右侧有小三角的菜单项，表示它还有子菜单。显示了"缩放"子菜单；右侧有 3 个小点的菜单项，表示单击该菜单项后要显示出一个对话框；右侧没有内容的菜单项，单击它后会执行对应的 AutoCAD 命令。

（6）快速访问工具栏和菜单栏

快速访问工具栏中包含多个常用命令：新建、打开、保存、打印、放弃和重做等。下拉菜单来作为功能区的替代。菜单用于：访问命令和选项的更完整的列表；在应用程序窗口的顶部提供更多的绘图空间；从菜单而不是从功能区或工具栏中的图标选择描述文字。可以从"快速访问"工具栏下拉列表中或通过使用 CUI 来启用菜单栏，以自定义用户界面。

（7）光标

当光标位于 AutoCAD 的绘图窗口时为"十"字形状，又称其为"十"字光标。十字线的交点为光标的当前位置。AutoCAD 的光标用于绘图、选择对象等操作。

（8）菜单浏览器

单击菜单浏览器，AutoCAD 会将浏览器展开。用户可通过菜单浏览器执行相应的操作。

（9）滚动条

利用水平和垂直滚动条，可以使图纸沿水平或垂直方向移动，即平移绘图窗口中显示的内容。

（10）绘图区

AutoCAD 界面中最大的空白区域就是绘图窗口区域。

（11）信息中心

信息中心在界面右上方。通过输入关键字来搜索信息、显示"AutoCAD 帮助"面板以获取产品更新和通告，还可以显示"收藏夹"面板以访问保存的主题。

（12）功能区

默认情况下，在创建或打开图形时，功能区将显示在图形窗口的上面。功能区由选项卡组成。每个选项卡都含有多个带标签的面板，面板中包含许多与对话框和工具栏中相同的控件（按钮）。

1.2.2 工具栏

除了快速访问工具栏，AutoCAD 还提供传统方式工具栏。如果用户使用"AutoCAD 经典"工作空间，该空间没有功能区命令按钮，通常使用工具栏中的命令按钮执行命令。选择菜单命令"工具"→"工具栏"→"AutoCAD"，子菜单中列出所有可选工具栏的名称。

（1）工具栏选项卡组成

在工具栏选项卡中选项卡有默认、插入、注释、参数化、三维工具、可视化、视图、管理、输出、附加模块、协作、精选应用、Acrobat 等。其中，默认选项卡中有绘图、修改、图层、注释、特性、块等工具栏面板。如图 1-14 所示。

图 1-14 工具栏选项卡

（2）工具栏选项卡的隐藏或显示

显示或隐藏工具栏，要在工具栏上任意位置，单击鼠标右键以显示工具栏列表。工具栏名称旁边的复选标记表明该工具栏已显示。单击列表中的工具栏名称可显示或清除复选标记，如图 1-15 所示。

图 1-15 显示或隐藏工具栏

（3）工具栏面板

①功能区按逻辑分组来组织工具。功能区提供一个简洁紧凑的选项板，其中包括创建或修改图形所需的所有工具。可以将它放置在以下位置：水平固定在绘图区域的顶部（默认）；垂直固定在绘图区域的左边或右边；在绘图区域中或第二个监视器中浮动。

②功能区选项卡和面板。功能区由一系列选项卡组成，这些选项卡被组织到面板，其中包含很多工具栏中可用的工具和控件，如图 1-16 所示。

一些功能区面板提供了对与该面板相关的对话框的访问。要显示相关的对话框，请单击面板右下角处由箭头图标 表示的对话框启动器，如图 1-17 所示。

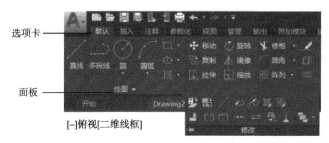

图 1-16 功能区选项卡和面板　　　　图 1-17 对话框启动

注：可以控制显示哪些功能区选项卡和面板。在功能区上单击鼠标右键，然后单击或清除快捷菜单上列出的选项卡或面板的名称。

③滑出式面板。单击面板标题中间的箭头 绘图▼，面板将展开以显示其他工具和控件。默认情况下，当单击其他面板时，滑出式面板将自动关闭。要使面板保持展开状态，请单击滑出式面板左下角的图钉 图标，如图 1-18 所示。

图 1-18 滑出式面板

在工具栏选项卡中有常用、插入、注释、参数化、三维工具、可视化、视图、管理、输出、附加模块等所对应的工具选项面板。每一个面板都有不同的工具按钮："绘图工具栏"面板（图 1-19）、"修改工具栏"面板（图 1-20）、"图层工具栏"面板（图 1-21）、"特性工具栏"面板（图 1-22）、"注释工具栏"面板（图 1-23）、"块工具栏"面板（图 1-24）。

图 1-19 "绘图工具栏"面板　　图 1-20 "修改工具栏"面板　　图 1-21 "图层工具栏"面板

图 1-22 "特性工具栏"面板　　图 1-23 "注释工具栏"面板　　图 1-24 "块工具栏"面板

1.2.3 坐标系

AutoCAD 图形中各点的位置都是由坐标系来确定的。在 AutoCAD 中，主要有两种坐标系：世界坐标系（WCS）的固定坐标系和用户坐标系（UCS）的坐标系。

在世界坐标系中，X 轴是水平的，Y 轴是垂直的，Z 轴垂直于 XY 平面，符合右手法则，该坐标系存在于任何一个图形中且不可更改。默认情况下，坐标系为世界坐标系（WCS）。

在 AutoCAD 中，为了能够更好辅助绘图，经常需要修改坐标系的原点和方向，这时世界坐标系将变为用户坐标系即 UCS。UCS 的原点以及 X 轴、Y 轴、Z 轴方向都可以移动及旋转，甚至可以依赖于图形中某个特定的对象。

1.2.4 模型/布局选项

模型/布局选项卡用于实现模型空间与图纸空间的切换。绘图窗口的下方有模型和布局选项卡，单击它们可以在模型空间或图纸空间之间来回切换。AutoCAD 的主要功能之一是可以在模型空间和图纸空间的两个环境中完成绘图和设计工作，但它们的作用是不同的，如图 1-25 所示。

模型空间是一个三维的空间，主要用来创建设计对象，即用来画图。设计者一般在模型空间完成其主要的设计构思。图纸空间是用来将几何模型表达到工程图纸上用的，专门用来进行出图。图纸空间又称为布局空间，是一种图纸空间的环境，它模拟图纸页面提供直观的打印设置。通常是在模型空间中绘制图形，在布局空间中布置图纸图形的位置并输出。

1.2.5 命令行窗口与文本窗口

（1）命令行窗口

命令行窗口位于绘图窗口的底部，用于接受用户输入的命令，并显示命令提示信息。Ctrl+9 控制命令窗口的显示与隐藏。如图 1-26 命令行窗口所示。默认情况下，命令窗口是固定的。固定命令窗口与 AutoCAD 窗口等宽。如果输入的文字长于命令行宽度，在命令行前弹出窗以显示该命令行中的全部文字，也可将命令窗口移动到屏幕的任何位置并调整其宽度和高度。

图 1-25　模型和布局选项卡

图 1-26　命令行窗口

（2）命令提示区

在绘图窗口的下方是命令窗口，它是用户与 AutoCAD 进行对话的窗口，通过命令窗口发出绘图命令、显示执行的命令、系统变量、选项、信息和提示，与使用菜单命令和命令按钮的功能相同。

命令窗口由两部分组成：命令行和命令历史记录窗口。在 AutoCAD 中终止一个命令的方式有以下 4 种：

①正常完成。
②在完成之前，单击 Esc 键。
③从菜单或工具栏中调用别的命令，AutoCAD 将自动终止当前正在执行的命令。
④从当前命令的快捷菜单中选择"取消"选项。

（3）文本窗口

AutoCAD 文本窗口是记录 AutoCAD 命令的窗口，它记录了用户已执行的命令，也可以用来输入新命令或复制已执行命令。用户可以选择视图中的显示文本窗口、或按 F2

键来显示或隐藏它。步骤：选择"视图"→"显示"→"文本窗口"命令，如图 1-27 所示。

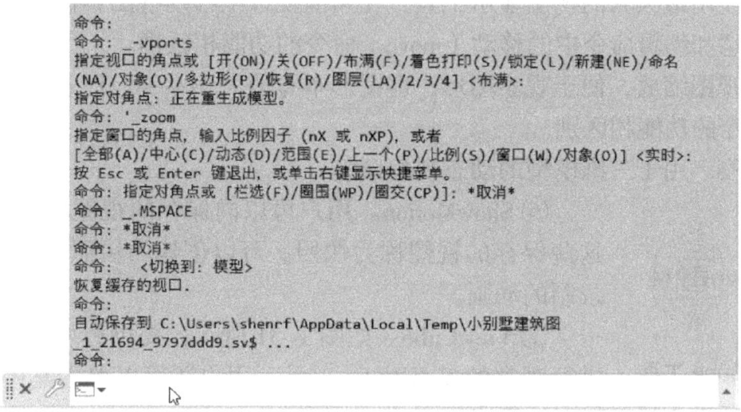

图 1-27 "文本窗口"

1.2.6 状态栏

状态栏在 AutoCAD 界面的最底部，提供关于打开和关闭图形工具的有用信息和按钮。状态栏位于整个界面的最下端。中间则显示一些特殊功能的按钮，包括对象捕捉、栅格显示、DYN 动态输入、正交模式、极轴追踪、显示隐藏线宽等。右边包括快速查看、注释工具、工作空间、全屏显示等功能按钮选项。如图 1-28 状态栏所示。

图 1-28 状态栏

1.2.7 导航栏与控制盘

①导航栏。导航是一种用户界面元素，用户可以从中访问通用导航工具和特定于产品的导航工具。通用导航工具是指那些可在多种 Autodesk 产品中找到的工具。产品特定的导航工具为该产品所特有。导航栏在当前绘图区域的一个边上方沿该边浮动。通过单击导航栏上的按钮之一，或选择在单击分割按钮的较小部分时显示的列表中的某个工具，可以启动导航工具，如图 1-29 所示。其中包括了控制盘，如图 1-30 控制盘所示。

②控制盘。将多个常用导航工具结合到一个单一界面中，为用户节省了时间。控制盘

图 1-29 导航栏

图 1-30 控制盘

特定于查看模型时所处的上下文,包括二维导航控制盘、三维导航控制盘,有全导航控制盘、查看对象控制盘、巡视建筑控制盘,有大小之分。

③平移。使用最频繁的视图显示工具,在当前视口中移动视图,但图形本身不动,坐标不变化,注意和编辑命令中的移动(move)命令的功能相区别。

④缩放。视图缩放,便于观察图形,但图形本身的大小不变。注意和编辑命令中的缩放(scale)命令的功能相区别。

⑤动态观察。用于三维模型的动态视角调整。

⑥ShowMotion。用户可以向保存的视图中添加移动和转场。这些保存的视图称为快照。可以创建的快照类型有静止、电影、录制的动画。

⑦ViewCube。如图1-31所示,提供有可以从三维6个方向进行观察的ViewCube工具。用户还可以单击其中的箭头进行方向旋转。对三维模型的观察更加便捷。

图1-31 ViewCube工具

1.3 AutoCAD设置成经典界面

AutoCAD自2009版采用Ribbon功能区后,将经典模式保留到2014版。用户可以方便地切换Ribbon界面和经典界面。从2015版开始彻底取消了经典模式。相信不少用户习惯了AutoCAD的经典工作界面,对Ribbon方式不太习惯。通过以下步骤,很快就能自己动手,创建经典工作界面。

1.3.1 从AutoCAD自身设置

①单击快速启动栏的按钮,在下拉菜单中单击"显示菜单栏"命令,如图1-32所示。

图1-32 显示菜单栏

注:单击快速启动栏的按钮,在下拉菜单中单击"隐藏菜单栏"命令,"隐藏菜单栏"或者在菜单栏工具条上右击,单击"显示菜单栏",则系统不显示经典菜单栏。

②经过一步操作后,系统显示经典菜单栏,包含"文件、编辑、视图、插入、格

第1章 AutoCAD 基础

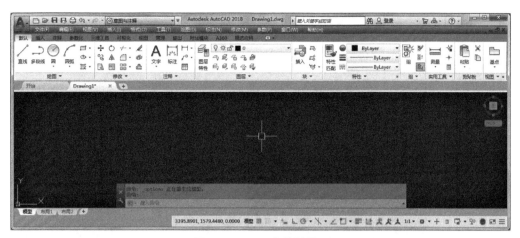

图 1-33 显示菜单栏界面

式、工具、绘图、标注、修改、参数、窗口、帮助",如图 1-33 所示。

1.3.2 调出工具栏

①依次单击"工具"→"工具栏"→"AutoCAD",展开级联菜单,单击"修改"选项,如图 1-34 所示。

②经过上一步操作,传统的"修改"工具栏显示出来。将光标置于"修改"工具栏,单击右键,如图 1-35 所示。

③在弹出的快捷菜单中选择"标准""特性""图层""绘图""对象捕捉""样式""标注""绘图次序"等选项,显示相应的工具栏,如图 1-36 所示。

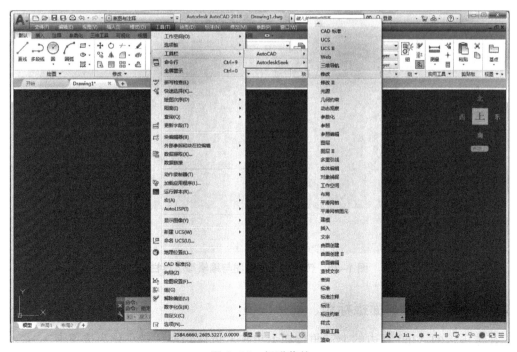

图 1-34 级联菜单

11

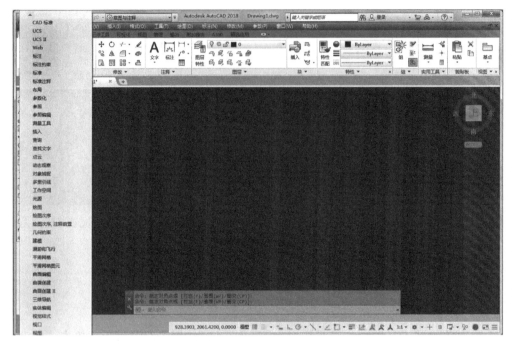

图 1-35 传统的"修改"工具栏

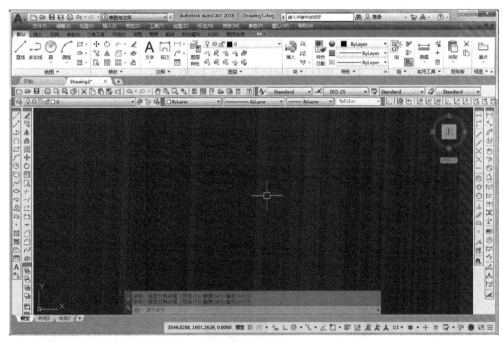

图 1-36 传统的二维绘图与编辑等工具栏

1.3.3 切换选项卡、面板标题、面板按钮

在选项卡的 A360 右边的上三角按钮上单击,可以切换"最小化为选项卡""最小化为面板标题""最小化为面板按钮",系统并未关闭丝带式菜单,如图 1-37 所示。

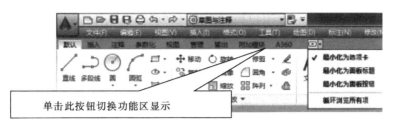

图 1-37　切换选项卡、面板标题、面板按钮

1.3.4　关闭功能区

如果感觉"功能区"选项卡"默认、插入、注释、参数化、视图、管理、输出、附加模块、A360"工具条没必要显示，则在该行任意位置右击，弹出快捷菜单，单击"关闭"选项即可，如图 1-38 所示。或在命令行输入 r 后，选择"ribbonclose"，按 Enter 键即可。

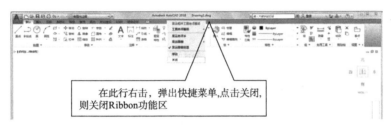

图 1-38　关闭 Ribbon 功能区

注：如果要恢复功能区，在命令行中输入 r，选择"ribbon"，按 Enter 键即可。

1.3.5　建立经典工作界面

①经过上述操作，传统的经典界面出现了，如图 1-39 所示。可以展开"工具"→"选项"→"显示"，去掉"显示文件选项卡"的勾选，则不显示菜单栏下方的"开始""Drawing1"等文件选项卡。

图 1-39　经典工作界面

②单击"草图与注释",在下拉列表中选择"将当前工作空间另存为…",如图1-40所示。

③在弹出的对话框中输入"AutoCAD经典"或其他容易识别的名字,单击"保存",可以针对二维绘图和三维绘图分别建立自己的工作空间。当然,也可以在已有的工作空间"草图与注释""三维基础""三维建模"上进行修改,如图1-41所示。

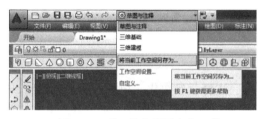

图1-40 "工作空间另存为…"

图1-41 保存工作空间对话框

1.3.6 使用经典工作空间

启动软件后,在工作空间列表中选择"AutoCAD经典"即可。

1.3.7 恢复经典阵列对话框

上述初步完成了经典工作界面的创建。但是,不少人对新的阵列命令不习惯,可以通过以下操作恢复经典阵列对话框。

①依次单击"工具"→"自定义"→"编辑程序参数",如图1-42所示。

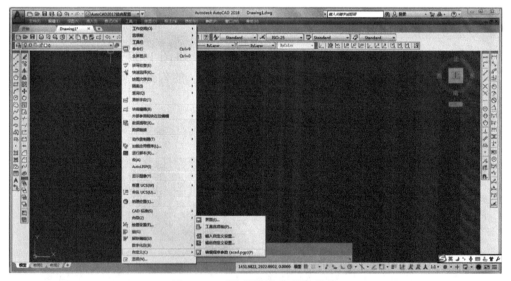

图1-42 "编辑程序参数"菜单

②经过上一步操作,在弹出的"acad-记事本"文件中,找到"AR*ARRAY"一行,将其修改为"AR*ARRAYCLASSIC",保存后关闭文件即可如图1-43所示。

③经过上述操作以后,在命令行输入AR命令,经典阵列命令就出现了,如图1-44所示。

第 1 章 AutoCAD 基础

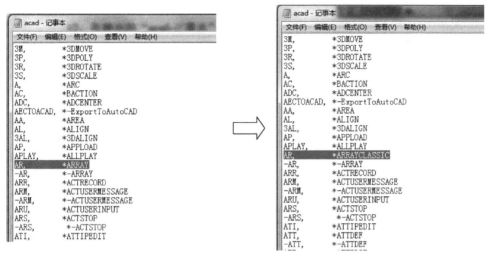

图 1-43 修改 "acad- 记事本" 文件

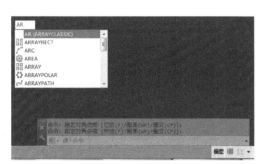

图 1-44 命令行输入 AR

图 1-45 经典阵列对话框

④选中 AR（ARRAYCLASSIC）命令，按 Enter 键，经典阵列命令对话框就出现了，如图 1-45 所示。

1.3.8 导入经典界面文件

如果计算机已安装 AutoCAD 软件，或安装了 AutoCAD2009—2017 软件，并已设置好经典界面，则可以导入经典界面配置文件。以 AutoCAD2017 软件为例，主要步骤如下。

（1）建立配置文件

①打开 AutoCAD 2017 软件，展开"工具"→"选项"级联菜单，或在命令行中输入"OP"并按 Enter，打开"选项"对话框，切换到"配置"选项卡，单击"输出"按钮，如图 1-46 所示。

②在弹出的"输出配置"对话框中，输入配置名称，如"AutoCAD2017 经典配置"。如图 1-47 所示。选择保存路径后，单击"保存"按钮，即可保存配置文件。

（2）输入配置文件

①打开 AutoCAD 2017 软件，单击菜单浏览器　　，在下拉菜单中选择"选项"，或在命令行中输入"OP"并回车，打开"选项"对话框，切换到"配置"选项卡，单击"输入"按钮，如图 1-48 所示。

图 1-46 "配置"选项卡 1

图 1-47 "输出配置"对话框

图 1-48 "配置"选项卡 2

②弹出"输入配置"对话框,找到刚刚创建的配置文件"AutoCAD 2017 经典配置.arg",如图 1-49 所示。

③双击"AutoCAD2017 经典配置.arg",弹出"输入配置"对话框之二,如图 1-50 所示。单击"应用并关闭"按钮,在"选项"对话框中,单击"置为当前"按钮,即可输入到软件中。单击"确定"按钮,系统关闭"选项"对话框。

图 1-49 "输入配置"对话框之一

图 1-50 "输入配置"对话框之二

(3)关闭功能区

在"功能区"选项卡"默认、插入、注释、参数化、视图、管理、输出、附加模块、A360"上任意位置右击,弹出快捷菜单,点击"关闭"选项即可,或在命令行输入 r 后,选择"ribbonclose",按 Enter 即可。

(4)保存工作空间

①单击"草图与注释",在下拉列表中选择"将当前工作空间另存为…"。

②在弹出的对话框中输入"AutoCAD 2018 二维经典"或其他容易识别的名字,单击"保存",结果如图 1-51 所示。

可以针对二维绘图和三维绘图分别建立自己的工作空间。当然,也可以在已有的工作空间"草图与注释""三维基础""三维建模"上进行修改。

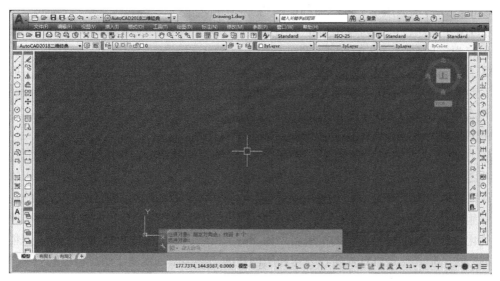

图 1-51　二维经典工作空间

1.4　图形文件的管理

1.4.1　创建文件

通常在绘制一张新图之前,首先应该创建一个空白的图形文件,即创建一个新的绘图窗口,以便绘制新图形。单击"标准"工具栏上的"新建"按钮,或选择"文件"→"新建"命令,即执行 new 命令,AutoCAD 弹出"选择样板"对话框。初次启动 AutoCAD 软件时,系统将自动创建一个默认文件名为 Drawing1.dwg 的文件,并根据具体情况用户可自行创建文件。方法如下:

①选择主菜单中的"新建"命令;

②单击工具栏中的"新建"按钮;

③输入命令 new;

④使用 Ctrl+N。

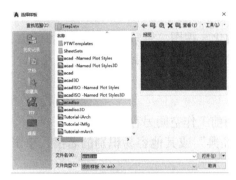

图1-52 新建文件窗口

任何一种方法都将弹出选择样板对话框（图1-52），选择用户所需绘图模板。在打开按钮列表中有公制和英制两种单位。选择符合中国人习惯的公制（m、dm、cm、mm）单位。在文件类型中选择 .dwg 文件格式。

1.4.2 文件类型

① DWG 文件。AutoCAD 标准图形文件的文件扩展名为 .dwg，除非更改保存图形文件所使用的默认文件格式，否则一般都使用 .dwg 图形文件格式保存图形。此格式适用于文件压缩和在网络上使用。

② DWS 文件。可以创建用于定义图层特性、标注样式、线型和文字样式的文件，并将其保存为扩展名为 .dws 的标准文件。

③ DXF 文件。AutoCAD 图形的网络格式文件（Drawing Web Format）可以将图形输出为 dxf 文件，其中包含可由其他 CAD 系统读取的图形信息。dxf 文件是文本或二进制文件，其中包含可由其他 CAD 程序读取的图形信息。如果其他用户正使用能够识别 dxf 文件的 CAD 程序，那么以 dxf 文件保存图形就可以共享该图形。

④ DWT 文件。开始绘图之前，用户需要确定图形中使用的图形单位系统，然后选择适合这些图形单位的图形样板文件；或创建新图形时，AutoCAD 将访问图形样板文件以确定诸多默认设置，如单位精度、标注样式、图层名、标题栏及其他设置。随 AutoCAD 系统提示安装了一组图形样板文件。这些样板文件的大部分为英制或公制单位，有些针对三维建模进行了优化。所有图形样板文件的扩展名均为 .dwt。虽然这些图形样板提供了一种快速创建新图形的方法，但是，最好针对所在公司和所创建的图形类型创建适于用户自己的图形样板。

1.4.3 打开文件

单击"标准"工具栏上的（打开）按钮，或选择"文件"→"打开"命令，即执行 open 命令，AutoCAD 弹出与前面的图类似的"选择文件"对话框，可通过此对话框确定要打开的文件并打开它。AutoCAD 不仅能打开它本身格式的图形文件（dwg、dwt、dws），而且能直接读取 dxf 文件。"选择文件"对话框。用户在绘图的过程中，很难一次绘制完成所需要的设计任务，经常需要继续上一次的操作，这就涉及对图形文件的打开操作。

① 选择主菜单中的"打开"。
② 在命令行中输入 open 命令。
③ 选择工具栏中的"打开"按钮，并选择文件名称、类型改为图形文件 *.dwg，如图1-53 所示。

AutoCAD 支持多文档操作，即可以同时打开多个图形文件。

图1-53 文件打开

1.4.4 局部打开和局部加载图形

在大型工程项目中，如果只负责一小部分设计，使用局部打开，可以只打开所需要的内容，加快文件的加载速度，而且也减少绘图窗口中显示的图形数量。在局部打开文件之后，使用"局部加载"可以加载该文件的其他图层，进行编辑操作。

①在快速访问工具栏中，单击"打开"按钮，打开选择文件对话框，单击一个图形文件名称，单击"打开"按钮右侧的三角形按钮，在弹出的快捷菜单中有 4 个选项。选择不同的打开方式所打开的文件属性不同。图层，进行编辑操作。

②在快速访问工具栏中，单击"打开"按钮，打开选择文件对话框，单击一个图形文件名称，单击"打开"按钮右侧的三角形按钮，在弹出的快捷菜单中有 4 个选项，如图 1-54 所示。选择不同的打开方式所打开的文件属性不同。

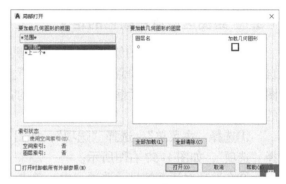

图 1-54　局部打开

1.4.5 保存文件

用户在操作过程中，往往因为断电或其他意外的机器事故而造成的文件丢失，给工作带来不必要的麻烦。因此，在工作时应该养成经常保存的习惯。与其他应用程序一样，AutoCAD 提供了自动保存、备份文件和其他保存功能。一般将文件保存为 .dwg 文件形式。选择主程序菜单中保存或另存为命令或使用命令 saves 或 qsave。如图 1-55、图 1-56 所示。

图 1-55　文件另存为类型选项　　图 1-56　另存为 .dwg 图形文件

1.4.6 关闭文件

在 AutoCAD 中，关闭图形文件方法如下：
①选择"主菜单"→"退出"。
②单击标题栏中的关闭按钮。
③使用 Alt+F4，关闭文件并退出系统。

1.5 绘图环境的设置

绘图环境是指影响绘图的诸多选项和设置，一般在绘制新图形之前要配置好。对绘图环境合理的设置，是能够准确、快速绘制图形的基本条件和保障。要想精准提高个人的绘图速度和质量，必须配置一个合理、适合自己工作习惯的绘图环境及相应参数。

1.5.1 绘图区域背景颜色的定义

AutoCAD 系统默认的绘图窗口颜色为黑色，命令行的字体为 Courier，用户可以根据自己的习惯将窗口颜色和命令行的字体进行重新设置。如用户一般习惯在黑屏状态下绘制图形，可以通过选项对话框更改绘图区域的背景颜色。自定义应用程序窗口元素中的颜色的步骤如下：

①选择"主菜单"，选择"选项"，如图 1-57 左图所示。或绘图区域单击鼠标右键选择"选项"，如图 1-57 右图所示。

②在选项对话框的显示选项卡中，单击"颜色"，如图 1-58 所示。

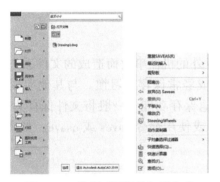
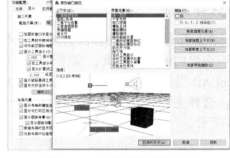

图 1-57　选项对话框的打开方式　　　　图 1-58　图形窗口颜色更改

③在图形窗口颜色对话框中，选择要更改的上下文，然后选择要更改的界面元素。

④要指定自定义颜色，请从颜色列表中选择"颜色"，即打开了颜色列表，选择一种所需颜色确定即可。

⑤如果要恢复为默认颜色，则选择恢复当前元素、恢复当前上下文或恢复所有上下文。

⑥选择"应用并关闭"将当前选项设置记录到系统注册表中并关闭该对话框。

1.5.2 设置图形界限

在实际工作中，绘图界限就是标明绘图工作区域的边界。AutoCAD 作为计算机辅助设计工具，其最大的优势在于可以将计算机当作一个无限大的虚拟空间，也就是通过创建一幅新图后打开 AutoCAD 图形界面上的绘图区，可以在这个虚拟空间中绘制出与所绘实体相同大小尺寸的图形。设置绘图界限的目的是为了方便在这个无限大的空间即模型空间中布置图形，绘制的图形合适的放置在所设绘图界限内，有利于准确地绘图和出图。因此，在进行 AutoCAD 绘图操作之前必须对绘图界限进行设置。

图形界限就是绘图区域或绘图边界，也称为图限。即设置图形绘制完成后输出的图纸大小。绘图界限的设置与选择图纸幅面的大小相对应。绘图界限的显示区域为一个可见的栅格指示区域，以便布图和打印。常用的图纸规格有 A0~A4，一般称为 0~4 号图纸。常用图纸的标准尺寸见表 1-1 所列。

表 1-1 图纸标准尺寸

纸张大小	图纸标准尺寸（mm×mm）	纸张大小	图纸标准尺寸（mm×mm）
A0	840×1189	A3	297×420
A1	594×841	A4	210×297
A2	420×594		

（1）功能

在模型空间中，绘图界限用来规定一个范围，使所建立的模型始终处于这一范围内，避免在绘图时出现超界限现象。利用 LIMITS 命令可以定义绘图边界，相当于手工绘图时确定图纸的大小。绘图界限是代表绘图极限范围的两个 WCS 坐标二维点，这两个二维点分别是绘图范围的左下角和右上角，它们确定的矩形就是当前定义的绘图范围，在 Z 方向上没绘图极限限制。

（2）图形界限的设置方法

在命令行中输入 LIMITS 命令设置图形界限。通过选择开"ON"或关"OFF"选项可以决定能否在图形界限之外确定某一点。如果选择"ON"，打开图形界限检查，就不能在图像界限之外结束一个对象，也不能使用移动或复制命令将图形移动到图形界限之外；如果选择"OFF"选项，禁止图形界限检查，可以在界限之外绘制对象或指定点。

（3）操作示例

以图纸左下角点（0，0）和右上角点（841，594）为图形界限范围，并使用栅格显示图纸的界限范围。

方法一：

①在命令行中，操作信息提示如下：

命令：LIMITS

重新设置模型空间界限：

指定左下角点或[开（ON）/关（OFF）]<0.0000, 0.0000>：（可接受默认值，将原坐标原点设置为图纸幅面的左下角）

指定右上角点 <420.0000, 297.0000>：841, 594

②在状态栏中单击"栅格"按钮，使用缩放工具显示界限区域，效果如图 1-59 所示。

方法二：

①单击菜单栏中的"格式"→"图形界限"。

②在命令行中"指定左下角点"或"ON/OFF"提示下，输入左下角坐标值，按 Enter 键。一般将坐标原点作为绘图界限的左下角，可直接按 Enter 键确认。

③在"指定右上角点"提示下，可以根据所绘图形的尺寸，将绘图界限设置的比例比所绘图形的尺寸大一些。为了便于按比例出图，一般将绘图界限设置与实际出图图纸成一

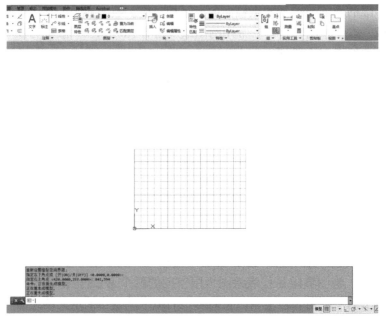

图 1-59 栅格显示

定比例。

④单击"标准"工具栏上的"全局缩放"按钮,将图形全局缩放,这样绘图界限就全部显示在计算机绘图区域的屏幕上了,便于观察图形全局。

1.5.3 设置图形单位

AutoCAD 可以完成不同类型的工作,如机械行业、电气行业、建筑行业。因此,可以使用不同的度量单位。在使用 AutoCAD 绘图之前,首先确定所使用的基本绘图单位,再确定图形中要使用的测量单位、显示坐标、距离和角度时要使用的格式、精度及其他约定,然后并保存在图形样板文件中,或在当前图形文件中更改这些设置。绘制图形时采用 1:1 的比例进行绘图,即所有的图形对象都可以采用真实的大小绘制。

（1）功能

合理设置图形单位是精确绘制图形的前提条件和基本保障。其中主要是对长度的精度、单位和角度的类型、精度的功能设置。

（2）图形单位的设置方法

UNITS 命令用于设置绘图单位。默认情况下 AutoCAD 使用十进制单位进行数据显示或数据输入,可以根据具体情况设置绘图的单位类型和数据精度。在图形单位对话框中,设置绘图时使用的长度单位、角度单位以及单位的显示格式和精度等,如图 1-60 所示。

注意:当在长度或角度选择设置了长度或角度的类型与精度后,在输出样例选项区域中显示对应的样例。

在方向控制住对话框中设置起始角度（0 角度）的方向,默认情况下,角度的方向是指向右（即正东方向或 3 点钟）的方向。逆时针方向为角度增加的正方向,如图 1-61 所示。

（3）操作示例

设置图形单位，要求长度单位为毫米、小数位后 2 位，角度为十进制度数、小数位数 1 位，使用方向控制设置 A 点到 B 点的基准角度，如图 1-62 所示。

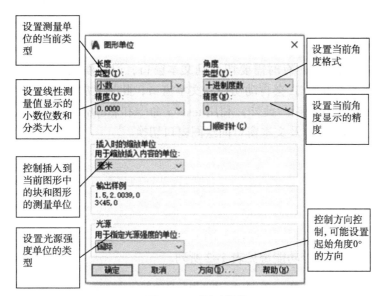

图 1-60　图形单位

图 1-61　方向控制

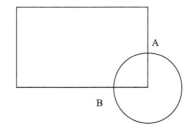

图 1-62　AB 之间的基准角度

使用矩形 REC 和圆形 CIRCLE 命令绘制图形。在命令行中，操作提示如下：

命令：UNITS
在长度选项区域的类型中选择小数，在精度中选择 0.00
在角度选项区域的类型中选择十进制度数，在精度中选择 0.0
在方向控制中对话框中，选择基准角度中的其他单选按钮

选择拾取角度按钮，切换到绘图窗口，然后分别单击交点 A 和 B，在方向控制对话框中的角度文本框中自动显示角度值 225°。依次单击"确定"，完成对方向控制和图形单位的设置。

1.5.4　系统变量

通过 AutoCAD 的系统变量控制 AutoCAD 的某些功能和工作环境。AutoCAD 的每一个系统变量有其对应的数据类型，如整数、实数、字符串和开关类型等（开关类型变量有 ON 或 OFF 两个值，这两个值也可以分别用 1 或 0 表示）。用户可以根据需要浏览、更改系统变量的值（如果允许更改的话）。浏览、更改系统变量值的方法通常是在命令窗口中，在"命令："提示后输入系统变量的名称后按 Enter 键或 Backspace 键，AutoCAD 显示出系统变量的当前值，此时用户可根据需要输入新值（如果允许设置新值的话）。

1.5.5 文本窗口

使用 AutoCAD 绘图时，有时需要切换到文本窗口，以观看相关的文字信息；而有时在执行某一命令后，AutoCAD 会自动切换到文本窗口，此时又需要再转换到绘图窗口。利用功能键 F2 可实现上述切换。此外，利用 textscr 命令和 graphscr 命令也可以分别实现绘图窗口向文本窗口切换，以及文本窗口向绘图窗口切换。

1.6 数据输入操作

1.6.1 预定义功能键

AutoCAD 预定义的部分功能键见表 1-2 所列。

表 1-2 AutoCAD 预定义的部分功能键

功能键	作　用
F1、Shift+F1	联机帮助（HELP）
F2	文本窗口开关（TEXTSCR）
F3、Ctrl+F	对象捕捉开关（OSNAP）
F4、Ctrl+T	数字化仪开关（tableT）
F5、Ctrl+E	等轴测平面右/左/上转换开关（ISOPLANE）
F6、Ctrl+D	动态坐标系开关（DUCS）
F7、Ctrl+G	栅格显示开关（GRID）
F8、Ctrl+L	正交模式开关（ORTHO）
F9、Ctrl+B	捕捉模式开关（SNAP）
F10、Ctrl+U	极轴开关（PolarSnap）
F11、Ctrl+W	对象捕捉追踪开关（DSETTINGS）
F12	动态输入开关（DYN）
Ctrl+0	切换"清除屏幕"
Ctrl+1	切换"特性"选项板
Ctrl+2	切换设计中心
Ctrl+3	切换"工具选项板"窗口
Ctrl+4	切换"图纸集管理器"
Ctrl+5	切换"信息选项板"
Ctrl+6	切换"数据库连接管理器"

(续)

功能键	作 用
Ctrl+7	切换"标记集管理器"
Ctrl+8	切换"快速计算器"选项板
Ctrl+9	切换命令窗口
Ctrl+A	选择图形中的对象
Ctrl+Shift+A	切换组
Ctrl+F4	关闭 AutoCAD
Ctrl+C	将对象复制到剪贴板
Ctrl+Shift+C	使用基点将对象复制到剪贴板
Ctrl+H	切换 PICKSTYLE
Ctrl+I	切换 COORDS,状态栏坐标显示方式
F1、Shift+F1	联机帮助(HELP)

AutoCAD 数据的输入操作通常使用命令来完成。默认命令行是一个可固定的窗口,可以在当前的命令行提示下输入命令、对象参数等内容。数据输入可以通过键盘、鼠标或动态输入等方式完成。执行 AutoCAD 命令的方式:

①通过键盘执行命令。
②通过菜单执行命令。
③通过工具栏执行命令。

重复执行命令,具体方法如下。

①单击键盘上的 Enter 键或单击 Backspace 键。

②使光标位于绘图窗口,右击,AutoCAD 弹出快捷菜单,并在菜单的第一行显示重复执行上一次所执行的命令,选择此命令即可重复执行对应的命令。如绘制一个矩形后,要重复"矩形"命令,右击鼠标,AutoCAD 会弹出如图 1-63 绘图快捷菜单所示的快捷菜单。

在命令的执行过程中,用户可以通过按 Esc 键或右击该对象,从弹出的快捷菜单中选择"取消"命令的方式终止 AutoCAD 命令的执行。

图 1-63 绘图快捷菜单

1.6.2 命令输入方式

(1)使用键盘输入数据

所有的命令均可以通过键盘输入(不分大小写)。对一些不常用的命令,如果在打开的选项卡、面板、工具栏或菜单中找不到,可以通过键盘直接输入命令。对命令提示中必须输入的参数,较多的是通过键盘输入。部分命令通过键盘输入时可以缩写,此时可以只键入很少的字母即可执行该命令。如 Circle 命令的缩写为"C"(不分大小写)。用户可以定义自己的命令缩写。

在大多数情况下，直接键入命令会打开相应的对话框。如果不想使用对话框，可以在命令前加上"−"，如"−Layer"，此时不打开"图层特性管理器"对话框，而是显示等价的命令行提示信息，同样可以对图层特性进行设定。在命令行中输入系统提供的许多命令，并按回车键确认完成，提交给系统执行。命令输入信息如下：

命令：line（输入直线命令）
指定第一点：50，100（输入第一点坐标值，按回车键确定）
指定下一点或 [放弃（U）]：100，200（输入第二点坐标值，按回车键确定）
指定下一点或 [放弃（U）]：（按回车键确定结束）

注：在命令行中输入命令时，由于系统在命令中输入的空格等同于按 Enter 键，所以不能在命令中间输入空格键，否则系统处理信息将会出错。

（2）使用鼠标输入数据

①鼠标左键。在不同的位置和场合鼠标指针呈现的形状不同，也意味着功能的不同。当鼠标移到绘图区以外的地方，鼠标指针变成一空心箭头，此时可以用鼠标左键选择命令或移动滑块或选择命令提示区中的文字等。在绘图区，当光标呈"十"字形时，可以在屏幕绘图区按下左键，相当于输入该点的坐标；当光标呈小方块时，可以用鼠标左键选取实体。

②鼠标右键。鼠标右键的功能主要是弹出快捷菜单，快捷菜单的内容将根据光标所处的位置和系统状态的不同而有所变化。如在绘图窗口区域中单击右键，将显示如图 1-64 左侧的快捷菜单；选中命令行文本窗口区域右键单击，将会显示如图 1-64 右侧所示的快捷菜单；当选中绘图窗口中的某一个图形并单击右键，将会显示如图 1-64 中间所示的快捷菜单。在绘图状态，Shift+ 鼠标右键，打开"对象捕捉"快捷菜单。

在默认情况下，要想结束正在绘制的图形对象或输入参数后确认，可以单击鼠标的右键在弹出的快捷菜单中选择"确认"选项，如图 1-65 所示。

③使用滚轮。鼠标被手指压住滚轮后，鼠标在绘图区域中将会变成小手形状，此时拖动鼠标可以平移绘图区域和图形，相当于"实时平移"命令功能。如果滚动滑轮，相当于放大缩小绘图区域和图形，但是对当前绘图区域的图形只是改变显示比例，实际尺寸大小并没有改变，相当于"实时缩放"命令。

图 1-64　鼠标右键快捷菜单

图 1-65　输入"确认"

（3）选项卡和面板输入命令

利用选项卡和面板输入命令是最直观的输入方式。在 AutoCAD 默认界面的上方占据较大区域的是选项卡及其按钮，在其下面有面板和控制面板展开的箭头。单击选项卡或面板中的按钮，即执行相应的命令。如果需要了解某命令的解释，则将鼠标悬停于按钮之上，稍等即可。

1.6.3 动态输入法

在状态栏中单击"DYN 动态"输入按钮开关，便是打开或关闭动态输入设置。启用动态输入时，工具栏提示将在光标附近显示信息，该信息会随着光标移动而动态更新。当某条命令为当前活动时，动态输入在光标附近提供了一个命令界面，以帮助用户专注于绘图区域。动态输入不会取代命令窗口。可以隐藏命令窗口以增加绘图屏幕区域，而有些命令操作中还是需要显示命令窗口的。注意：透视图不支持动态输入。

输入"dsettings"命令→"草图设置"对话框（图1-66），控制指针输入、标注输入、动态提示以及绘图工具提示的外观。选项列表里启用指针输入：打开指针输入。如果同时打开指针输入和标注输入，则标注输入在可用时将取代指针输入（DYNMODE 系统变量）。

指针输入：工具提示中的"十"字光标位置的坐标值将显示在光标旁边。命令提示用户输入点时，可以在工具提示（而非命令窗口）中输入坐标值。

图 1-66 动态输入

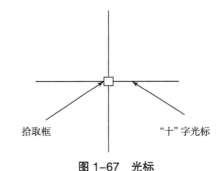

图 1-67 光标

1.6.4 拾取框和"十"字光标

屏幕上的光标将随着鼠标的移动而移动。在绘图区域内使用光标选择点或对象。光标的形状随着执行的操作和光标的移动位置不同而变化。在不执行命令时光标是一个"十"字线的小框，"十"字线的交叉点是光标的实际位置。小框被称为拾取框，用于选择对象。如图 1-67 所示，在选项对话框中，将光标大小由系统默认值 5 改为 25，如图 1-68 所示。

在执行绘图命令操作时，光标上的拾取框将会从"十"字线上消失，系统等待

图 1-68 更改光标大小

键盘输入参数或单击"十"字光标输入数据。当进行对象选择操作时,"十"字光标消失,仅显示拾取框。

如果将光标移出绘图区域,光标将会变成一种标准的窗口指针。例如,当光标移到工具栏时,光标将会变成箭头形状。此时可以从工具栏上或菜单中选择要执行的选项。

1.6.5 透明命令的输入

有部分命令可以在其他命令的执行过程中运行,称为透明命令。透明命令一般用于环境的设置或辅助绘图。透明命令是指在执行 AutoCAD 的命令过程中可以执行的某些命令。当在绘图过程中需要透明执行某一命令时,可直接选择对应的菜单命令或单击工具栏上的对应按钮,而后根据提示执行对应的操作。透明命令执行完毕后,AutoCAD 会返回到执行透明命令之前的提示,即继续执行对应的操作。通过键盘执行透明命令的方法为:在当前提示信息后输入"'"符号,再输入对应的透明命令后单击 Enter 键或 Backspace 键,就可以根据提示执行该命令的对应操作,执行后 AutoCAD 会返回到透明执行此命令之前的提示。

在绘制直线的过程中想将屏幕外的图形显示出来以便拾取直线端点,此时可以使用实时平移透明命令('PAN)。输入透明命令应该在普通命令前加一撇号('),执行透明命令后会出现">>"提示符。透明命令执行完后,继续执行原命令。不是所有的命令都可以透明执行,只有那些不选择对象、不创建新对象、不导致重生成以及结束绘图任务的命令才可以透明执行。

(1)功能

许多命令可以透明使用,即在使用一个命令时,在命令行中同时输入这些命令。透明命令经常用于更改图形设置或显示,如 '栅格、'PAN 或 'ZOOM 等。在《命令参考》中,透明命令通过在命令名的前面加一个单引号来表示。

(2)透明命令使用方法

以透明的方式交叉使用命令,单击工具栏按钮或在任何命令提示信息状态下输入单引号"'"或双尖括号">>"并置于命令前,提示显示透明命令。完成透明命令后,将会执行原命令。

(3)操作示例

在绘制直线时打开点栅格,并将其设定为一个单位间隔,然后继续绘制直线。命令输入及提示如下:

命令:RECTANG
指定第一个角点或 [倒角(C)/标高(E)/圆角(F)/厚度(T)/宽度(W)]:20,30
指定另一个角点或 [面积(A)/尺寸(D)/旋转(R)]:'grid(透明执行栅格命令)
>>指定栅格间距(X)或 [开(ON)/关(OFF)/捕捉(S)/主(M)/自适应(D)/界限(L)/跟随(F)/纵横向间距(A)]<10.0000>:5
正在恢复执行 RECTANG 命令(>> 表示正处于透明命令执行状态)
指定另一个角点或 [面积(A)/尺寸(D)/旋转(R)]:'zoom(透明执行缩放命令)
>>指定窗口的角点,输入比例因子(nX 或 nXP),或者
[全部(A)/中心(C)/动态(D)/范围(E)/上一个(P)/比例(S)/窗口(W)/对象(O)]<实时>:s
>>输入比例因子(nX 或 nXP):2(输入比例因子2)
正在恢复执行 RECTANG 命令
指定另一个角点或 [面积(A)/尺寸(D)/旋转(R)]:100,200

1.6.6 使用 Undo 命令放弃操作

调用 Undo 命令后，命令行出现提示信息：

输入要放弃的操作数目或 [自动（A）/ 控制（C）/ 开始（BE）/ 结束（E）/ 标记（M）/ 后退（B）]<1>：

命令行中各选项的含义如下：

输入要放弃的操作数目：（是默认选项，设置要放弃的操作步数；输入数值并确定后，AutoCAD 将放弃相应数目的操作）

自动：选择该选项后，AutoCAD 命令行将提示：

输入 UNDO 自动模式 [开（ON）/ 关（OFF）]<开>：

控制：（此选项用于取消或限制放弃的功能，选择该选项后，AutoCAD 命令行将提示：输入 UNDO 控制选项 [全部（A）/ 无（N）/ 一个（O）/ 合并（C）/ 图层（L）]<全部>）

开始、结束：在操作记录中做开始和结束标记。

标记：在操作过程中设置步骤标记。

后退：如果在执行"后退"选项前没有设置标记，AutoCAD 将提示：这将放弃所有操作。确定?<Y>。

1.7 控制图形的显示缩放

图形显示缩放只是将屏幕上的对象放大或缩小，显示其视觉尺寸，就像使用放大镜观看图形一样，放大显示图形的局部细节，或缩小图形来观看全貌。在 AutoCAD 中，可以使用多种方法来观察绘图窗口中绘制的图形，并灵活观察图形的整体效果或局部的细节效果。为方便观察幅面较大、复杂的图形，系统提供了缩放、平移、视口、鸟瞰视图等图形显示控制工具。既可以放大、缩小图形，又可以移动图形，或者同时从不同的视角、不同的部位来显示图形。

1.7.1 缩放视图

按照一定比例、观察位置和角度来显示图形的区域称为视图。执行显示缩放后，视图中图形的实际尺寸保持不变。

执行方式：

菜单：没有选定对象时，在绘图区域单击鼠标右键并选择缩放选项进行实时缩放。如图 1-69 左图所示。

工具栏：用户可以从视图工具栏面板选择缩放工具。如图 1-69 右图所示。

图 1-69　缩放图形工具

命令：ZOOM。

在命令窗口中将显示以下提示：

指定窗口角点，输入比例因子（nX 或 nXP），或

[全部（A）/ 中心点（C）/ 动态（D）/ 范围（E）/ 上一个（P）/ 比例（S）/ 窗口（W）/ 对象（O）]<实时>

命令行中各选项的含义如下：

- 全部（A）：表示缩放以显示所有可见对象和视觉辅助工具。模型使用由所有可见对象计算的较大范围，或所有可见对象和某些视觉辅助工具的范围填充窗口。视觉辅助工具可能是模型的栅格、小控件或其他内容。
- 中心点（C）：缩放以显示由中心点和比例值/高度所定义的视图。高度值较小时增加放大比例，高度值较大时减小放大比例。在透视投影中不可用。
- 动态（D）：使用矩形视图框进行平移和缩放。视图框表示视图，可以更改它的大小，或在图形中移动。移动视图框或调整它的大小，将其中的视图平移或缩放，以充满整个视口。在透视投影中不可用。
- 范围（E）：缩放以显示所有对象的最大范围。计算模型中每个对象的范围，并使用这些范围来确定模型应填充窗口的方式。
- 上一个（P）：缩放显示上一个视图。最多可恢复此前的 10 个视图。
- 比例（S）：使用比例因子缩放视图以更改其比例。
- 输入比例因子 nX，指定当前视图指定比例。
- 输入比例因子 nXP，指定相对于图纸空间单位的比例。

如输入 .5x 使屏幕上的每个对象显示为原大小的 1/2。输入 .5xp 以图纸空间单位的 1/2 显示模型空间。

- 窗口（W）：缩放显示矩形窗口指定的区域。可以定义模型区域填充整个窗口。
- 对象（O）：缩放尽可能大地显示一个或多个选定的对象并使其位于视图的中心。可以在启动 ZOOM 命令前后选择对象。
- 实时：交互缩放以更改视图的比例。

光标将变为带有加号（+）和减号（-）的放大镜。

在窗口中，按住拾取键并垂直移动到窗口顶部则放大 100%（图 1-70）。反之，在窗口中，按住拾取键并垂直向下移动到窗口底部则缩小 100%。达到放大极限时，光标上的加号将消失，表示将无法继续放大。达到缩小极限时，光标上的减号将消失，表示将无法继续缩小。松开拾取键时缩放终止。可以在松开拾取键后将光标移动到图形的另一个位置，然后再按住拾取键便可从该位置继续缩放显示。若要退出缩放，请按 Enter 键或 Esc 键。

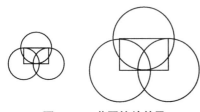

图 1-70　范围缩放效果

1.7.2　平移视图

图形显示移动是指移动整个图形，就像是移动整张图纸，以便使图纸的特定部分显示在绘图窗口。执行显示移动后，图形相对于图纸的实际位置并不发生变化。

Pan 命令用于实现图形的实时移动。执行该命令，AutoCAD 在屏幕上出现一个小手形状光标，并提示：单击 Esc 键或 Enter 键退出，或单击右键显示快捷菜单。

同时，在状态栏上提示："按住拾取键并拖动进行平移"。此时按下拾取键并向某一方向拖动鼠标，就会使图形向该方向移动；单击 Esc 键或 Enter 键可结束 Pan 命令的执行；如果右击，AutoCAD 会弹出快捷菜单供用户选择。

另外，AutoCAD 还提供了用于移动操作的命令，这些命令位于"视图"→"平移"子菜单中，如图 1-71 所示，利用其可执行各种移动操作。通过平移视图，可以重新定位图形，以便清晰观察图形的其他部分。在命令行输入 Pan 命令、单击标准工具栏中的实时平移按钮或选择"视图"→"平移"命令中相应子命令，可实现平移。

图 1-71　平移

使用平移命令平移视图时，视图的显示比例不变。用户除了通过选择相应命令向左、右、上、下 4 个方向平移视图外，还可以使用实时和定点命令平移视图。

实时命令：选择该命令，将进入实时平移模式，此时光标指针变成小手形状。单击鼠标左键并拖动，窗口内的图形就可随光标移动。单击 Esc 键或 Enter 键，可以退出实时平移模式。

定点命令：选择该命令，则可通过指定基点和位移值来平移视图。

（1）功能

在 AutoCAD 绘图过程中，可以移动整个图形，使图形的特定部分位显示于屏幕中。

（2）执行方式

①单击视图选项卡中的平移或快捷菜单中的平移。

②在命令行中输入 'PAN（透明命令），'PAN 不改变图形中对象的位置或比例，只改变图形的显示区域。

1.7.3　鸟瞰视图

鸟瞰视图属于定位工具，它提供了一种可视化平移和缩放视图的方法。使用鸟瞰视图，用户可以在另外一个独立的窗口中显示整个图形视图，以便快速定位目标区域。在绘图时，如果鸟瞰视图处于打开状态，用户就可以直接缩放和平移图形，无须选择菜单选项或输入命令。

（1）功能

鸟瞰视图是一种浏览工具。它在一个独立的窗口中显示整个图形的视图，以便快速定位并移动到某个特定区域。可以帮助我们快速找出并放大图形中的某一部分，这在大型图样的绘制中效果明显。它属于一种定位工具，查看一些大型建筑图纸时使用。

（2）执行方式

①选择视图菜单中鸟瞰视图。

②在命令行中输入 dsviewer 命令。

注：鸟瞰视图窗口打开时，不需要选择菜单选项或输入命令，就可以进行缩放和平移。

③在鸟瞰视图中执行实时缩放和实时移动操作的方法。

在鸟瞰视图窗口中单击鼠标左键，则在该窗口中显示出一个平移框（即矩形框）。表明当前是平移模式。拖动该平移框，就可以便图形实时移动。当窗口中出现平移框后。单击鼠标左键，平移框左边出现一个小箭头，此时为缩放模式。此时拖动鼠标，就可以实现图形的实时缩放，同时会改变框的大小。在窗口中再单击鼠标左键，则又切换回平移模式。

（3）使用鸟瞰视图观测图形

选择"视图"→"鸟瞰视图"命令，可打开鸟瞰视图。用户可通过其中的矩形框来设置图形观察范围。如果要放大图形,可缩小矩形框,如果要缩小图形,可放大矩形框。使用鸟瞰视图观察图形的方法与使用动态视图缩放图形的方法相似,用户只需在鸟瞰视图中单击,即可显示一个带"X"的矩形选择方框,但在使用鸟瞰视图观察图形时,是在一个独立的窗口中进行的,其结果会反映在当前视口中。

(4)改变鸟瞰视图中图像的大小

在鸟瞰视图中,使用视图菜单中的命令或单击工具栏中的相应按钮,可以在其中显示整个图形或调整图像大小,但这些改变并不会影响绘图区域中的视图,这些命令的功能如下:

①放大命令。可以拉近视图,将鸟瞰视图放大1倍,从而更清楚地观察图形的细节。
②缩小命令。可以拉远视图,将鸟瞰视图缩小1/2,以观察到更大的视图区域。
③全局命令。可以在鸟瞰视图窗口中观察到整个图形。

(5)改变鸟瞰视图的更新状态

默认情况下,AutoCAD会自动更新鸟瞰视图窗口,以反映在图形中所做的修改。当绘制复杂的图形时,关闭此动态更新功能可以提高程序性能。在鸟瞰视图中,使用选项菜单中的相应命令,可以改变鸟瞰视图的更新状态,这些命令包括:

①自动视口命令。用于自动地显示模型空间的当前有效视口。当该命令不被选中时,鸟瞰视图就不会随有效视口的变化而变化。
②动态更新命令。用于控制鸟瞰视图的内容是否随绘图区中图形的改变而改变。
③实时缩放命令。用于控制在鸟瞰视图中缩放时,绘图区中的图形显示是否实时变化。

(6)通过拖动进行平移

显示手形光标后,单击并按住定点同时进行移动。如果使用滚轮鼠标,可以按住滚轮按钮同时移动鼠标。要退出,请按Enter键或Esc键,或单击鼠标右键。

注:用户可以在平移和缩放工具之间切换交叉使用。

1.7.4 模型空间视口

视口是图形屏幕中用于绘制、显示图形的区域,即显示用户模型的不同视图的区域并取决于用户配置的是在模型空间视口(模型布局)还是布局视口(图纸空间布局)。视图视口可以将绘图区域拆分成多个单独的视口,并可以重复利用,这样在绘制较复杂的图形时可以缩短在单一视图中平移或缩放。还可以通过对某一视图进行命名和保存,以利于下次迅速打开使用。创建多个模型空间视口的步骤:

①依次单击"视图"选项卡→"视口"面板→"视口配置"下拉箭头。
②单击要使用的视口配置。

(1)新建多视口

在默认情况下,绘图区域将作为一个单独的视口存在。视图面板,如图1-72所示。
在新建视口中,可将绘图区域分割成一个或多个相邻的矩形视图,称为模型空间视口。在大型或复杂的图形中,显示不同的视图可以缩短在单一视图中缩放或平移的时间。模型局创建的视口充满整个绘图区域并且相互之间不重叠。在一个视口中做出更改后,其

图1-72 视口工具栏

他视口也会立即更新。如图 1-73 所示,新建视口的名称为 shikou、标准视口为 4 个相等视口,在预览图中可以看到 4 个相等的视口。确定保存视口文件,如图 1-74 所示。

图 1-73　新建视口对话框

图 1-74　保存的 4 个视口相等的文件

（2）命名视口

在对话框中显示当前视口配置的名称,并可以在命名的视图窗口列表中选择某个视口的名称成为当前视口,如图 1-75 所示。

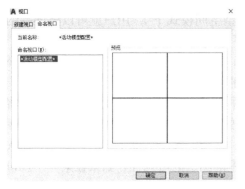

图 1-75　命名视口

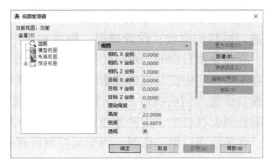

图 1-76　视图管理器

（3）命名视图

选择"视图"→"命名"视图命令,或在视图工具栏中单击命名视图按钮,系统将打开视图对话框,利用该对话框,可以新建、设置、更名和删除命名视图,如图 1-76 所示。"视图管理器"对话框的各选项意义如下：

① "当前"视图选项。用于显示当前视图的名称。

② "视图"列表框。列出当前图形中已经命名了的视图名称、位置、UCS 及透视模式。

③ "置为当前（C）"按钮。单击该按钮,可将选中的命名视图设置为当前视图。

④ "新建（N）…"按钮。单击该按钮,可打开"新建视图/快照特性"对话框。通过在该对话框设置视图名称、创建视图的区域（是当前视图还是重新定义）以及 UCS 设置,可以创建新的命名视图。在视图对话框中,使用正交和等轴测视图选项卡,可以恢复正交或等轴测视图。此时,用户可在列表框中选择标准的正交视图或等轴测视图作为当前视图。

(4) 恢复命名视图

在 AutoCAD 中，用户可以一次命名多个视图，当需要重新使用一个已命名视图时，可将该视图恢复到当前视口。如果绘图窗口中包含多个视口，用户也可以将视图恢复到活动视口中，或将不同的视图恢复到不同的视口中，以同时显示模型的多个视图。恢复视图时可以恢复视图的中点、查看方向、缩放比例因子、透视图（镜头长度）等设置。如果在命名视图时将当前的 UCS 随视图一起保存起来的话，当恢复视图时也可以恢复 UCS。

(5) 使用平铺视口

为便于编辑图形，常常需要将图形的局部放大，以显示其细节。若用户还希望观察图形的整体效果，使用单一的绘图视口往往无法满足需要。此时，便可利用 AutoCAD 提供的平铺视口功能，将当前视口划分为若干视口。

①平铺视口的特点。平铺视口是指把绘图窗口分成若干矩形区域，从而创建多个不同的绘图区域，每一个绘图区域都可用来查看图形的不同部分。在 AutoCAD 中，用户可以同时打开多达 32000 个可视视口，屏幕上还可以保留菜单栏和命令提示窗口。

选择"视图"→"视口"命令中的子命令，或利用视口工具栏，可以方便地在模型空间中创建和管理平铺视口。

打开一个图形后，默认情况下，AutoCAD 用单一视口填满模型空间的整个绘图区域。当将系统变量 Tilemode 的值设置为 1 后（即在模型空间模式下），用户就可以将屏幕的绘图区域分割成多个平铺视口。在 AutoCAD 中，平铺视口具有下述特点：用户可对每个视口进行平移和缩放，设置捕捉、栅格和用户坐标系等，且每个视口都可以有独立的坐标系；在命令执行期间，可以切换视口以便在不同的视口中绘图。可以命名视口的配置，以便在模型空间中恢复视口或者将它们应用到布局中；用户只能在当前视口里工作。要将某个视口设置为当前视口，可用鼠标单击该视口的任意位置；当前视口的边框将加粗显示；只有在当前视口中，指针才显示为"十"字形状；将指针移出当前视口后，就变为箭头形状；在平铺视口中工作时，可全局控制所有视口中的图层的可见性；如果在某一个视口中关闭了某一图层，系统将在所有视口中关闭该图层。

②创建平铺视口。选择"视图"→"视口"→"新建视口"命令，或在视口工具栏中单击显示视口对话框按钮，可打开"视口"对话框。"新建视口"选项卡→模型空间（"视口"对话框），如图 1-77 所示，可以显示标准视口配置列表及创建并设置新的平铺视口。若要新建平铺视口，用户需要在新名称文本框中输入新建的平铺视口的名称，在标准视口列表框中选择可用的标准的视口配置，此时预览区中即显示出所选视口配置以及已赋予每个视口的默认视图的预览图像。此外，新建平铺视口时，还需要在以下选项中进行一系列设置。

• 应用于下拉列表框：设置将所选的视口配置用于整个显示屏幕还是当前视口。其中，显示选项将所选的视口配置用于模型空间中的整个显示区域，为默认选项，当前视口选项将所选的视口配置用于当前视口。

• 设置下拉列表框：用于指定 2D 或 3D 设置。如果选择 2D 选项，则使用视口中的当前视图来初始化视口配置；如果选择 3D 选项，则使用正交的视图来配置视口。

• 修改视图下拉列表框：选择一个视口配置代替已选择的视口配置。在"视口"对话框中，使用"命名视口"选项卡，可以显示图形中已命名的视口配置。在选择了

第 1 章 AutoCAD 基础

图 1-77 "视口"对话框图

图 1-78 "命名视口"选项卡

一个视口配置后，该视口配置的布局情况将显示在预览窗口中。"命名视口"选项卡如图 1-78 所示。

（6）分割与合并视口

选择"视图"→"视口"命令中的相应子命令，可以在不改变视口显示的情况下，分割或合并当前视口。如选择"视图"→"视口"的一个视口命令，可以将当前视口扩大到充满整个绘图窗口；选择"视图"→"视口"→"两个视口、三个视口、四个视口"命令，可以将当前视口分割为 2 个、3 个或 4 个视口。

选择"视图"→"视口"→"合并"命令，可以合并视口，选择该命令后，AutoCAD 提示如下：

①选择主视口"当前视口"，选择主视口，若直接单击 Enter 键，则以当前视口作为主视口。
②选择要合并的视口，选择一个与主视口相邻的视口作为要合并的视口。
③根据提示选择主视口与要合并的视口后，单击 Enter 键，AutoCAD 即可将这两个视口合并。

（7）合并视口

使用多视口时，可以通过命令对视口进行管理。再命令行中，提示信息如下：

命令：Vports

输入选项 [保存（S）/恢复（R）/删除（D）/合并（J）/单一（SI）/?/2/3/4/切换（T）/模式（MO）]<3>：J（合并）

（8）切换视口

使用多个视口时，其中有一个为当前视口，可在其中输入光标和执行视图命令。对于当前视口，光标显示为十字而不是箭头，并且视口边缘高亮。只要不是正在执行视图命令，可以随时切换当前视口。要将一个视口置为当前视口，请在该视口中单击，或者按 Ctrl+R 组合键循环浏览现有视口。

1.8 坐标输入

在命令提示用户输入点时，可以使用定点设备指定点，也可以输入坐标。打开动态输入时，可以在光标旁边的工具提示中输入坐标值。

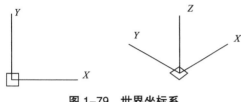

图 1-79 世界坐标系

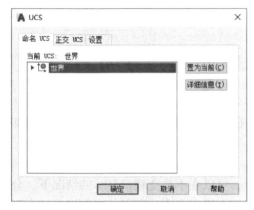

图 1-80 用户坐标系

AutoCAD 图形中各点的位置都是由坐标系来确定的，其中有两种坐标系：一个称为世界坐标系（WCS）的固定坐标系和一个称为用户坐标系（UCS）的可移动坐标系。在 WCS 中，X 轴是水平的，Y 轴是垂直的，Z 轴垂直于 XY 平面，符合右手法则，该坐标系存在于任何一个图形中且不可更改，如图 1-79 所示。

UCS 是处于活动状态的坐标系，用于建立图形和建模的 XY 平面（工作平面）和 Z 轴方向。可以根据用户的需求重新设置 UCS 原点及其 X、Y 和 Z 轴，以满足您的需求。如图 1-80 所示。

1.8.1 笛卡尔坐标系

笛卡尔坐标系又称为直角坐标系，由一个原点[坐标为（0，0）]和两个通过原点的、相互垂直的坐标轴构成（图 1-81）。笛卡尔坐标系有 3 个轴，即 X、Y 和 Z 轴。输入坐标值时，需要指示沿 X、Y 和 Z 轴相对于坐标系原点（0，0，0）的距离（以单位表示）及其方向（正或负）。其中，水平方向的坐标轴为 X 轴，以向右为其正方向；垂直方向的坐标轴为 Y 轴，以向上为其正方向。平面上任何一点都可以由 X 轴和 Y 轴的坐标所定义，即用一对坐标值（x,y）来定义一个点。要使用笛卡尔坐标指定点，输入以逗号分隔的 X 值和 Y 值。X 值是沿水平轴以单位表示的正的或负的距离。Y 值是沿垂直轴以单位表示的正的或负的距离。

1.8.2 极坐标系

（1）极坐标系

极坐标系是由一个极点和一个极轴构成，极轴的方向为水平向右。

极坐标的输入方式为：长度<角度。

平面上任何一点 P 都可以由该点到极点的连线长度 L（$L>0$）和连线与极轴的交角 α（极角，逆时针方向为正）所定义，即用一对坐标值（$L<\alpha$）来定义一个点，其中<表示角度，如图 1-82 所示。

（2）相对极坐标

点的相对极坐标是相对于极点的距离和与极轴的夹角作为极坐标值。相对极坐标都是以某一特定点作为极点，以该点为极点输入长度和角度。

相对极坐标的输入方式为：@长度<角度。

AutoCAD 是逆时针方向测量角度，水平向右为 0°或 360°，水平向左为 180°，垂直向上方向为 90°，垂直向下方向为 270°或 -90°。长度前面要输入 @ 符号，角度前面输入<符号。例如，某点的相对极坐标为 @150<30，表示该点与上一点的距离为 150，该点和上一点的连线与 X 轴正方向夹角为 30°。

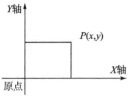 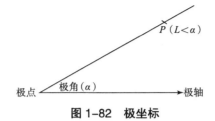 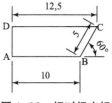

图 1-81 笛卡尔坐标系　　　图 1-82 极坐标　　　图 1-83 相对极坐标

（3）操作示例

利用相对极坐标绘制，如图 1-83 所示的图形。

在命令行中，命令信息提示如下：

命令：line
指定第一点：10，10　（输入 A 点绝对坐标、定位 A 点）
指定下一点或 [放弃（U）]：@10＜0　（输入 B 点相对于 A 点的极坐标以定位 B 点）
指定下一点或 [放弃（U）]：@5＜60　（输入 C 点相对于 B 点的极坐标以定位 C 点）
指定下一点或 [闭合（C）/放弃（U）]：@-12.5＜0　（输入 D 点相对于 C 点的极坐标以定位 D 点）
指定下一点或 [闭合（C）/放弃（U）]：C（封闭图形）

1.8.3　相对坐标

（1）功能

在某些情况下，需要直接通过点与点之间的相对位移来绘制图形，而不是指定每个点的绝对坐标。所谓相对坐标，就是某点与相对点的相对位移值，在 AutoCAD 中相对坐标用 @ 标识。使用相对坐标时可以使用笛卡尔坐标，也可以使用极坐标，可根据具体情况而定。通过相对于前一点来指定第二点时可使用此状态。

（2）操作示例

使用相对坐标完成如图 1-84 所示图形。

命令提示信息如下：

命令：line
指定第一点：50，100
指定下一点或 [放弃（U）]：@100，50
指定下一点或 [放弃（U）]：@100，0
指定下一点或 [放弃（U）]：@0，50
指定下一点或 [闭合（C）/放弃（U）]：@-100，0
指定下一点或 [闭合（C）/放弃（U）]：@0，-50

1.8.4 绝对坐标

使用绝对坐标完成如图 1-85 所示图形。

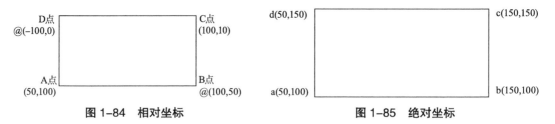

图 1-84　相对坐标　　　　　　　　图 1-85　绝对坐标

1.8.5 坐标的显示

在屏幕的左下角显示当前光标位置的坐标，有 3 种状态：

①绝对坐标状态。光标相对原点的位置，如 150.0000, 100.0000, 0.0000 所示。

②相对坐标状态。相对前一点来指定。

③关闭状态。点选后成灰色状态为不显示坐标，如 150.0000, 100.0000, 0.0000 所示。

绘制图形时，在不同坐标显示状态下切换的方法：

①单击 F6 键→在坐标的显示区域单击鼠标右键，弹出快捷菜单→在坐标的显示区域连续单击。

②AutoCAD 创建对象时，可以使用绝对或相对笛卡尔（矩形）坐标定位点。输入图例，如图 1-86 所示。

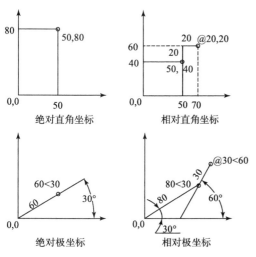

图 1-86　4 种坐标图例

1.9 使用捕捉、栅格和正交

为了让用户绘图更方便、更精确，AutoCAD 提供了多种绘图辅助工具，如栅格、捕捉、正交等。使用这些绘图辅助工具，能够大大地提高绘图的效率和精确度，单击菜单栏中的"工具"→"草图设置"对话框命令并单击 Enter 键，可以弹出"草图设置"对话框。在 AutoCAD 中设计和绘制图形时，如果对图形尺寸比例要求不太严格，可以大致输入图形的尺寸，这时可用鼠标在图形区域直接拾取和输入。但有的图形对尺寸要求比较严格，要求绘图时必须严格按给定的尺寸绘图。实际上用户不仅可以通过常用指定点的坐标法来绘制图形，而且还可以使用系统提供的捕捉、对象捕捉、对象追踪、栅格、正交等功能，在不输入坐标的情况下快速、精确地绘制图形。这些工具按钮主要集中在状态栏上。"草图设置"对话框中有 5 个选项卡，分别为"捕捉和栅格""极轴追踪""对象捕捉""动态输入"和"快捷特性"，前 3 个选项卡分别用于设定捕捉和栅格、对象的极轴追踪功能及目标捕捉功能。在 AutoCAD 中，捕捉的功能分为两种：一种是自动捕捉，另一种是目标捕捉。

1.9.1 正交

1.9.1.1 正交设置

（1）功能

在 AutoCAD 绘图的过程中，经常需要绘制水平直线和垂直直线，但用鼠标拾取线段的端点时很难保证两个点严格沿水平或垂直方向。为此，AutoCAD 提供了正交功能，当启用正交模式时，画线或移动对象时只能沿水平方向或垂直方向移动光标。因此，只能画平行于坐标轴 X，Y 的正交线段。

（2）执行方式

命令：ortho。

状态栏："正交"按钮。

功能键：F8。

1.9.1.2 极轴设置

（1）命令执行方式

命令：Dsettings。

快捷形式：Ds。

下拉菜单："工具"→"草图设置"。

在状态栏上的"极轴"处单击鼠标的右键，从弹出的菜单上选择"设置"可快速执行命令。

（2）相关说明

命令执行时，将弹出"草图设置"对话框，在"极轴追踪"选项卡内的极轴角设置区，设置追踪方向的角度增量和附加角度。单击 F10 功能键或在状态栏上单击"极轴"按钮，可启用极轴追踪，但极轴和正交不能同时启用。

极轴是按给定的角度增量来跟踪点，确定角度和极轴方向上的精确定位。AutoCAD 中的"自动追踪"有助于按指定角度或与其他对象的指定关系绘制对象。当"自动追踪"打开时，临时对齐路径有助于以精确的位置和角度创建对象。"自动追踪"包括两种追踪选项："极轴追踪"和"对象捕捉追踪"。可以通过状态栏上的"极轴"或"对象追踪"按钮打开或关闭"自动追踪"。与"对象捕捉"一起使用"对象捕捉追踪"时，必须设置对象捕捉，才能从对象的捕捉点进行追踪。

应用范例：活用"极轴追踪"的"仅正交追踪"。

步骤 1：在"捕捉和栅格"选项卡中进行两组设置。

- 捕捉类型和样式，极轴捕捉。
- 极轴间距：50mm。

步骤 2：在"极轴追踪"选项卡中进行两组设置。

- 极轴角设置，增量角设置为 90°。
- 对象捕捉追踪设置：仅正交追踪。

步骤 3：打开"F9"捕捉和"F10"极轴追踪，执行 Line 命令轻松地完成图 1-87。

1.9.2 栅格工具

（1）功能

栅格是点或线的矩阵。用户可以应用显示栅格工具使绘图区域上出现可见的网格，它是一个形象的画图工具，就像传统的坐标纸一样，遍布于整个图形界限内，是一种标定位置的小点，可以作为参考图标。

（2）执行方式

下拉菜单："选择"工具→"草图设置"命令，单击"捕捉"和"栅格"选项卡，在其中选中启用栅格复选框，单击"确定"按钮结束，如图 1-88 所示。

状态栏："栅格"按钮，使其呈白色高亮状态（仅限于打开与关闭）。

功能键：F7（仅限于打开与关闭）。

快捷菜单：将光标置于"栅格"按钮上，右击选择"设置"按钮。

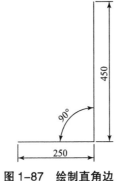

图 1-87　绘制直角边

图 1-88　栅格设置

（3）栅格选项卡

该选项区各复选框的含义如下：

● 自适应栅格（A）：该复选框用于限制缩放时栅格的密度。

● 允许以小于栅栏格间距的间距再拆分（B）：该复选框用于设置是否以小于栅格间距的间距来拆分栅格。

● 显示超出界限的栅格（L）：该复选框用于确定是否显示图形界限之外的栅格。

● 跟随动态 UCS（U）：该复选框用于设置是否跟随动态 UCS 的 xy 平面而改变栅格平面。

1.9.3 栅格捕捉

（1）功能

为了准确地在屏幕上捕捉点，AutoCAD 提供了栅格捕捉工具，可以在屏幕上生成一个隐含的栅格（捕捉栅格），这个栅格能够捕捉光标，约束它只能落在栅格的某一个节点上，使用户能够高精度地捕捉和选择栅格上的点。

（2）执行方式

● 下拉菜单："工具"→"草图设置"。

● 状态栏：栅格捕捉按钮（仅限于打开与关闭）。

● 功能键：F9（仅限于打开与关闭）。

- 快捷菜单：将光标置于"捕捉"按钮上，右击选择"设置"按钮。

1.9.4 对象捕捉

在利用 AutoCAD 画图时经常要用到一些特殊的点，如圆心、切点、线段或圆弧的端点或中点等，如果仅用鼠标拾取，要准确地找到这些点是十分困难的。为此，AutoCAD 提供了一些识别这些点的工具，通过这些工具可轻松地构造出新的几何体，使创建的对象被精确地画出来，其结果比传统手工绘图更精确。

注意：此处描述的多数对象捕捉只影响屏幕上可见的对象，包括锁定图层上的对象、布局视口边界和多段线。不能捕捉不可见的对象，如未显示的对象、关闭或冻结图层上的对象或虚线的空白部分。而且当提示输入点时，对象捕捉才生效。在绘图过程中，用户经常需要根据对象上的一个点来绘制图形，如曲线上的中点、端点和交点等。此时就需要启用对象捕捉工具，将十字光标强制性地准确定位在对象特定点的位置上。使用对象捕捉可以使用户在绘图过程中精确定位，能直接利用光标来准确地确定目标点，如圆心、端点、垂足等。用户可以通过"对象捕捉"工具栏和对象捕捉菜单启用对象捕捉功能。单击 Shift 键或 Ctrl 键后单击鼠标右键，可弹出对象捕捉菜单。

（1）功能

利用对象捕捉功能，可以迅速、准确地捕捉到某些特殊点，从而迅速、准确地绘制出图形。

（2）执行方式
- 下拉菜单："工具"→"草图设置"。
- 命令：ddosnap/dsettings。
- 状态栏："对象捕捉"按钮 ▢▾（功能仅限于打开与关闭）。
- 功能键：F3（功能仅限于打开与关闭）。
- 快捷菜单：将光标置于对象捕捉按钮上右击，如图 1-89 所示。

（3）对象捕捉的方法和模式

AutoCAD 提供了 3 种执行对象捕捉的方法：
①利用命令实现对象捕捉。
②利用工具栏实现对象捕捉。
③利用快捷菜单实现对象捕捉。

（4）对象捕捉对话框（图 1-90）

图 1-89 对象捕捉菜单

图 1-90 对象捕捉对话框

对象捕捉的模式及其功能，与工具栏图标及快捷菜单命令相对应，表1-3捕捉的模式及功能将对捕捉模式进行介绍。

表1-3 捕捉的模式及功能

捕捉模式	功 能
临时追踪点	建立临时追踪点
捕捉	建立一个临时参考点，作为指出后续点的基点
点过滤器	由坐标选择点
端点	线段或圆弧的端点
中点	线、圆弧或圆的交点
外观交点	图形对象在视图平面上的交点
延长线	指定对象的延伸线
圆心	圆或圆弧的圆心
象限点	距光标最近的圆或圆弧上可见部分的象限点，即圆周上0°、90°、180°、270°位置上的点
切点	最后生成的一个点到选中的圆或圆弧上引切线的切点位置
垂足	在线段、圆、圆弧或它们的延长线上捕捉一个点，使之与最后生成的点的连线与该线段、圆和圆弧正交
平行线	绘制与指定对象平行的图形对象
节点	捕捉用point或divide等命令生成的点
插入点	文本对象和块的插入点
最近点	离拾取点最近的线段、圆、圆弧等对象上的点
无	关闭对象捕捉模式

（5）捕捉的设置

①功能。AutoCAD提供了捕捉功能配合栅格来精确定位点；捕捉用于设置光标移动的间距，使其按照用户定义的间距沿X轴或Y轴进行移动。当捕捉模式打开时，光标可以附着或捕捉不可见的栅格。系统提供了栅格捕捉和极轴捕捉两种类型。

栅格捕捉：光标只能在栅格方向上精确移动。

极轴捕捉：光标可以在极轴方向上精确移动。

②执行方式。

菜单：选择"工具"→"草图设置命令"，单击"捕捉"和"栅格选项卡"，选中"启用捕捉"复选框，单击"确定"结束。

状态栏："栅格"按钮:::，使其白色亮调状态。

键盘中：单击F9键，进行打开与关闭捕捉模式。

命令：snap。

③snap命令行中各选项的含义。

在命令行选项：指定捕捉间距或[开（ON）/关（OFF）/纵横向间距（A）/样式（S）/类型（T）]<2.0000>：

snap命令选项的意义如下：

- 指定捕捉间距：设置捕捉增量。
- 开（ON）：打开捕捉。
- 关（OFF）：关闭捕捉。
- 纵横向间距（A）：指定水平和垂直的捕捉间距。

● 样式（S）：选定标准或等轴测捕捉。标准样式用于设置通常的捕捉格式。等轴测样式则用于设置三维图形的捕捉格式。

● 类型（T）：设置捕捉类型（极轴或栅格）。

④草图设置对话框中的栅格和捕捉、极轴追踪。选中启用捕捉复选框，在捕捉类型选项区中设置捕捉的类型。如图 1-91 捕捉设置所示。

若选择的捕捉类型为栅格捕捉，则在捕捉间距中设置捕捉 X 轴间距和捕捉 Y 轴间距。在数值框中输入的值越大，则相应方向上鼠标指针捕捉的两点之间的距离就越大；若选择的捕捉类型为极轴捕捉，则在极轴间距数值框中输入光标沿极轴移动的距离，选中启用极轴追踪复选框，并设置极轴的增量角或附加角即可。

图 1-91 捕捉设置

1.10 创建和管理图层

所谓图层，就是将图形分成一层一层的，在不同的层上可以使用不同颜色、线型、线宽绘制图形。我们可以把图层想象为一张透明纸，各层之间完全对齐，一层上的某一基准点准确地对准其他各层上的同一基准点。用户可以给每一图层指定所用的线型、颜色，并将具有相同线型和颜色的对象放在同一图层，这些图层叠放在一起就构成了一幅完整的图形，即一个完整的图形就是它所包含的所有图层上的对象叠加在一起。图层可以将图形、文字、标注和标题栏等对象分别放置在不同的图层中，并根据每个图层中图形的类别设置不同的线型、颜色及其他属性，还可以设置每个图层的可见性、冻结、锁定和是否打印等。图层是绘图时使用的主要组织工具，相当于图纸绘图中使用的透明重叠图纸，将每张图纸看作一个图层，在每张图纸上分别绘制图形，就是将类型相似的对象放置在同一个图层中，最后全部的图纸重叠在一起就是一个完整的图形。一张图纸有直线、圆、圆弧等图形实体。这些图形的位置和大小是依靠它们的集合数据信息来确定的，这些信息包括直线的端点坐标、圆的圆心和半径、圆弧的圆心和半径以及起始角和终止角等。图形实体又根据不同需要以不同的形式表现出来。线型、颜色、线宽等信息称为实体的属性信息。存放属性信息要占用一些存储空间，而在一张图上具有相同线型、颜色、线宽和状态的实体就放在相应的图层上。这样，在确定每一实体时，只需确定它的几何数据和所在涂层就可以了，从而节省了存储空间。图层的特点有：

①用户可以在一个文件中指定任意数量的图层，对图层数量没有限制。

②每一图层有一个名称，以便管理。

③一般情况下，一个图层上的对象应该是一种线型、一种颜色。

④各图层具有相同的坐标系、绘图界限、显示时的缩放倍数。

⑤用户只能在当前图层上绘图，可以对各图层进行打开、关闭、冻结、解冻、锁定等操作管理。

⑥图层可以有多个，但当前指定的图层只能有一个。

1.10.1 创建图层

（1）执行方式

菜单："格式"→"图层"。

工具栏："图层"→"图层特性管理器"。

命令：layer。

（2）图层工具栏

图层工具栏（图1-92）在标准工具栏的下面，各项功能自左向右介绍如下：

● "图层特性"按钮：用于打"图层特性管理器"对话框。

图1-92 图层工具栏

● 图层列表框：该列表中列出了符合条件的所有图层，若需将某个图层设置为当前图层，在列表框中选取该层图标即可，通过列表框可以实现图层之间的快速切换，提高绘图效率。

● 当前图层：用于将选定对象所在的图层设置为当前层。

● 上一个图层：用于返回到刚操作过的上一个图层。

（3）图层功能

在用图层功能绘图之前，首先要对图层的各项特性进行设置，包括建立、命名图层、设置当前图层、设置图层的颜色和线型、图层是否关闭、是否冻结、是否锁定以及图层的删除等。使用图层绘制图形时，新对象的各种特性将默认为随层，即由当前图层的默认设置决定。但也可以单独设置对象的特性，新设置的特性将覆盖原来随层的特性。

（4）图层特性管理器

图层特性管理器对话框中7个按钮分别是：新特性过滤器、新组过滤器、图层状态管理器、新建图层、在所有图层中都被冻结的新图层视口、删除图层、置为当前按钮。对话框上面为当前图层文本框；中部有两个窗口，左侧为树状图窗口；右侧为列表框窗口；右上为搜索图层文本框；左下为状态行和复选框。

对象特性工具栏在图层工具栏的右侧，其各列表框的功能介绍如下：

● "颜色下拉"列表框："颜色下拉"列表框用于列出当前图形可选择的各种颜色。

● "线型"列表框："线型"列表框用于列出当前图形可选用的各种线型。

● "线宽"列表框："线宽"列表框用于列出当前图形可选用的各种线宽。

● "打印样式"列表框："打印样式列表框用于显示当前层的打印格式，若未设置则该项为不可选。

在命令行执行layer命令或单击常用工具选项卡中的图层工具栏面板中的"图层特性"按钮，并在图层特性对话框中根据建筑制图的需要分别新建图层，如图1-93所示。

1.10.2 设置线型

（1）功能

线型是指在图层上绘图时所使用的线型。在绘图过程中要用到不同的线型，每种线型在图形中所代表的含义也有所不同。默认状态下的线型是continuous线型，用户可根据实际需要修改不同线型、设置线型的比例来控制虚线和点划线的显示。

（2）执行方式

菜单栏："格式"→"线型"。

命令行：linetype。

（3）线型管理器

输入"linetype"命令后，系统打开线型管理器对话框，如图1-94所示。线型管理器对话框主要选项的功能如下：

- 线型过滤器：该选项组用于设置过滤条件，以确定在线型列表中显示哪些线型。
- "加载（L）"按钮：用于加载新的线型。
- "当前（C）"按钮：用于指定当前使用的线型。
- "删除"按钮：用于从线型列表中删除没有使用的线型，即当前图形中没有使用到线型，否则系统拒绝删除此线型。
- "显示细节（D）"按钮：用于显示或隐藏线型管理器对话框中的详细信息。

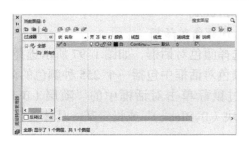

图1-93 图层特性管理器

图1-94 线型管理器

（4）线型库

AutoCAD标准线型库提供的45种线型中包含有多个长短、间隔不同的虚线和点画线，只有适当选择它们，在同一线型比例下，才能绘制出符合制图标准的图线。在线型库单击选取要加载的某一种线型，如图1-95所示，则线型被加载并在选择线型对话框显示该线型，并在选择线型中指定当前线型。

1.10.3 设置线宽

（1）功能

在计算机上显示图样时，由于线宽显示设置不合理导致所有线宽显示一致。用户可以根据自己的需求设置线宽值来改变这种状态。

（2）执行方式

菜单栏："格式"→"线宽"。

（3）线宽对话框

执行命令后，打开"线宽设置"对话框，如图1-96所示。其主要选项功能如下：

- "线宽"列表框：用于设置当前所绘图形的线宽。
- "列出单位"选项组：用于确定线宽单位。
- "显示线宽"复选框：用于在当前图形中显示实际所设线宽。
- "默认下拉"列表框：用于设置图层的默认线宽。
- "调整显示比例"：用于确定线宽的显示比例。

图 1-95 加载或重载线型库

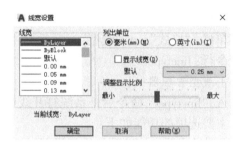
图 1-96 线宽对话框

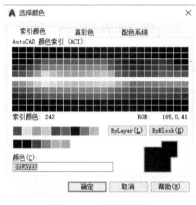
图 1-97 选择颜色

1.10.4 设置颜色

（1）执行方式

菜单栏："格式"→"颜色"。

命令行：color。

（2）选择颜色对话框

打开选择颜色对话框，如图 1-97 所示选择图层颜色。选择颜色对话框中包括一个 255 种颜色的调色板，用户可通过鼠标单击对话框中的"随层（ByLayer）"按钮、"随块（ByBlock）"或指定某一具体颜色来进行选择。

1.10.5 设定当前图层

（1）功能

在绘图时，所有的对象都是在当前图层上创建的。当前层可能是默认图层 0 或用户自己定义创建图层。通过将不同的图层设置为当前图层，绘图可以从一个图层切换到另一个图层。

（2）执行方法

在系统中可通过两种方法，将一个图层设置为当前图层。

①在图层工具栏中的图层控件下拉列表中指定一个图层，该图层设置为当前图层，如图 1-98 所示。

在图层特性管理器中的图层列表中指定一个图层，该图层即为当前图层，或者单击图层特性管理器中 按钮，或者在图层名称上双击也设置为当前图层，图层状态为绿色的勾选状态的，如图 1-99 所示。

②如果将某个对象所在的图层指定为当前图层，在绘图区域中先选择该对象，然后在图层工具栏中选择对象的图层设置为"当前"按钮 置为当前 。

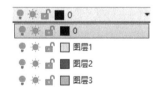
图 1-98 当前图层

图 1-99 当前图层的设置

注：并不是所有的图层都可以被指定为当前图层的，被冻结的图层或由外部参考的图层不可以设定为当前图层。用户总是在当前图层是进行绘图的，当前图层只能有一个。

1.10.6 控制图层的可见性

在建筑制图中，有时复杂的图纸中绘图元素很多，而有些元素暂时不需要显示或操作。在系统中设置了对图层的关闭、锁定和冻结等来隐藏图层、冻结图层上那个的对象，从而整体控制绘图操作。

（1）打开或关闭图层

当需要频繁切换某些图层的可见性时，选择关闭该图层。当再次打开以及关闭的图层时，图层上对象会自动重新显示。

如图 1-100 所示，灯泡为操作图层的开、关图标。当图标处黄色状态时，图层处于打开显示状态。当图标处蓝灰色状态时，图层处于关闭状态。其中，图层 0 和标注层处于关闭不可见状态。

（2）冻结或解冻图层

在绘图中，对于一些长时间不必显示的图层，可将其冻结而非关闭。图层 2 和 3 处于冻结状态。如图 1-101 所示。

图 1-100　图层可见性的设置

图 1-101　冻结、解冻图层

（3）锁定或解锁图层

在编辑对象的过程中，如果对某图层上的对象只想查看、不编辑，就可以将不需要编辑的图层设置为图层锁定状态。锁定的图层上的对象均不被修改，直到该图层处于解锁状态，方可进行编辑，如图 1-102 所示。

图 1-102　锁定、解锁图层

1.10.7 图层使用的注意事项

①创建图层后，可以按照名称、可见性、颜色、线宽、打印样式或线型对其排序。在图层特性管理器对话框中，单击列标题可以按该列中的特性对图层排序。图层名可以按字母的升序或降序排列。

②图层数量可以是任意的。图层名称不可超过 255 个字符，包括各类符号、数字、中文等。图层与图层之间具有相同的坐系系、绘图界限、缩放倍数，不同层上的对象可以同时进行操作，而且操作在当前图层上进行。

③在关闭当前图层时，系统将显示一个消息对话框，警告正在关闭当前图层。

④不能冻结当前图层，也不能将冻结图层改为当前图层，否则将会显示警告信息对话框。

⑤从可见性来说，冻结的图层与关闭的图层都是不可见的，但关闭的图层参加消隐和渲染，不可打印，打开图层时不会重生成图形；而冻结的对象不同，解冻图层时将重生成图形，所以在复杂的图形中冻结不需要的图层可以加快系统重新生成图形时的速度。锁定的图层在解锁后可以对图层上的对象进行修改。

⑥图层设置的线宽特性是否能显示在显示器上，还需要通过状态栏上的线宽按钮或线宽设置对话框来设置。

⑦打印功能只对可见的图层起作用，即只对没有冻结和没有关闭的图层起作用。

1.11 重画与生成

重画通常是指在绘图中屏幕上留下的各种痕迹与标记致使画面杂乱，而这些内容并不属于对象的部分。可以使用重画命令将其清除。命令为 redraw。

重生成主要用于生成画面上的数据，一般重画的图形不起作用时，使用重生成命令 regent。如使用每个命令对图形多次编辑修改都看不出效果时，可以使用重生命令对屏幕进行刷新。

小 结

本章详细介绍了 AutoCAD 的基础知识，使读者熟悉 AutoCAD 的工作界面，掌握建立新的图形文件、打开已有文件的方法等，并且介绍操作与管理图层、控制图形显示、栅格和捕捉、使用对象捕捉功能、使用自动追踪与使用动态输入。图层是将图形中的对象进行按类分组管理的工具。在 AutoCAD 中，图层的特性包括线型、线宽和颜色等内容，在绘图的过程中，这些内容主要通过图层来控制。可以使用缩放和平移视图、使用命名视图、使用平铺视口与使用 ShowMotion 的方法来观察绘图窗口中绘制的图形，以便灵活观察图形的整体效果或局部细节。"栅格"是一些标定位置的小点，起坐标纸的作用，可以提供直观的距离和位置参照；"捕捉"用于设置鼠标光标移动的间距。在 AutoCAD 中，使用"捕捉"和"栅格"功能，可以提高绘图效率。AutoCAD 提供了对象捕捉功能，可以迅速、准确地捕捉到某些特殊点，从而精确地绘制图形。

上机操作练习

【任务 1】按图 1-103 标注的尺寸绘制一条直线。

步骤：

【任务 1】中直线的绘制主要利用了"直线"命令，具体的绘制步骤如下：

①单击"默认"选项卡"绘图"面板中的"直线"按钮 ，任选一点为直线起点，使用 line 命令输入 @100<30（图 1-104）。

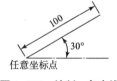

图 1-103 绘制一条直线

图 1-104 指定点

②完成图形（图 1-105）。

【任务 2】按图 1-106 标注的尺寸绘制一个矩形。

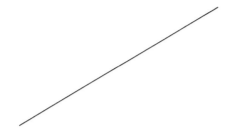

图 1-105　完成图形

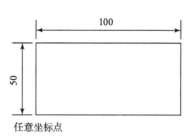

图 1-106　绘制一个矩形

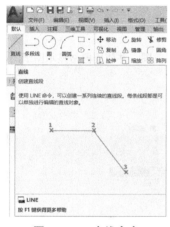

图 1-107　直线命令

步骤：

①单击"默认"选项卡"绘图"面板中的"直线"按钮（图 1-107），任选一点为直线起点，水平向右绘制长为 100 的水平直线（图 1-108）。

②line 命令（图 1-109 至图 1-111）。

③完成图形（图 1-112）。

图 1-108　直线

图 1-109　指定点 1

图 1-110　指定点 2

图 1-111　指定点 3

图 1-112　完成图形

思考题

1. AutoCAD 工作界面包括哪几大类？
2. 启动 AutoCAD，熟悉显示选项卡和状态栏的使用方法。
3. 在 AutoCAD 中如何显示或隐藏命令行窗口？
4. 管理图形文件的步骤有哪些？

5. 如何在 AutoCAD 中创建一个图形文件，然后将该文件保存？

课后练习

1. 图形文件的管理，包括文件的新建、打开、保存和退出等。要求掌握 .dwg 文件的命名保存、自动保存及打开方法。操作提示：

①启动 AutoCAD，进入操作界面。

②打开一幅已经保存过的图形。

③进行自动保存设置。

④尝试在图形上绘制任意图线。

⑤将图形以新的名称命名。

⑥退出该图形。

2. 以纸左下角点（0，0）和右上角点（840，1189）为图纸界限范围，并使用栅格显示图纸的范围，文件保存为习题 2.dwg。

3. 在习题 2.dwg 中建立图层，图层设置要求如图 1-113 所示。

图 1-113　图层特性管理器设置

4. 在习题 2.dwg 中，设置标注图层为当前图层。文字样式要求宋体 GB2313、高度 20、角度为 30，内容为：文字样式的使用实例。

第 2 章　绘制基本二维图形

🔸 本章导读

任何一副工程图都是由点、直线、圆和圆弧等基本图形元素组合而成,它们是构成工程绘图的基础元素。只有熟练掌握二维基本图形的绘制方法,才能够方便、快捷地绘制出机械零件的三视图和装配图等各种复杂多变的图形。本章将主要介绍使用 AutoCAD 绘制二维图形的相关知识。

🔸 知识目标

熟悉绘图面板各个按钮。

熟悉基本绘图对象。

熟悉绘制不同的线。

熟悉不同绘制圆的方法。

🔸 能力目标

设置点样式与绘制点。

二维绘图命令。

2.1 绘图流程与基本原则

2.1.1 绘图流程

（1）环境设置

环境设置主要包括单位格式和精度、对象捕捉模式、尺寸样式、文字样式和图层（包括名称、颜色、线型、线宽）等的设定。应在正式开始绘图前考虑周全、设置完善。有些内容也可以在以后添加和修改。如果频繁绘制某类图样,应在全部设定完后,将其保存成模板,绘制新图时套用该模板。

（2）绘制图形

一般先绘制辅助线（可以单独放置在一层,也可以利用诸如中心线等作辅助线）,用来作为绘图基准;选定图层,绘制图线,由于 AutoCAD 编辑功能非常强大,绘图时应充分利用编辑命令和辅助绘图命令的优势。另外,对同样的操作尽可能一次完成。采用必要的对象捕捉、对象追踪等功能保证图线间相对位置正确,进行精确绘图。

（3）绘制剖面符号

绘制填充图案,为方便填充图案边界的确定,必要时关闭中心线层、尺寸线层等。该过程可以部分检查绘制的图形是否精确,端点是否准确相交。

（4）标注尺寸

根据图形要求标注尺寸。该过程也可以检查图形绘制是否正确。

（5）注写技术要求，填写标题栏等

根据图形要求注写技术要求，填写标题栏等内容。

（6）保存、输出图形

图形编辑过程中和编辑完后应及时保存。尤其在编辑过程中，要养成每间隔几分钟就按 Ctrl+S 键保存图形的习惯，避免因意外造成较大的损失。在需要的时候也可以通过打印机、绘图机等输出图样。

2.1.2 绘图原则

①先设定环境，包括图限、单位、图层，然后再进行图形绘制。

②采用 1∶1 的比例绘制，标注尺寸时可以顺便检查绘制的图形大小位置是否有误。最后在布局中控制输出比例。

③务必随时注意命令提示信息，避免误操作。

④注意采用捕捉、对象捕捉、对象追踪、极轴等精确绘图工具和手段辅助绘图。

⑤一个命令应尽量多完成一些任务，即将用相同命令完成的任务尽量集中在一起完成。但如果图形很复杂，可能会造成混乱时，则不宜这样操作。

⑥图框不要和图形绘制在一起，应分层放置。在布局时采用插入的方式使用图框。

⑦常用的设置（如图层、文字样式、标注样式等）应该保存成模板，新建图形时直接利用模板生成初始绘图环境。也可以通过"CAD 标准"来统一。

2.2 直线、射线、多线和构造线

2.2.1 直线

（1）功能

直线是最简单、最常用的图形。直线主要用于在两点之间绘制直线段。直线命令是 AutoCAD 最常使用的命令之一，使用该命令可以在输入的两点之间绘制一条直的线段，输入第一个端点后，在屏幕上就会出现一条从该端电到鼠标当前位置的直线，并会随鼠标的移动而移动，输入另一个端点后，可确定一条直线。用户可以通过鼠标制定或输入点坐标值来决定线段的起点和端点。使用直线命令，可以创建一系列连续的线段。当用直线命令绘制线段时，AutoCAD 允许以该线段的端点为起点，绘制另一条线段，循环直到按回车键或 Esc 键终止命令。可以指定直线的特性，包括颜色、线型和线宽。

（2）执行方式

菜单：绘图→直线。

命令：line（L）。

工具栏：。

（3）绘制直线

①line 命令信息提示如下：

line 指定第一点：（可以用上述直线绘制方法，以输入坐标或输入距离的方式，在绘图区确定第一点，输入后按 Enter 键结束）
指定下一点或 [放弃（U）]：（指定直线的第二点）
指定下一点或 [闭合（C）/ 放弃（U）]：（指定直线的第三点）
指定下一点：以输入坐标的方式或输入距离的方式来确定直线下一点的位置
放弃（U）：当单击键盘的 U 键，表示放弃和取消前一点的坐标设置
闭合（C）：当单击键盘的 C 键，表示将直线闭合

②直线命令数据的输入。

输入绝对坐标或相对坐标的方式。

输入数值指定距离方式。

（4）操作示例（图 2-1）

在命令行中输入 line 命令，命令提示如下：

line 指定第一点：（选择起点 A）
指定下一点或 [放弃（U）]：输入数值 5（选择第二点 B）
指定下一点或 [放弃（U）]：输入数值 2（选择第二点 C）
指定下一点或 [闭合（C）/ 放弃（U）]：输入数值 3（选择第二点 D）
指定下一点或 [闭合（C）/ 放弃（U）]：输入数值 5（选择第二点 E）
指定下一点或 [闭合（C）/ 放弃（U）]：输入数值 8（选择第二点 F）
指定下一点或 [闭合（C）/ 放弃（U）]：输入 C 闭合图形

2.2.2 绘制射线

（1）功能

射线是将一端点固定后，另一端进行无限延伸的直线，在制图中经常用来作为辅助线帮助用户定位。射线具有一个确定的起点并单向无限延伸的特性。

（2）执行方式

下拉菜单："绘图"→"射线"。

命令：ray。

工具栏：。

（3）操作示例

要求绘制完成，如图 2-2 所示。

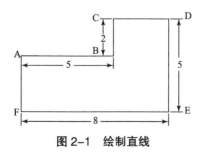
图 2-1 绘制直线

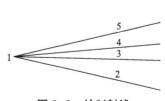
图 2-2 绘制射线

命令：ray
指定起点：（指定点1）
指定通过点：（指定点2）
指定通过点：（指定点3）
指定通过点：（指定点4）
指定通过点：（指定点5）
指定通过点：*取消*

2.2.3 绘制构造线

（1）功能

向两个方向无限延伸的直线，称为构造线。构造线可以做创建其他对象的辅助参照，如可以一构造线查找三角形的中心、并用于多个对象的交点的捕捉。构造线命令用于绘制无限长直线，与射线一样，该线也通常在绘图过程中作为辅助线使用。

（2）执行方式

下拉菜单："绘图"→"构造线"。

命令：Xline（XL）。

工具栏：✎。

（3）绘制构造线

命令：输入 xline 或 XL 后按 Enter 键结束。

xline 指定点或 [水平（H）/垂直（V）/角度（A）/二等分（B）/偏移（O）]：

●水平（H）：创建一条通过指定点的水平构造线。

●垂直（V）：创建一条通过指定点的垂直构造线。

●角度（A）：以指定的角度创建一条构造线。

●指定通过点：可以通过输入坐标或捕捉点的方式来确定构造线的目标位置。

●二等分（B）：创建一条经过选定的角顶点，并且将选定的两条线之间的夹角平分的构造线。

●偏移（O）：创建平行于另一个对象的构造线。

●指定向哪侧偏移：在参照线的哪一侧偏移。

（4）操作示例

【示例1】

命令：Xline
指定点或 [水平（H）/垂直（V）/角度（A）/二等分（B）/偏移（O）]：（拾取任意一点1）
指定通过点：（拾取水平点2）
指定通过点：（拾取点3）
指定通过点：（拾取点4）
指定通过点：（拾取点5）
指定通过点：（拾取点6）

结果如图 2-3 所示。

【示例2】

命令：Xline

指定点或[水平（H）/垂直（V）/角度（A）/二等分（B）/偏移（O）]：h

指定通过点：（拾取水平点1）

指定通过点：（拾取水平点2）

指定通过点：（拾取水平点3）

指定通过点：（拾取水平点4）

结果如图2-4所示。

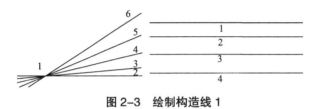

图2-3　绘制构造线1　　　　　图2-4　绘制构造线2

【示例3】

命令：Xline

指定点或[水平（H）/垂直（V）/角度（A）/二等分（B）/偏移（O）]：v

指定通过点：（拾取点1）

指定通过点：（拾取点2）

指定通过点：（拾取点3）

指定通过点：（拾取点4）

结果如图2-4左图所示。

【示例4】

命令：Xline

指定点或[水平（H）/垂直（V）/角度（A）/二等分（B）/偏移（O）]：a

输入构造线的角度（0）或[参照（R）]：30

指定通过点：（拾取点1）

指定通过点：（拾取点2）

指定通过点：（拾取点3）

指定通过点：（拾取点4）

结果如图2-5所示。

【示例5】

首先是要直线命令画出任意的三角形，3个顶点分别为A、B、C。如图2-5所示。

命令：Xline
指定点或 [水平（H）/垂直（V）/角度（A）/二等分（B）/偏移（O）]：b
指定角的顶点：（捕捉拾取三角形 A 点）
指定角的起点：（在 AB 上任意拾取一点）
指定角的端点：（在 AC 上任意拾取一点）
指定角的端点：（按回车键确定）

结果如图 2-5 所示，得到等分线 L。

命令：Xline
指定点或 [水平（H）/垂直（V）/角度（A）/二等分（B）/偏移（O）]：o
指定偏移距离或 [通过（T）]<40.0000>：80
选择直线对象：（拾取 BC 线段）
指定向哪侧偏移：（在线段的右侧单击，得到 L1）
选择直线对象：（拾取 L1）
指定向哪侧偏移：（在线段的右侧单击，得到 L2）
选择直线对象：（拾取 L2）
指定向哪侧偏移：（在线段的右侧单击，得到 L3）
选择直线对象：（按回车键确定）

结果如图 2-5 所示。

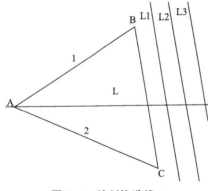

图 2-5 绘制构造线 3

2.3 矩形和正多边形

利用"矩形"和"多边形"工具可绘制各种形式的矩形和多边形，如直角矩形、圆角矩形、正多边形等。绘制多边形除了用 line、pline 定点绘制外，还可以用 polygon、rectang 命令方便地绘制正多边形和矩形。

2.3.1 矩形

（1）功能

矩形是绘制二维平面图形时常用的简单闭合图形元素之一。通过指定矩形的对角点来创建，或通过命令行的选项命令来创建，而矩形工具自身内部还可以设置倒角、圆角、标高和宽度等功能。

（2）执行方式

下拉菜单："绘图" → "矩形"。

命令行：rectang（REC）。

工具栏：▭ ▾。

（3）绘制矩形

rectang 命令以指定两个对角点的方式绘制矩形，当两角点形成的边相同时则生成正方形,否则为矩形。

命令:rectang
指定第一个角点或[倒角(C)/标高(E)/圆角(F)/厚度(T)/宽度(W)]:
指定另一个角点或[面积(A)/尺寸(D)/旋转(R)]:

根据命令行选项命令指定角点的方式进行绘制,角点可以直接运用坐标值输入方式或鼠标直接拖动方式来确定。

在命令行中各选项命令的含义如下。

倒角(C):确定矩形第一个倒角与第二个倒角的距离值,画出具有倒角的矩形。

标高(E):确定矩形的标高。

圆角(F):确定矩形的圆角半径值。

厚度(T):确定矩形在三维空间的厚度值。标高和厚度是两个不同的概念。设定标高是指在距基面一定高度的面内绘制矩形,而设定厚度则表示可以绘制出具有一定厚度(给定值)的矩形。

线宽(W):确定矩形的线型宽度。

(4)操作示例

【示例1】

命令:rectang
指定第一个角点或[倒角(C)/标高(E)/圆角(F)/厚度(T)/宽度(W)]:(拾取角点1)
指定另一个角点或[面积(A)/尺寸(D)/旋转(R)]:(拾取角点2)

结果如图2-6所示。

【示例2】

命令:rectang
指定第一个角点或[倒角(C)/标高(E)/圆角(F)/厚度(T)/宽度(W)]:c
指定矩形的第一个倒角距离<0.0000>:20
指定矩形的第二个倒角距离<20.0000>:30
指定第一个角点或[倒角(C)/标高(E)/圆角(F)/厚度(T)/宽度(W)]:(拾取角点1)
指定另一个角点或[面积(A)/尺寸(D)/旋转(R)]:(拾取角点2)

结果如图2-7所示。

【示例3】

命令:rectang
指定第一个角点或[倒角(C)/标高(E)/圆角(F)/厚度(T)/宽度(W)]:f
指定矩形的圆角半径<20.0000>:20
指定第一个角点或[倒角(C)/标高(E)/圆角(F)/厚度(T)/宽度(W)]:30
指定另一个角点或[面积(A)/尺寸(D)/旋转(R)]:(拾取角点2)

结果如图2-7左图所示。

图 2-6 绘制直角、倒角矩形　　图 2-7 绘制倒圆角、线宽的矩形

【示例 4】

| 命令：rectang |
| 指定第一个角点或 [倒角（C）/标高（E）/圆角（F）/厚度（T）/宽度（W）]：w |
| 指定矩形的线宽 <0.0000>：5 |
| 指定第一个角点或 [倒角（C）/标高（E）/圆角（F）/厚度（T）/宽度（W）]：（拾取角点 1） |
| 指定另一个角点或 [面积（A）/尺寸（D）/旋转（R）]：（拾取角点 2） |

结果如图 2-8 所示。

【示例 5】

| 命令：rectang |
| 指定第一个角点或 [倒角（C）/标高（E）/圆角（F）/厚度（T）/宽度（W）]：（拾取角点 1） |
| 指定另一个角点或 [面积（A）/尺寸（D）/旋转（R）]：A |
| 输入以当前单位计算的矩形面积 <800.0000>：800 |
| 计算矩形标注时依据 [长度（L）/宽度（W）]< 长度 >：L |
| 输入矩形长度 <160.0000>：50 |

结果如图 2-8 所示。

2.3.2 正多边形的绘制

选择"绘图"→"正多边形"命令，在绘图工具栏中单击正多边形按钮，或在命令行中输入 polygon 命令，可以绘制正多边形。

（1）功能

正多边形是二维绘制图形中使用频率较多的一种简单的图形。边数由 3~1024 之间的整数组成。

（2）执行方式

下拉菜单："绘图"→"正多边形"。

命令行：polygon（POL）。

工具栏：多边形。

polygon 命令可以绘制由 3~1024 条边组成的正多边形。

（3）绘制正多边形

因为正多边形实际上是多段线，所以不能用圆心捕捉方式来捕捉一个已存在的多边形的中心。使用 polygon 命令可以通过运用中心点的方式绘制或运用边的方式绘制多边形。

（4）操作示例（图 2-9）

绘制正六边形。

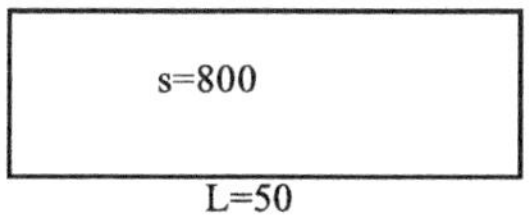

图 2-8　绘制倒圆角、线宽的矩形 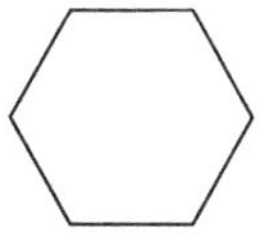　　图 2-9　两种方法绘制正六边形

【示例 1】
运用中心点的方式绘制正六边形。

命令：polygon
输入边的数目 <4>：6
指定正多边形的中心点或 [边（E）]：100，100（指定正多边形的中心点）
输入选项 [内接于圆（I）/外切于圆（C）]<I>：I（默认为内接于圆，也可以选择外切于圆的方式）
指定圆的半径：50（输入指定半径按 Enter 键）

【示例 2】
运用边的方式绘制正六边形。

命令：polygon
输入边的数目 <4>：6
指定正多边形的中心点或 [边（E）]：E
指定边的第一个端点：（拾取一点）
指定边的第二个端点：@60，0（输入第二个端点的相对坐标值）

2.4　圆、圆弧、椭圆

2.4.1　绘制圆

创建圆，可以指定圆心、半径、直径、圆周上的点和其他对象上的点的不同组合。可以使用多种方法创建圆。默认方法是指定圆心和半径。

（1）功能

圆是常见的图形对象，AutoCAD 提供了 6 种绘制圆的方法，包括"圆心，半径""圆心，直径""两点""三点""相切，相切，半径""相切，相切，相切"。

（2）执行方式

通过圆心和半径或直径绘制圆，绘制圆的默认方法。

①执行以下操作之一。

- 依次单击"常用"选项卡→"绘图"面板→"圆"下拉菜单→"圆心，半径"。
- 依次单击"常用"选项卡→"绘图"面板→"圆"下拉菜单→"圆心，直径"。

②指定圆心。

③指定半径或直径。

创建与两个对象相切的圆。切点是一个对象与另一个对象接触而不相交的点。

①依次单击"常用"选项卡→"绘图"面板→"圆"下拉菜单→"相切,相切,半径"。
②此命令将启动"切点"对象捕捉模式。
③选择与要绘制的圆相切的第一个对象。
④选择与要绘制的圆相切的第二个对象。
⑤指定圆的半径。

（3）绘制圆

命令：circle。该命令是通过指定圆的圆心和半径来绘制圆。circle 命令用于绘制没有宽度的圆形。

circle 指定圆的圆心或 [三点（3P）/ 两点（2P）/ 切点、切点、半径（T）] ：（默认状态在绘图区指定圆心）
指定圆的半径或 [直径（D）]<20>：（输入指定的半径或直径的数值，如果直接按 Enter 键，将以尖角号中的数值 20 作为默认半径数值进行输入）

①圆心、直径方式画圆。该命令是通过指定圆的圆心和直径来绘制圆。使用此命令后，在命令行出现如下提示：

circle 指定圆的圆心或 [三点（3P）/ 两点（2P）/ 切点、切点、半径（T）] ：（默认状态在绘图区指定圆心）
指定圆的半径或 [直径（D）]<20>：（单击键盘上的 D 键）
d 指定圆的直径 <5.8580>：（输入数值来确定圆的直径的大小。如果直接按 Enter 键，将以尖角号中的数值 5.8580 作为默认直径数值进行输入）

②两点方式画圆。该命令是通过指定圆直径上的两个端点来绘制圆，且两点距离为圆的半径。

使用此命令后，在命令行出现如下提示：

指定圆直径的第一个端点：（首先指定第一个点）
指定圆直径的第二个端点：（指定第二个点确定完成）

输入坐标点可以用坐标输入方式，也可以用捕捉对象的方法来确定一个圆。

③三点方式画圆。该命令是通过指定 3 个点来绘制圆。

相切、相切、半径方式画圆：该命令首先指定第一个对象的切点，在指定第二个对象的切点，输入与前两个选定对象相切圆的半径即可绘制一个与两个对象相切的圆。通过指定圆的半径，绘制一个与两个对象相切的圆。在绘制过程中，需要先指定相切的两个对象，再指定所绘制圆的半径。在命令行出现如下提示：

指定对象与圆的第一个切点：（首先指定第一个对象上的切点）
指定对象与圆的第二个切点：（指定第二个对象上的切点）
指定圆的半径：（指定与前面 2 个对象相切圆的半径）

相切、相切、相切方式画圆。绘制的圆与指定的 3 个对象相切。在命令行出现如下提示：

指定圆上的第一个点：（首先指定第一个对象上的切点）
指定圆上的第二个点：（指定第二个对象上的切点）
指定圆上的第三个点：（确定一个与前面 3 个对象相切的圆）

(4) 绘制示例

【示例1】

首先是画出圆 A、B，如图 2-10 图形。

命令：circle
circle 指定圆的圆心或 [三点（3P）/ 两点（2P）/ 切点、切点、半径（T）]：t
指定对象与圆的第一个切点：（指定第一个相切实体 A）
指定对象与圆的第二个切点：（指定第一个相切实体 B）
指定圆的半径 <12.4871>：40（指定第三圆 C 的半径）

结果如图 2-10 右图所示，绘制出圆 C。

【示例2】

首先是画出圆 A、B、C，如图 2-11 图形。

图 2-10　切点、切点、半径法　　　　图 2-11　相切、相切、相切法

选中圆工具栏中的 ⃝ 相切，相切，相切 按钮，在命令行中：

命令：circle 指定圆的圆心或 [三点（3P）/ 两点（2P）/ 切点、切点、半径（T）]：_3p 指定圆上的第一个点：tan 到（指定第一个相切实体 A）
指定圆上的第二个点：tan 到（指定第二个相切实体 B）
指定圆上的第三个点：tan 到（指定第三个相切实体 C）

结果如图 2-11 右图所示绘制出圆 D。

2.4.2　绘制圆弧

（1）功能

AutoCAD 提供了多种绘制圆弧的方法，圆弧是圆的一部分，具有与圆相同的属性，它属于重要的曲线类图形。用 AutoCAD 绘制圆弧的方法很多，共有 11 种，所有方法都是由起点、方向、中点、角度、端点、弦长等参数来确定绘制的。

（2）执行方式

下拉菜单："绘图" → "圆弧"。

命令行：arc（A）。

工具栏：⌒。

（3）绘制圆弧

在命令行中输入 arc 后按 Enter 键。绘制圆弧具体使用方法如下。

①三点 ⌒三点。通过指定的 3 个点绘制一个圆弧，使用此命令可以指定圆弧的起点、通过的点和端点。

②起点、圆心、端点 ⌒起点，圆心，端点。指定圆弧的起点、圆心和端点来绘制圆弧。

③起点、圆心、角度 ⌒起点,圆心,角度。指定圆弧的起点、圆心和角度来绘制圆弧。

注意：当使用起点、圆心、角度命令时将出现指定包含角命令，其中输入数值正负对圆弧的方向有影响。

④起点、圆心、长度 ⌒起点,圆心,长度。指定圆弧的起点、圆心和长度来绘制圆弧。

注意：当使用起点、圆心、长度命令时弦长不得超过起点到圆心的 2 倍，并且在命令行中指定弦长，如输入负值将使用该值的绝对值作为对应的整圆空缺部分的弦长。

⑤起点、端点、角度 ⌒起点,端点,角度。指定圆弧的起点、端点和角度来绘制圆弧。

⑥起点、端点、方向 ⌒起点,端点,方向。指定圆弧的起点、端点和方向来绘制圆弧。

注意：当使用起点、端点、方向命令时，出现"指定圆弧的起点切向"命令，通过移动鼠标来确定起始点的切线方向。

⑦起点、端点、半径 ⌒起点,端点,半径。指定圆弧的起点、端点和半径来绘制圆弧。

注意：当使用起点、端点、方向命令时，半径长度要大于或等于起点与端点间连线长度的 1/2。当输入半径值为负时绘制圆弧为大于 180°，反之输入半径值为正时，绘制圆弧为小于 180°。

⑧圆心、起点、端点 ⌒圆心,起点,端点。指定圆弧的圆心、起点和端点来绘制圆弧。

⑨圆心、起点、角度 ⌒圆心,起点,角度。指定圆弧的圆心、起点和端点来绘制圆弧。

⑩圆心、起点、长度 ⌒圆心,起点,长度。指定圆弧的圆心、起点和长度来绘制圆弧。

⑪连续 ⌒连续。使用该命令将出现如下选项命令：指定圆弧的起点或 [圆心（C）]。如果单击 Enter 键将以最后绘制的圆弧端点作为新圆弧的起点，以最后绘制的圆弧端点的切线方向为新圆弧的切线方向。

（4）操作示例

【示例 1】

命令：arc
arc 指定圆弧的起点或 [圆心（C）]：（指定起点 A 点）
指定圆弧的第二个点或 [圆心（C）/端点（E）]：C
指定圆弧的圆心：（指定 B 点）
指定圆弧的端点：（指定 C 点）

结果如图 2-12 所示。

【示例 2】

命令：arc
arc 指定圆弧的起点或 [圆心（C）]：（指定起点 A 点）
指定圆弧的第二个点或 [圆心（C）/端点（E）]：E
指定圆弧的端点：（指定起点 B 点）
指定圆弧的圆心或 [角度（A）/方向（D）/半径（R）]：A
指定包含角：60

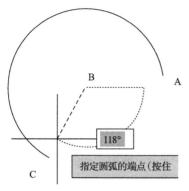
图 2-12 起点、圆心、端点法

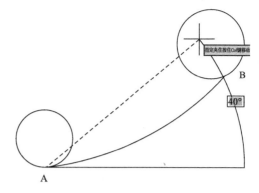
图 2-13 起点、端点、角度法

结果如图 2-13 所示。

【示例 3】

首先使用椭圆命令，画出椭圆 A。把正交打开，复制椭圆 B。然后使用起点、端点、角度绘制图 2-14 所示的图形。

指定圆弧的起点切向：＜捕捉开＞
命令：arc 指定圆弧的起点或 [圆心（C）]：（指定起点 1）
指定圆弧的第二个点或 [圆心（C）/端点（E）]：e
指定圆弧的端点：（指定端点 2）
指定圆弧的圆心或 [角度（A）/方向（D）/半径（R）]：d（指定圆弧的方向）

其他弧线绘制方法相同。结果如图 2-14 所示。

2.4.3 椭圆及椭圆弧

（1）功能

椭圆被认为是有倾斜角度的圆，由定义其长度和宽度的两条轴决定创建椭圆或椭圆弧。椭圆上的前两个点确定第一条轴的位置和长度，第三个点确定椭圆的圆心与第二条轴的端点之间的距离。经常在制图中使用。

（2）执行方式

下拉菜单："绘图" → "椭圆"。

命令行：ellipse（EL）。

工具栏：☉。

（3）绘制椭圆、椭圆弧

①轴、端点方式绘制椭圆。在命令中输入 ellipse，然后按 Enter 键。

指定椭圆的轴端点或 [圆弧（A）中心点（C）]：（指定椭圆第一条轴的第一个端点）
指定轴的另一个端点：（指定该轴的第二个端点）
指定另一条半轴长度或 [旋转（R）]：（指定另一条半轴长度，拾取短轴的端点）

设置后如图 2-15 所示。

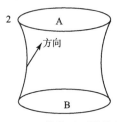
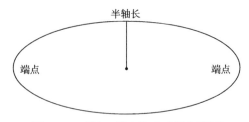

图2-14 简单图形的绘制　　　图2-15 "轴、端点"方式绘制椭圆

②圆心（中心点）方式绘制椭圆。选择"菜单绘图"→"椭圆"→"圆心"命令，或在命令行中输入 ellipse，然后按 Enter 键，出现如下选项命令：

指定椭圆的中心点：（指定椭圆的中心点）

指定轴的端点：（指定轴的端点）

指定另一条半轴长度或[旋转（R）]：（指定另一条半轴长度）

根据命令行提示进行操作，如图 2-16 所示。

③绘制椭圆弧。椭圆绘制好后，可以根据椭圆弧所包含的角度来确定椭圆弧，经常运用椭圆和椭圆弧进行绘制图形，并且椭圆弧是椭圆的一部分。椭圆弧从起点到端点按逆时针方向绘制。

依次单击"常用"选项卡→"绘图"面板→"椭圆"下拉菜单→"椭圆弧"。

指定第一条轴的端点（1 和 2）。
指定距离以定义第二条轴的半长（3）。
指定起点角度（4）。
指定端点角度（5）。
结果如图 2-17 所示。

图2-16 "圆心"方式绘制椭圆

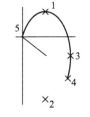

图2-17 椭圆弧

2.5 圆环

（1）功能

圆环有实体圆环和填充圆环，它实际是由一定宽度的闭合多段线形成的，应用于圆形的柱面或是电路的接点绘制。当设置完一个圆弧的参数，在绘制过程中可以自动连续绘制相同的圆环。

（2）执行方式

菜单：选择"绘图"→"圆环"命令，出现 ◎ 圆环(D)。

工具栏：在绘图面板中单击"圆环"的按钮 ◎ 。

命令行：在命令行中输入 donut 后按 Enter 键。

（3）操作示例

【示例1】

命令：donut

指定圆环的内径 <0.5000>：50

指定圆环的外径 <1.0000>：150

指定圆环的中心点或 < 退出 >：（指定中心点 A）

指定圆环的中心点或 < 退出 >：（指定中心点 B）

命令：donut

指定圆环的内径 <50.0000>：* 取消 *

结果如图 2-18 所示。

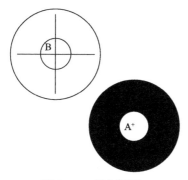
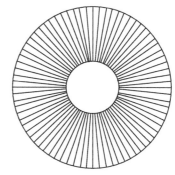

图 2-18　绘制圆环　　　　图 2-19　FILL 模式为关（OFF）的圆环

【示例 2】

命令：fill（fill 命令决定圆环的填充图案是否显示）

输入模式 [开（ON）/ 关（OFF）]< 开 >：off（填充图案关闭）

命令：donut

指定圆环的内径 <50.0000>：

指定圆环的外径 <150.0000>：

指定圆环的中心点或 < 退出 >：（制定中心点 A）

结果如图 2-19 所示。

2.6　多段线

（1）功能

多段线是一种由直线段和圆弧组合而成的图形对象，多段线可具有不同线宽。这种线由于其组合形式多样，线宽可变化，弥补了直线或圆弧功能的不足，适合绘制各种复杂的图形轮廓。在 AutoCAD 中多段线是一种非常有用的线段组合体，它们既可以一起编辑，也可以分开编辑。用户可以一次编辑一条多段线，也可以同时编辑多条多段线。

（2）执行方式

菜单："绘图" → "多段线"。

命令行：pline。

工具栏：多段线图标。

快捷菜单：选择要编辑的多段线，右击打开的快捷菜单上选择编辑多段线。

注意：执行 pedit 命令后，如果选择的对象不是多段线，系统将显示是否将其转换为多段线提示信息。如果输入"Y"，则可以将选中对象转换为多段线，然后在命令行中显示与前面相同的提示。

（3）绘制多段线

命令行：输入 pline 或 PL 后按 Enter 键。

当在使用上述命令来创建矩形时，在命令行中显示如下选项：

指定下一点或 [圆弧（A）/闭合（C）/半宽（H）/长度（L）/放弃（U）/宽度（W）]:
[角度（A）/圆心（CE）/闭合（CL）/方向（D）/半宽（H）/直线（L）/半径（R）/第二个点（S）/放弃（U）/宽度（W）]:

命令行各选项含义如下：

①画线功能。

- 圆弧（A）：在多段线中绘制圆弧，并将其作为多段线的组成部分。
- 闭合（C）：连续画两条线段以上时，在选项命令行中输入 C，可将多段线的起点与终点连接起来产生闭合线段。
- 半宽（H）：在选项命令行中输入 H，设置多段线的半宽值，如果设置为 0.5，则实际的宽度为 1。
- 长度（L）：在选项命令行中输入 L，设置多段线的长度，使其方向为前一段线段的方向相同，如果前一段线段是圆弧，则多段线的方向与圆弧端点的切线方向相同。
- 放弃（U）：在选项命令行中输入 U，取消上一步线段或圆弧的操作。
- 宽度（W）：在选项命令行中输入 W，设置多段线的起点和终点的宽度。

②绘弧功能。

- 角度（A）：在选项命令行中输入 A，设置弧的中心角，再输入弧的角度、弦长或终点。
- 圆心（CE）：在选项命令行中输入 CE，输入弧的圆心，再输入弧的角度、弦长或终点来完成弧的绘制。
- 闭合（CL）：在选项命令行中输入 CL，顺着圆弧端点的切线方向连接多段线起点，形成闭合线。
- 方向（D）：在选项命令行中输入 D，输入圆弧起点方向和圆弧终点方向来完成圆弧的绘制。
- 半宽（H）：在选项命令行中输入 H，设置多段线的半宽值。
- 直线（L）：在选项命令行中输入 L，将绘制圆弧的方法切换到画线方法。
- 半径（R）：在选项命令行中输入 R，输入弧的半径，再输入弧的角度或终点，完成弧的绘制。
- 第二个点（S）：在选项命令行中输入 S，输入弧通过的第二点，再输入弧的终点，最终完成弧的绘制。
- 放弃（U）：取消上一步绘制弧的操作。

- 宽度（W）：在选项命令行中输入 W，设置多段线的起点和终点的宽度。

注意：线宽的显示需要打开"显示/隐藏线宽"命令，单击 按钮。

（4）操作示例

【示例 1】

命令：pline
指定起点：
指定下一个点或 [圆弧（A）/半宽（H）/长度（L）/放弃（U）/宽度（W）]：w
指定起点宽度 <0.0000>：20
指定端点宽度 <0.0000>：20
指定下一个点或 [圆弧（A）/半宽（H）/长度（L）/放弃（U）/宽度（W）]：l
指定直线的长度：–50
指定下一点或 [圆弧（A）/闭合（C）/半宽（H）/长度（L）/放弃（U）/宽度（W）]：a
指定圆弧的端点或 [角度（A）/圆心（CE）/闭合（CL）/方向（D）/半宽（H）/直线（L）/半径（R）/第二个点（S）/放弃（U）/宽度（W）]：a
指定圆弧上的第二个点：180
指定圆弧的端点：60
指定圆弧的端点或 [角度（A）/圆心（CE）/闭合（CL）/方向（D）/半宽（H）/直线（L）/半径（R）/第二个点（S）/放弃（U）/宽度（W）]：l
指定下一点或 [圆弧（A）/闭合（C）/半宽（H）/长度（L）/放弃（U）/宽度（W）]：w
指定起点宽度 <20.0000>：40
指定端点宽度 <40.0000>：1
指定直线的长度：50
指定下一点或 [圆弧（A）/闭合（C）/半宽（H）/长度（L）/放弃（U）/宽度（W）]：* 取消 *

结果如图 2-20 所示。

【示例 2】

命令：pline
指定起点：
指定下一个点或 [圆弧（A）/半宽（H）/长度（L）/放弃（U）/宽度（W）]：w
指定起点宽度 <0.0000>：0
指定端点宽度 <0.0000>：400
指定下一个点或 [圆弧（A）/半宽（H）/长度（L）/放弃（U）/宽度（W）]：40
指定下一点或 [圆弧（A）/闭合（C）/半宽（H）/长度（L）/放弃（U）/宽度（W）]：w
指定起点宽度 <400.0000>：20
指定端点宽度 <20.0000>：20
指定下一点或 [圆弧（A）/闭合（C）/半宽（H）/长度（L）/放弃（U）/宽度（W）]：250
指定下一点或 [圆弧（A）/闭合（C）/半宽（H）/长度（L）/放弃（U）/宽度（W）]：a
指定圆弧的端点或 [角度（A）/圆心（CE）/闭合（CL）/方向（D）/半宽（H）/直线（L）/半径（R）/第二个点（S）/放弃（U）/宽度（W）]：a
指定包含角：180
指定下一点或 [圆弧（A）/闭合（C）/半宽（H）/长度（L）/放弃（U）/宽度（W）]：100（结束绘制）

结果如图 2-21 所示。

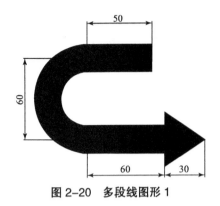
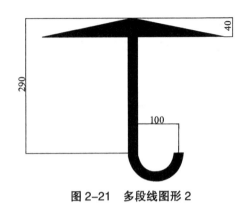

图 2-20　多段线图形 1　　　　图 2-21　多段线图形 2

2.7　样条曲线

样条曲线是一种通过或接近指定点的拟合曲线。这种类型的曲线适宜表达具有不规则变化曲率半径的曲线，如机械图形的断切面、地形外貌轮廓线等。

（1）功能

样条曲线是两个控制点之间产生一条光滑的曲线，常用来在建筑图中绘制波浪线，它可以是二维曲线或三维曲线。调用样条曲线命令后，根据命令行提示指定一些数据点，最后指定起点切向和端点切向，即可绘制样条曲线。

（2）执行方式

下拉菜单："绘图"→"样条曲线"。

命令行：spline。

工具栏：。

（3）绘制样条曲线

命令行：输入 spline。命令提示如下：

指定第一个点或[对象（O）]：（指定第一点）

指定下一点：（指定第二点）

指定下一点或[闭合（C）/拟合公差（F）]<起点切向>：（指定第三点）

指定下一点或[闭合（C）/拟合公差（F）]<起点切向>：（指定第四点）

指定下一点或[闭合（C）/拟合公差（F）]<起点切向>：（终止取点）

指定起点切向：（使用捕捉或指定坐标方式来确定）

指定端点切向：（使用捕捉或指定坐标方式来确定）

根据命令行提示进行操作，如图 2-22 所示。

①绘制样条曲线，命令行中各选项的含义如下。

- 闭合：将最后一点与第一点合并，并且在连接处相切，使样条曲线闭合。
- 拟合公差：给定拟合公差，控制样条曲线对数据点的接近程度，拟合公差大小对当前图形有效。公差越小，曲线越接近数据点。公差为 0，样条曲线将通过数据点。
- 取消：该选项不再提示中出现，用户可在选取任一点后输入 U 取消该段曲线。

②编辑样条曲线。样条曲线在创建后可以进行再次编辑，使用命令为编辑样条曲线。命令调用方式：
- 菜单：选择"修改"→"对象"→"样条曲线"命令，如图 样条曲线(S) 所示。
- 常用选项卡：在"修改"面板的下拉菜单中单击绘制样条曲线的按钮 。
- 命令：输入 splinedit，后按 Enter 键。
- 快捷菜单：选择要编辑的样条曲线，右击从打开的快捷菜单上选择编辑样条曲线命令，在创建了一条样条曲线后，选中该曲线并单击鼠标右键，在弹出的快捷菜单中选择。

使用此命令后，在命令行出现如下提示：

输入选项[拟合数据（F）/闭合（C）/移动顶点（M）/精度（R）/反转（E）/放弃（U）]：

选项中各命令的作用如下。
在命令行中输入 F 后，命令行中再次出现如下选项：

[添加（A）/闭合（C）/删除（D）/移动（M）/清理（P）/相切（T）/公差（L）/退出（X）]<退出>：

- 添加（A）：在样条曲线中增加拟合点。
- 闭合（C）：将开放式样条曲线闭合。若样条曲线是闭合的，则该命令变为打开。
- 删除（D）：从样条曲线中删除拟合点并且用其余点重新拟合样条曲线。
- 移动（M）：把拟合点移动到新位置。
- 清理（P）：删除样条曲线的拟合数据。
- 相切（T）：编辑样条曲线的起点和端点切向。
- 公差（L）：使用新的公差值将样条曲线重新拟合至现有点。
- 退出（X）：返回到 splinedit 主提示。

在命令行重新输入 splinedit 后按 Enter 键，出现如下提示：

输入选项[拟合数据（F）/闭合（C）/移动顶点（M）/精度（R）/反转（E）/放弃（U）]：

其他选项作用如下：
- 闭合（C）：将开放式样条曲线闭合。若样条曲线是闭合的，则该命令变为打开。
- 移动顶点（M）：重新定位样条曲线的控制顶点并清理拟合点。
- 精度（R）：精密调整样条曲线。
- 反转（E）：反转样条曲线的方向。
- 放弃（U）：取消上一步的编辑操作。

（4）操作示例
使用样条曲线的拟合多线段的前后效果如图 2-23 所示。

图 2-22 样条曲线的绘制

图 2-23 样条曲线拟合效果

2.8 绘制多线

多段线是一种非常有用的线段，它是由多段直线或圆弧组成的一个组合体，这些直线和曲线可以一起编辑，也可以分别编辑，还可以具有不同的宽度。掌握多段线的绘制方法，可以得到一个由若干直线和圆弧连接而成的折线或曲线。同时无论这条多段线中包含多少条直线或弧线，整条多段线就是一个独立的对象，可以统一对其进行编辑。另外，对多段线中每根线段都可以设置不同的线宽。

（1）功能

在 AutoCAD 中，用户可以根据需要创建多线样式，设置其线条数目、线型、颜色和线的连接方式等。多线对象是由 1~16 条平行线组成，这些平行线称为元素。多条平行线组成的组合对象，平行线之间的间距和数目等是可以调整的。多线之间的间距和数量是可以调整的，多线常用于绘制建筑图中的墙体、门窗、电子线路等平行线对象。其突出的优点是能够提高绘图效率，保证图线之间的统一性。

（2）执行方式

下拉菜单："绘图"→"多线"。

命令行：Mline。

（3）多绘制线

①绘制多线。

图 2-24 多线

命令：Mline

当前设置：对正 = 上，比例 =20.00，样式 =standard（系统中默认的多线设置）

指定起点或 [对正（J）/ 比例（S）/ 样式（ST）]：（指定起点）

指定下一点：（指定下一点）

指定下一点或 [放弃（U）]：（指定下一点）

指定下一点或 [闭合（C）/ 放弃（U）]：（如图 2-24 所示）

命令各选项中的作用如下：

- 指定起点或 [对正（J）/ 比例（S）/ 样式（ST）]：（指定点或输入选项）

指定多线的下一个顶点。

如果用两条或两条以上的线段创建多线，则提示将包含闭合选项。

- 下一点：用当前多线样式绘制到指定点的多线线段，然后继续提示输入点。
- 放弃：放弃多线上的上一个顶点。
- 关闭：通过将最后一条线段与第一条线段相接合来闭合多线。
- 对正：要对正多线，输入 j 并选择上对正，无对正或下对正。

在命令行中：

指定起点或 [对正（J）/ 比例（S）/ 样式（ST）]：j（对正有 3 种模式，如图 2-24 所示）

输入对正类型 [上（T）/ 无（Z）/ 下（B）]< 上 >：B

- 上：在光标下方绘制多线，因此在指定点处将会出现具有最大正偏移值的直线，如图 2-25 左图所示。

● 无：将光标位置作为原点绘制多线，则 mlstyle 命令的元素特性在指定点处的偏移为 0.0，如图 2-25 右图所示。

● 下：在光标上方绘制多线，因此在指定点处将出现具有最大负偏移值的直线，如图 2-25 中间图所示。

● 比例：控制多线的全局宽度（图 2-26）。该比例不影响线型比例。比例基于在多线样式定义中建立的宽度。比例因子为 2 绘制多线，其宽度是样式定义的宽度的两倍。负比例因子将翻转偏移线的次序：当从左至右绘制多线时，偏移最小的多线绘制在顶部。负比例因子的绝对值也会影响比例。比例因子为 0 将使多线变为单一的直线。

● 样式：指定多线的样式。指定已加载的样式名或创建的多线库（MLN）文件中已定义的样式名。

②多线样式对话框。选择格式多线样式或输入 mlstyle 命令，打开"多线样式"对话框，如图 2-27 所示。可以根据需要创建多线样式，设置其多线条的数量和显示拐角方式。还可控制背景色和每条多线的端点封口。

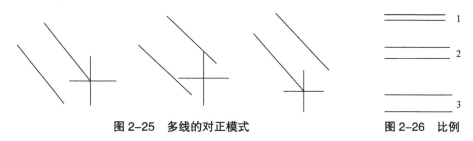

图 2-25　多线的对正模式　　　图 2-26　比例

● 当前多线样式：显示当前多线样式的名称，该样式将在后续创建的多线中用到。

● 样式：显示已加载到图形中的多线样式列表。多线样式列表可包括存在于外部参照图形中的多线样式。外部参照的多线样式名称使用与其他外部依赖非图形对象所使用语法相同。

● 说明：显示选定多线样式的说明。

● 预览：显示选定多线样式的名称和图像。

● 置为当前：设置用于后续创建的多线的当前多线样式。

● 修改：显示修改多线样式对话框，从中可以修改选定的多线样式。

注意：不能编辑图形中正在使用的任何多线样式的元素和多线特性。要编辑现有多线样式，必须在使用该样式绘制任何多线之前进行。

● 删除：从样式列表中删除当前选定的多线样式。此操作并不会删除 MLN 文件中的样式。不能删除 standard 多线样式、当前多线样式或正在使用的多线样式。

● 加载：显示加载多线样式对话框，从中可以从指定的 MLN 文件加载多线样式。

● 保存：将多线样式保存或复制到多线库（MLN）文件。如果指定了一个已存在的 MLN 文件，新样式定义将添加到此文件中，并且不会删除其中已有的定义。

③创建多线样式。创建多线样式名。

● 新样式名：命名新的多线样式（图 2-28）。只有输入新名称并单击"继续"后，元素和多线特征才可用。

图2-27 "多线样式"对话框

- 基础样式：确定要用于创建新多线样式的多线样式。要节省时间，请选择与要创建的多线样式相似的多线样式。
- 继续：显示新建多线样式对话框（图2-29）。
- 新建多线样式、修改多线样式对话框将显示以下选项。
- 说明：为多线样式添加说明。
- 封口：控制多线起点和端点封口。
- 直线：显示穿过多线每一端的直线段。
- 外弧：显示多线的最外端元素之间的圆弧。
- 内弧：显示成对的内部元素之间的圆弧。如果元素个数是奇数，则不连接中心线。

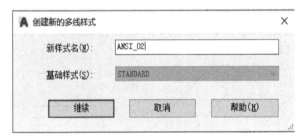

图2-28 创建多线样式名

图2-29 创建"多线样式"对话框

- 角度：指定端点封口的角度。
- 填充：控制多线的背景填充。
- 填充颜色：设置多线的背景填充色。如果选择"选择颜色"，将显示"选择颜色"对话框。
- 显示连接：控制每条多线线段顶点处连接的显示。接头也称为斜接。
- 图元主要设置新的和现有的多线元素的元素特性，如偏移、颜色和线型。
- 偏移、颜色和线型：显示当前多线样式中的所有元素。样式中的每个元素由其相对于多线的中心、颜色及其线型定义。元素始终按它们的偏移值降序显示。
- 添加：将新元素添加到多线样式。只有为除standard以外的多线样式选择了颜色或线型后，此选项才可用。
- 删除：从多线样式中删除元素。
- 偏移：为多线样式中的每个元素指定偏移值。
- 颜色：显示并设置多线样式中元素的颜色。如果选择"选择颜色"，将显示"选择颜色"对话框。
- 线型：显示并设置多线样式中元素的线型。如果选择"线型"，将显示"选择线型特性"对话框，该对话框列出了已加载的线型。要加载新线型，请单击"加载"。将显示"加载"或"重载线型"对话框。

（4）操作实例

新建多线样式，设置如图2-30所示。

结果如图2-31所示。

命令：Mline
当前设置：对正＝无，比例 =20.00，样式 =standard
指定起点或 [对正（J）/ 比例（S）/ 样式（ST）]：st
输入多线样式名或 [?]：多线封口
当前设置：对正＝无，比例 =20.00，样式＝多线封口
指定起点或 [对正（J）/ 比例（S）/ 样式（ST）]：s
输入多线比例 <20.00>：1
当前设置：对正＝无，比例 =1.00，样式＝多线封口
指定起点或 [对正（J）/ 比例（S）/ 样式（ST）]：500，500
指定下一点：< 正交开 >
指定下一点：@1000，0
指定下一点或 [放弃（U）]：@0，-500
指定下一点或 [闭合（C）/ 放弃（U）]：@-1000，0
指定下一点或 [闭合（C）/ 放弃（U）]：c

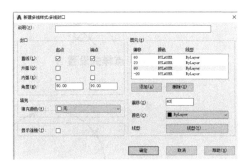

图 2-30　新建多线样式

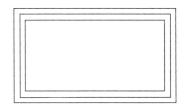

图 2-31　多线封口图形

2.9　点的绘制

（1）功能

点作为组成图形实体部分之一，具有各种实体属性，且可以被编辑。分为单点、多点、定数等分、定距等分 4 种方法创建点。

（2）执行方式

下拉菜单："格式"→"点样式"。

命令行：point（PO）。

绘图菜单：点。

工具栏：。

（3）点样式设置

①相对于屏幕设置大小选项用于按屏幕尺寸的百分比设置点的显示大小。当进行缩放时，点的显示大小并不改变。

②按绝对单位设置大小选项用于按点大小下指定的实际单位设置点显示的大小。当进行缩放时，AutoCAD 显示的点的大小随之改变。

注意：在点大小文本框中输入控制点的大小。

命令：ddptype 正在重生成模型（如图 2-32 所示，点大小 5）

命令：point 当前点模式：PDMODE=35PDSIZE=-10.0000

指定点：（指定点 A）

命令：point 当前点模式：PDMODE=35PDSIZE=-10.0000

指定点：（指定点 B）结果如图 2-33 所示

图 2-32　点样式设置 1

图 2-33　点样式设置 2

（4）操作示例

【示例 1】

绘制等分点。

命令：divide（DIV）。

divide 命令是在某一图形上以等分长度设置点或块。被等分的对象可以是直线、圆、圆弧、多段线等，等分数目由用户指定。

首先画一个圆，结果如图 2-34 所示。

图 2-34　等分点的绘制

命令：divide

选择要定数等分的对象：（选择圆）

输入线段数目或 [块（B）]：5

【示例 2】

绘制定距点。

命令：measure（ME）。

measure 命令用于在所选择对象上用给定的距离设置点。实际是提供了一个测量图形长度，并按指定距离标上标记的命令，或者说它是一个等距绘图命令，与 divide 命令相比，后者是以给定数目等分所选实体，而 measure 命令则是以指定的距离在所选实体上插入点或块，直到余下部分不足一个间距为止。

注意：进行定距等分时，注意在选择等分对象时鼠标左键应单击被等分对象的位置。单击位置不同，结果可能不同。

首先使用直线命令绘制一条直线长度 600，然后，输入 measure 命令。

命令：measure
选择要定距等分的对象：
指定线段长度或 [块（B）]：100

结果如图 2-35 所示。

图 2-35 定距点的绘制

2.10 局部剖面图

①首先使用直线命令按照尺寸绘制建筑剖面图形，如图 2-36 所示。命令操作提示信息如下：

命令：line
line 指定第一点：100，100
指定下一点或 [放弃（U）]：120
指定下一点或 [放弃（U）]：60
指定下一点或 [闭合（C）/放弃（U）]：120
指定下一点或 [闭合（C）/放弃（U）]：60
指定下一点或 [闭合（C）/放弃（U）]：300
指定下一点或 [闭合（C）/放弃（U）]：240
指定下一点或 [闭合（C）/放弃（U）]：300
指定下一点或 [闭合（C）/放弃（U）]：60
指定下一点或 [闭合（C）/放弃（U）]：120
指定下一点或 [闭合（C）/放弃（U）]：60
指定下一点或 [闭合（C）/放弃（U）]：120
指定下一点或 [闭合（C）/放弃（U）]：c

②填充截面图案（图 2-37）。

命令：bhatch
bhatch 拾取内部点或 [选择对象（S）/设置（T）]：正在选择所有对象...
正在选择所有可见对象...
正在分析所选数据...
正在分析内部孤岛...
拾取内部点或 [选择对象（S）/设置（T）]：t（设置填充图案如图 2-36 所示）
拾取内部点或 [选择对象（S）/设置（T）]：（点取图形内部任意一点）

结果如图 2-38 所示。

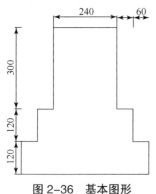
图 2-36　基本图形

图 2-37　填充图案的设置

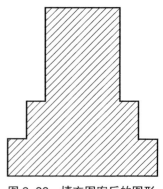
图 2-38　填充图案后的图形

小　结

本章主要内容包括直线类命令的使用，如直线和构造线命令；圆类的使用，如圆、圆弧、圆环和椭圆命令；平面图形的绘制，如矩形和正多边形；多段线、样条曲线和多线的绘制；点的绘制；图案填充（局部剖面图）等。AutoCAD中直线、射线和构造线都是最基本的线性对象。这些线性对象和指定点位置一样，都可以通过指定起始点和终止点来绘制，或在命令行中输入坐标值以确定起始点和终止点位置，从而获得相应的轮廓线。矩形和正多边形同属于多边形，图形中所有线段并不是孤立的，而是合成一个面域。这样在进行三维绘图时，无须执行面域操作，即可使用"拉伸"或"旋转"工具将该轮廓线转换为实体。在实际绘图中，图形中不仅包含直线、多段线、矩形和多边形等线性对象，还包含圆、圆弧、椭圆以及椭圆弧等曲线对象，这些曲线对象同样是AutoCAD图形的主要组成部分。

上机操作练习

【任务1】按图示标注的尺寸绘制，不需要标注，应用绝对和相对坐标绘制图2-39。

【任务1】的绘制主要利用了"直线"命令和"圆"，具体的绘制步骤如下：

（1）绝对坐标法

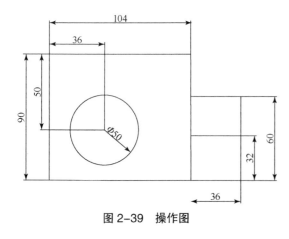
图 2-39　操作图

①单击"默认"选项卡"绘图"面板中的"直线"按钮，选定绝对坐标轴原点（0，0）为起点，水平向右绘制长为140的水平直线（图2-40）。

②单击"默认"选项卡"绘图"面板中的"直线"按钮，以步骤①中绘制的水平直线竖直向上，绘制连续线段，分别输入（140，60），（104，60），（104，90），（0，90），闭合（图2-41）。

③单击"默认"选项卡"绘图"面板中的"直线"按钮，以（140，32）为起点，绘制连续线段（图2-42）。

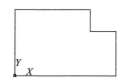
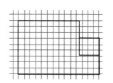

图 2-40 绘制水平直线 1　　图 2-41 绘制连续线段 1　　图 2-42 绘制连续线段 2

④单击"默认"选项卡"绘图"面板中的"圆"按钮 ⊙，在图中合适的位置处绘制一个圆，圆心（36，40），直径 50（图 2-43）。

（2）相对坐标法

①单击"默认"选项卡"绘图"面板中的"直线"按钮 ╱，任选一点为直线起点，水平向右绘制长为 140 的水平直线（图 2-44）。

②单击"默认"选项卡"绘图"面板中的"直线"按钮 ╱，以步骤①中绘制的水平直线竖直向上，绘制连续线段，分别输入（@140，0），（@0，32），（@-36，0），（@0，58），（@-104，0）闭合（图 2-45）。

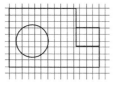

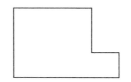

图 2-43 绘制圆 1　　图 2-44 绘制水平直线 2　　图 2-45 绘制连续线段 3

③单击"默认"选项卡"绘图"面板中的"直线"按钮 ╱，以（@0，32）为起点，绘制连续线段（图 2-46）。

④单击"默认"选项卡"绘图"面板中的"圆"按钮 ⊙，在图中合适的位置处绘制一个圆，圆心（36，40），直径 50（图 2-47）。

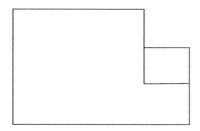
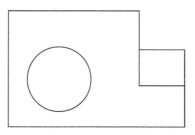

图 2-46 绘制连续线段 4　　　　图 2-47 完成图形

【任务 2】按图示绘图（图 2-48）。

【任务 2】的绘制主要利用了"圆"和"多边形"命令，具体的绘制步骤如下：

①单击"默认"选项卡"绘图"面板中的"圆"按钮 ⊙，选择任意一点为起点，输入半径 5，如图 2-49 所示。

②单击"默认"选项卡"绘图"面板中的"多边形"按钮 ⬠，选择六边形，选定圆心，外切于圆，输入半径 10，如图 2-50 所示。

③单击"默认"选项卡"绘图"面板中的"圆"按钮 ⊙，选择六边形切点画圆，如图 2-51 所示。

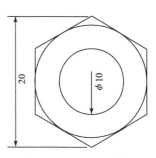

图 2-48 任务 2 图示

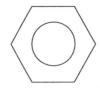 

图 2-49　绘制圆 2　　　图 2-50　绘制五边形　　　图 2-51　最终效果

思考题

1. 在 AutoCAD 中，每个绘图功能，相对应的英文命令是什么？
2. 在 AutoCAD 中，绘图面板有哪些常用绘图功能？
3. 在 AutoCAD 中，点的样式有哪些？
4. 在 AutoCAD 中，绘制等分线有哪几种？
5. 在 AutoCAD 中，绘制直线有哪几种类型？
6. 在画圆时，上次画圆所输入的半径值与下次画圆的半径默认值有什么关系？
7. 能否在矩形的内部画一个圆，与矩形四条边都相切？

课后练习

1. 分别使用直线和圆弧命令按照下列步骤绘图，最终完成图 2-52 所示的椅子。
2. 分别使用圆弧、样条曲线、多段线等命令按照下列步骤绘图，最终完成图 2-53 所示的伞。
3. 绘制图 2-54 所示的由三边形、五边形、六边形和圆组成的图形。

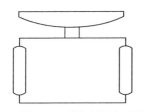  

图 2-52　图形绘制习题 1　　　图 2-53　图形绘制习题 2　　　图 2-54　图形绘制习题 3

4. 绘制书桌，如图 2-55 所示。
5. 绘制门，如图 2-56 所示。

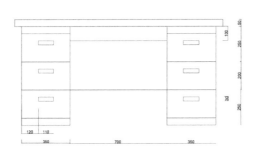 

图 2-55　图形绘制习题 4　　　图 2-56　图形绘制习题 5

▶▶▶ 第 3 章 编辑二维图形对象

⊙ 本章导读

在 AutoCAD 中利用各类基本绘图工具绘制图形时，通常会由于作图需要或误操作产生多余的线条，因此需要对图形进行必要的修改，使设计的图形达到工作的需求。此时，可以利用 AutoCAD 提供的图形编辑工具对现有图形进行复制、移动、镜像和修剪等操作。这样不仅可以保证绘图的准确性，而且减少了重复的绘图操作，极大地提高了绘图的效率。

⊙ 知识目标

掌握对象选择的常用方式，以备修改对象时使用。
熟悉选择对象的方式。
理解和掌握各种修改功能的操作，为后续作图、修改图形做准备。

⊙ 能力目标

构造选择集。
应用夹点。
二维绘图编辑命令。

3.1 选择二维图形对象

对已有的图形进行编辑，AutoCAD 提供两种不同的操作顺序。
①先下达编辑命令，再选择对象。
②先选择对象，再下达编辑命令。
不论采用何种方式，都必须选择对象，有些命令在操作中需要多次选择不同的对象。必须按照提示进行正确的选择。需要注意，有时拾取点的位置对编辑结果影响甚大。当 AutoCAD 提示选择对象时，光标一般会变成一个小框。在光标为"╋"字形状时也可以选择对象。

3.1.1 选择状态及模式的设置

在对图形进行编辑操作之前，首先需要选择要编辑的对象。AutoCAD 用虚线亮显表示所选的对象，这些对象就属于选择集。选择集可以包括单个对象，也可以包括复杂的对象编组。

在"选项"对话框中的"选择"选项卡中，可以设置对象选择模式、夹点以及其他相关选项。

命令：options。
快捷菜单：绘图区或命令行用鼠标右键单击"选项"。
执行选项命令后弹出"选项"对话框，选择其中的"选择集"选项卡，如图 3-1 所示。

图 3-1 构造选择集

（1）选择集模式

①先选择后执行。设置是否允许先选择对象再执行编辑命令，选中为允许先选择后执行。

②用 Shift 键添加到选择集。如果该选项被选中，则最近选中的对象将取代原有的选择对象。而要使选择的对象加入到原有的选择集中，则需要在选择对象时按住 Shift 键。

③按住并拖动。用于控制如何产生选择窗口。如果该选项被选中，则在单击第一点后，需要按住鼠标按钮不放并移动到第二点，松开鼠标，自动形成一窗口。

④隐含选择窗口中的对象。该选项被选中时，当用户在绘图区单击鼠标时，如果未选中任何对象，则自动将该点作为窗口的角点之一。

⑤对象编组。决定对象是否可以编组。如果选中该设置，则当选取该组中的任何一个对象时，等于选择了整个组。

⑥关联填充。该设置决定当选择了一关联图案时，图案的边界是否同时被选择。

（2）夹点

①未选中夹点颜色。设置未被选中的夹点的颜色，默认为蓝色，中间不填充。

②选中夹点颜色。设置被选中的夹点的颜色，默认为红色，选中后中间被填充。

③悬停夹点颜色。决定光标在夹点上悬停时夹点显示的颜色。

④启用夹点。设置是否可以使用夹点进行编辑，一般选中该项。

⑤在块中启用夹点。设置在块中是否启用夹点编辑功能。

⑥启用夹点提示。当光标悬停在支持夹点提示的自定义对象的夹点上时，显示夹点的特定提示。此选项对标准对象无效。

⑦选择对象时限制显示的夹点数。当初始选择集包括多于指定数目的对象时，抑制夹点的显示。有效值的范围从 1~32767，默认值是 100。

3.1.2 选取对象方式

AutoCAD 在处理对象时并非一次只能处理一个，大部分情况下，AutoCAD 处理的对象不止一个，往往是一个选择集。一组对象甚至一个对象可以是命名对象或临时对象。可以对选择的对象进行编组，在随后的绘图编辑过程中随时调用。用定点设备拾取对象，或输入坐标，或使用下列选择对象方式，都可以选择对象。选择对象方法适用于大部分的"选择对象"提示，极个别的编辑命令需要采用特殊的指定的选择对象方法，如拉伸（stretch）命令，应该用窗交（crossing）方式。执行 select 命令后，要查看所有选项，在命令行中输入参数"?"。

在命令行中输入 select 命令，将提示如下信息：

选择对象：使用对象选择方法

需要点或窗口（W）/上一个（L）/窗交（C）/框选（BOX）/全部（ALL）/栏选（F）/圈围（WP）/圈交（CP）/编组（G）/添加（A）/删除（R）/多个（M）/上一个（P）/放弃（U）/自动（AU）/单选（SI）/子对象（SU）/对象（O）

命令各选项的功能：
- 选择对象：指定点或输入选项。
- 窗口：选择矩形（由两点定义）中的所有对象。从左到右指定角点创建窗口选择（从右到左指定角点则创建窗交选择）。
- 上一个：选择最近一次创建的可见对象。对象必须在当前空间（模型空间或图纸空间），并且一定不要将对象的图层设定为冻结或关闭状态。
- 窗交：选择区域（由两点确定）内部或与之相交的所有对象。窗交显示的方框为虚线或高亮度方框，这与窗口选择框不同。
- 框选：选择矩形（由两点确定）内部或与之相交的所有对象。如果矩形的点是从右至左指定的，则框选与窗交等效。
- 全部：选择模型空间或当前布局中除冻结图层或锁定图层上的对象之外的所有象。
- 栏选：选择与选择栏相交的所有对象。栏选方法与圈交方法相似，只是栏选不闭合，并且栏选可以自交。
- 圈围：选择多边形（通过待选对象周围的点定义）中的所有对象。该多边形可以为任意形状，但不能与自身相交或相切。将绘制多边形的最后一条线段，所以该多边形在任何时候都是闭合的。
- 圈交：选择多边形（通过在待选对象周围指定点来定义）内部或与之相交的所有对象。该多边形可以为任意形状，但不能与自身相交或相切。将绘制多边形的最后一条线段，所以该多边形在任何时候都是闭合的。
- 编组：选择指定组中的全部对象。
- 添加：切换到添加模式可以使用任何对象选择方法将选定对象添加到选择集。自动和添加为默认模式。逐个的选择：使用拾取框光标。在选择对象提示下，用户可以选择一个对象，也可以逐个选择多个对象。矩形拾取框光标放在要选择对象的位置时，将亮显对象。

图 3-2 表示了其中几种选择方法的效果，数字序号为鼠标单击次序，图中以虚线表示的圆圈为选中结果。

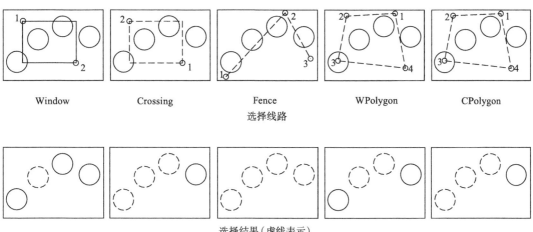

图 3-2 部分选择对象的方法比较

注意：

①采用其中的某种选择对象方式时，可以键入英文全词或以上各选项中的大写字母表示的缩写，输入时不区分大小写。

②在没有要求选择对象时，可以键入 select 命令来建立选择集，以后可以通过 previous（上一个）来调用该选择集。

③当完成了对象的选择后，一般需要按 Enter 键或空格键或按鼠标右键选择"确认"来结束对象选择过程，并继续编辑。

④要清除选择集，可以连续按两次 Esc 键或按"快速访问"工具栏中的"重做"。

3.1.3 重叠对象的选择

如果有两个以上的对象相互位置非常靠近甚至重叠在一起，此时可以通过设置选择循环来控制想要选择的最终对象。首先应该启用选择循环功能，如图 3-3 所示，在"草图设置"对话框中的"选择循环"选项卡中勾选"允许选择循环"。设置列表显示位置即可。图 3-4 是有 4 个不同颜色叠加一起的圆，在启用选择循环后选择圆时，出现列表，用户可以在其中选择想要选取的对象，实现重叠对象的选择。

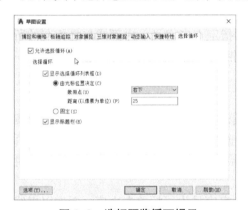

图 3-3 选择预览循环提示

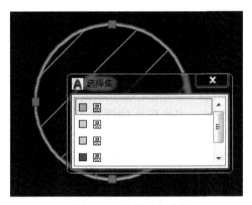

图 3-4 重叠对象选择

图 3-5 "快速选择"对话框

3.1.4 快速选择对象

命令：qselect。

功能区：默认→实用工具→快速选择。

快捷菜单：绘图区用鼠标右键单击→快速选择。

执行该命令后弹出"快速选择"对话框，如图 3-5 所示。

①应用到。设置本次操作的对象是整个图形或当前选择集。

②对象类型。指定对象的类型，调整选择的范围，默认为所有图元。

③特性。按对象的属性确定选择范围，如颜色、线型、图层等。

④运算符。选择运算格式。

⑤值。设置和特性相配套的值,如特性为颜色,则在值中可以设定希望的颜色。可以在特性、运算符和值中设定多个表达式表示的条件,各条件之间为逻辑"与"的关系。

⑥"如何应用"区。

- 包括在新选择集中:按设定的条件创建新的选择集。
- 排除在新选择集之外:符合设定条件的对象被排除到选择集之外。

⑦附加到当前选择集。如果选中该复选框,表示符合条件的对象被增加到当前的选择集中;否则,符合条件的选择集将取代当前的选择集。

3.1.5 对象编组

AutoCAD 虽然提供了十分丰富的选择对象的方式,但往往在选择后只能使用一次或连续使用几次(使用 Previous 选项)。如果要在存盘及以后再打开图形时对同一组对象进行编辑,一般需要重新选择对象。如果采用 AutoCAD 提供的对象编组,则可以在绘制同一图形的任意时刻编辑该组对象。对象编组可以为不同的对象组合起不同的名称,该名称随图形保存,这不同于未命名选择集。即使在图形作为块或外部参照而插入其他图形中之后,编组仍然有效,但要使用该编组对象,必须将插入的块或参照分解。

执行"对象编组"的命令为 group,执行后的对话框如图 3-6 所示。

(1)编组名

列表显示图形中所有的组名以及它们是否可选择。"可选择的"的含义是指如果用户选择了该编组中的任一对象,即选择了整个组。

(2)编组标识区

①编组名。该文本框为一个新建的组命名。其起名规则为最多 255 字符,所用字符可以是数字、字母、空格、中文等不被 AutoCAD 和 Windows 在其他场合使用的字符。

②说明。对该编组的简短描述。

③查找名称。可以列出包含任何一个所选对象的组。如果用户输入了一个属于某组的对象,则会弹出"编组成员列表"对话框,该对话框中的列表显示所有包含有该对象的编组。

④亮显。高亮显示所有被选组。

⑤包含未命名的。将未命名的组包含在显示之列。

(3)创建编组区

①新建。为一个新组定义一个选择集。单击该按钮后,返回绘图屏幕供用户选择对象,选择结束后,再次返回该对话框。

②可选择的。定义新组是否可以选择。

③未命名的。指定是否可以创建一个无名编组。

(4)修改编组区

①删除。从现有组中的对象中移出某些对象。如果将所有的对象全部移出,编组依然存在,并不消失。

图 3-6 "对象编组"对话框

②添加。用于向编组中增加对象。
③重命名。重新为编组命名。
④重排。修改对象在编组中的位置，单击后弹出"编组排序"对话框。
⑤说明。修改某编组的说明文字。
⑥分解。从图形中删除编组定义。
⑦可选择的。定义编组是否可被选择。

3.1.6 对象选择过滤器

使用"对象选择过滤器"可以将图形中满足一定条件的对象快速过滤出来，其中条件可以是对象的类型、颜色、所在图层、坐标数据等。

执行对象选择过滤器的命令为filter。执行后弹出"对象选择过滤器"对话框，如图3-7所示。该对话框包含"对象选择过滤器列表"区、"选择过滤器"区和"命名过滤器"区。

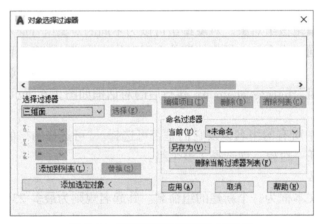

图3-7 "对象选择过滤器"对话框

（1）"对象选择过滤器列表"区

①列表框。显示了当前过滤器的内容。如果尚未建立任何对象选择过滤器，该列表为空。如果通过"选择过滤器"设置区进行了设置，则所设置的条件将出现在列表中。
②编辑项目。可以在选定某条件后进行编辑修改。
③删除。指在选定某条件后将该过滤器条件列表项删除。
④清除列表。清空过滤器列表区。

（2）"选择过滤器"区

用于设置和修改对象选择过滤器条件，在其中可以选择对象类型、附加参数以及逻辑操作符。

①添加到列表。用于直接向过滤器中添加对象。
②替换。用新建的条件取代上方过滤器列表中的某个条件。
③添加选定对象。让用户直接在屏幕上选择要添加进去的对象，此时系统会自动将该对象的条件加入选择集中。

（3）"命名过滤器"区

①当前。在该下拉列表框中可以选择已经建立的过滤器，相应地在上方的列表框中显

示对应的过滤器内容。

②另存为。在该文本框中可以输入过滤器的名称,单击"另存为"按钮保存创建的过滤器。

③删除当前过滤器列表。删除当前正在编辑的过滤器。

3.2 夹点编辑图形对象

夹点就是对象上的控制点或特征点。选默认情况下,夹点始终是打开的。用户可以通过"工具"→"选项"对话框的选择选项卡的夹点选项组,选中启用"夹点"复选框。在该选项卡中设置夹点的显示,还可以设置代表夹点的小方格的尺寸和颜色。对不同的对象来说,用来控制其特征的夹点的位置和数量也不相同。

夹点编辑是一种集成的编辑模式,提供了一种方便快捷的编辑操作途径。选择对象时,在对象上将显示出若干个小方框,这些小方框用来标记被选中对象的夹点,夹点就是对象上的控制点。使用夹点可以对对象拉伸、移动、旋转、缩放及镜像等操作。

所有动态块参数(除了基点和对齐)都有一个或多个说明字段。表 3-1 列出了动态块参数说明字段。

表 3-2 介绍了夹点以及它们的使用方式。

表 3-1　动态块参数说明字段

参　数	说　明	参　数	说　明
点	位置描述	翻转	翻转描述
线性	距离描述	可见性	可见性描述
极轴	距离描述,角度描述	查寻	查寻描述
XY	水平距离描述,垂直距离描述	对齐	设定为"将块与对象对齐"
旋转	角度描述	基点	不需要特殊的工具提示

表 3-3 列举了 AutoCAD 中常见对象的夹点特征。

表 3-2　夹点以及它们的使用方式

夹断类型	图形	夹点移动或结果	参数:关联动作
标准	■	平面内的任意方向	基点:无 点:移动、拉伸 极轴:移动、缩放、拉伸、极轴拉伸、阵列 XY:移动、缩放、拉伸、阵列
线性	▶	按规定方向或沿某一条轴往返移动	线性:移动、缩放、拉伸、阵列
旋转	●	围绕某一条轴	旋转:旋转
翻转	➡	切换到块几何图形的镜像	翻转:翻转
对齐	▶	平面内的任意方向;如果在某个对象上移动,则使块参照与该对象对齐	对齐:无(隐含动作)
查寻	▼	显示值列表	可见性:无(隐含动作) 查寻:查寻

表 3-3　AutoCAD 中常见对象的夹点特征

对象类型	夹点特征	对象类型	夹点特征
直线	两个端点和中点	属性	插入点
多段线	直线段的两端点、圆弧段的中点和两端点	形	插入点
构造线	控制点以及线上的邻近两点	三维网格	网格上的各个顶点
射线	起点及射线上的一个点	三维面	周边点
多线	控制线上的两个端点	线性标注、对齐标注	尺寸线和尺寸界线的端点，尺寸文字的中心点
圆弧	两个端点和中点		
圆	4 个象限点和圆心	角度标注	尺寸线端点和指定尺寸标注弧的端点，尺寸文字的中心点
椭圆	4 个顶点和中心		
椭圆弧	端点、中点和中心点	半径标注、直径标注	半径或直径标注的端点，尺寸文字的中心点
区域填充	各个顶点		
文字	插入点和第 2 个对齐点（如果有的话）	坐标标注	被标注点，用户指定的引线端点和尺寸文字的中心点
段落文字	各顶点		

3.2.1　使用夹点拉伸对象

（1）功能

在不执行任何命令的情况下选择对象，显示其夹点，然后单击其中的一个夹点，进入编辑拉伸状态。

（2）执行方式

在夹点编辑模式下，此时 AutoCAD 自动将其作为拉伸的基点，进入"拉伸"编辑模式。命令行将显示如下提示信息：

** 拉伸 **
指定拉伸点或 [基点（B）/ 复制（C）/ 放弃（U）/ 退出（X）]:

其选项的功能如下：
- 基点：重新确定拉伸基点。
- 复制：允许确定一系列的拉伸点，以实现多次拉伸。
- 放弃：取消一次操作。
- 退出：退出当前的操作。

（3）操作示例

使用夹点拉伸状态如图 3-8 所示。

默认情况下，指定拉伸点（可以通过输入点的坐标或者直接用鼠标指针拾取点），把对象拉伸或移动到新的位置。对于某些夹点，只能移动对象而不能拉伸对象，如文字、块、直线中点、圆心、椭圆中心和点对象上的夹点。

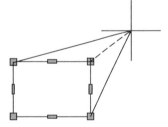

图 3-8　夹点拉伸编辑状态

3.2.2　使用夹点移动对象

（1）功能

能移动对象仅仅是位置上的平移，对象的方向和大小并不会改变。要精确地移动对象可使用捕捉模式、坐标、夹点和对象捕捉模式。

（2）执行方法

在夹点编辑模式下确定基点后，在命令行提示下输入 MOVE 或 MO 进入移动模式，命令行将显示如下提示信息：

** 移动 **

指定移动点或 [基点（B）/复制（C）/放弃（U）/退出（X）]：（指定移动点）

（3）操作示例

使用夹点移动状态如图 3-9 所示。

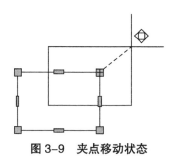 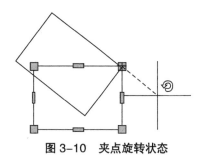

图 3-9　夹点移动状态　　　　　图 3-10　夹点旋转状态

3.2.3　使用夹点旋转对象

（1）功能

默认情况下，输入旋转的角度值或通过拖动方式确定旋转角度后，即可将对象绕基点旋转指定的角度。也可以选择参照，以参照方式旋转对象。

（2）执行方法

在夹点编辑模式下，确定基点后，在命令行提示下输入 rotate 或 RO 进入旋转模式，命令行将显示如下提示信息：

** 旋转 **

指定旋转角度或 [基点（B）/复制（C）/放弃（U）/参照（R）/退出（X）]：（指定旋转角度）

（3）操作示例

使用夹点旋转状态如图 3-10 所示。

3.2.4　使用夹点缩放对象

（1）功能

在夹点编辑模式可以通过比例因子缩放对象。

（2）执行方式

在夹点编辑模式下，确定基点后，在命令行提示下输入 scale 或 SC 进入缩放模式，命令行将显示如下提示信息：

** 比例缩放 **

指定比例因子或 [基点（B）/复制（C）/放弃（U）/参照（R）/退出（X）]：

默认情况下，当确定了缩放的比例因子后，AutoCAD将相对于基点进行缩放对象操作。当比例因子大于1时放大对象，当比例因子大于0而小于1时缩小对象。

（3）操作示例

使用夹点比例缩放状态，缩放比例因子为2，结果如图3-11所示。

3.2.5 使用夹点镜像对象

（1）功能

与镜像命令的功能类似，镜像操作后将删除原对象。

（2）执行方式

在夹点编辑模式下确定基点后，在命令行提示下输入MI进入镜像模式，命令行将显示如下提示信息：

** 镜像 **

指定第二点或[基点（B）/复制（C）/放弃（U）/退出（X）]:

（3）操作示例

以基点作为镜像线上的第一点，新指定的点为镜像线上的第二个点，将对象进行镜像操作并删除原对象。使用夹点镜像状态如图3-12所示。

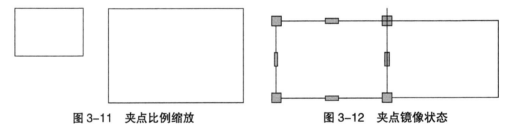

图3-11　夹点比例缩放　　　　图3-12　夹点镜像状态

注意：使用夹点移动、旋转及镜像对象时，在命令行中输入C，可以在进行编辑操作时复制图形。

3.3 删除、移动、旋转对象

3.3.1 删除

（1）功能

删除用户所选择的一个或多个对象。对于一个已删除的对象，虽然用户在屏幕上看不到它，但在图形文件还没有被关闭之前该对象仍保留在图形数据库中，用户可利用undo命令进行恢复。当图形文件被关闭后，该对象将被永久性地删除。

（2）执行方式

菜单：选择"修改"→"删除"命令。

工具栏：单击"修改"工具栏中的 ![] 按钮。

快捷菜单：选定对象后单击鼠标右键，弹出快捷菜单，选择"删除"项。

命令：erase（或 E）。
（3）操作示例

命令：erase
选择对象：（选择图形）
选择对象：（按 Enter 键或 Delete 删除所选择的图形）

3.3.2 移动

（1）功能

移动命令可以将用户所选择的一个或多个对象平移到其他位置，但不改变对象的方向和大小。

（2）执行方式

菜单：选择"修改"→"移动"命令。

工具栏：单击"修改"工具栏中的 ✥ 移动 按钮。

快捷菜单：选定对象后单击鼠标右键，弹出快捷菜单，选择"移动"。

命令：move（或 M）。

命令各选项的功能：

选择对象：用户可在此提示下构造要移动的对象的选择集，并按 Enter 键确定，系统将提示：

指定基点或 [位移（D）]< 位移 >：// 指定基点或输入 d

要求用户指定一个基点（basepoint），用户可通过键盘输入或鼠标选择来确定基点，此时系统提示为：

指定基点或 [位移（D）]< 位移 >：指定第二点或 < 使用第一点作为位移 >：

指定第二点：系统将根据基点到第二点之间的距离和方向来确定选中对象的移动距离和移动方向。在这种情况下，移动的效果只与两个点之间的相对位置有关，而与点的绝对坐标无关。确定后，系统将基点的坐标值作为相对的 X、Y、Z 位移值。在这种情况下，基点的坐标确定了位移矢量（即原点到基点之间的距离和方向），因此基点不能随意确定。

3.3.3 旋转

（1）功能

旋转命令可以改变用户所选择的一个或多个对象的方向（位置）。用户可通过指定一个基点和一个相对或绝对的旋转角对选择对象进行旋转。

（2）执行方式

菜单：选择"修改"→"旋转"命令。

工具栏：单击"修改"工具栏中的按钮。

快捷菜单：旋转。

命令：rotate（或 RO）。

命令各选项的功能：

调用该命令后，系统首先提示 UCS 当前的正角方向，并提示用户选择对象；用户可在此提示下构造要旋转的对象的选择集，并按 Enter 键确定，系统将提示：

指定基点：（指定一个基准点）

指定旋转角度或[复制（C）/参照（R）]：（输入角度或指定点，或者输入 c 或 r）

用户首先需要指定一个基点，即旋转对象时的中心点，然后指定旋转的角度，这时有两种方式可供选择。

①直接指定旋转角度。即以当前的正角方向为基准，按用户指定的角度进行旋转。

②选择 reference（参照）。选择该选项后，系统首先提示用户指定一个参照角，然后再指定以参照角为基准的新的角度。

指定参照角度 < 上一个参照角度 >：（通过输入值或指定两点来指定角度）

指定新角度或[点（P）]< 上一个新角度 >：（通过输入值或指定两点来指定新的绝对角度）

（3）操作示例

命令：rotate

UCS 当前的正角方向：ANGDIR= 逆时针 ANGBASE=0

选择对象：找到 1 个（选择图 3-13 左边的正方形）

选择对象：（按 Enter 确定选择对象结束）

指定基点：（单击正方形的中心点为基点）

指定旋转角度，或[复制（C）/参照（R）]<0>：45（输入旋转角度）

得到图 3-13 右所示的图形结果。

3.3.4 修剪对象

（1）功能

修剪命令用来修剪图形实体。该命令的用法很多，不仅可以修剪相交或不相交的二维对象，还可以修剪三维对象。

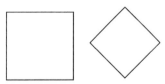

图 3-13　旋转命令实例

（2）执行方式

菜单：选择"修改"→"修剪"命令。

工具栏：单击"修改"工具栏中的 修剪 按钮。

命令：trim（或 TR）。

命令各选项的功能：

①系统首先显示 trim 命令的当前设置，并提示用户选择修剪边界。

当前设置：投影 = 当前值，边 = 当前值

选择剪切边 …

选择对象或 < 全部选择 >：（选择一个或多个对象并按 Enter 键，或者按 Enter 键选择所有显示的对象）

②用户确定修剪边界后，系统进一步提示：

选择要修剪的对象或按住 Shift 键选择要延伸的对象或[栏选(F)/窗交(C)/投影(P)/边(E)/删除(R)/放弃(U)]:（选择要修剪的对象、按住 Shift 键选择要延伸的对象，或输入选项）

③用户直接用鼠标选择被修剪的对象。

按 Shift 键的同时来选择对象，这种情况下可作为延伸命令使用。用户所确定的修剪边界即作为延伸的边界。

投影选项：指定修剪对象时是否使用投影模式。

边选项：指定修剪对象时是否使用延伸模式，系统提示如下：

输入隐含边延伸模式[延伸(E)/不延伸(N)]<不延伸>:

其中 Exten 选项可以在修剪边界与被修剪对象不相交的情况下，假定修剪边界延伸至被修剪对象并进行修剪。而同样的情况下，使不延伸模式则无法进行修剪。两种模式的比较如图 3-14 所示。

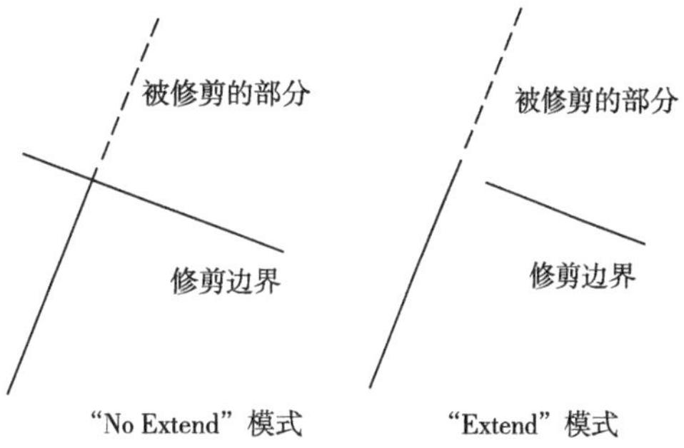

使用 trim 命令时必须先启动命令后选择要编辑的对象；启动该命令时已选择的对象将自动取消选择状态。

注意：默认情况下，选择要修剪的对象（即选择被剪边），系统将以剪切边为界，将被剪切对象上位于拾取点一侧的部分剪切掉。修剪图形时最后的一段或单独的一段是无法剪掉的，可以用删除命令删除。在使用修剪命令时，可以选中所有参与修剪的实体作为修剪边，让它们互为剪刀。

图 3-14　修剪模式的比较

3.4　复制、阵列、偏移和镜像对象

3.4.1　复制

（1）功能

复制命令可以将用户所选择的一个或多个对象生成一个副本，并将该副本放置到其他位置，复制后原图形仍然存在。

（2）执行方式

菜单："修改"→"复制"。

工具栏：单击"修改"工具栏中的 按钮。

快捷菜单：选定对象后单击鼠标右键，弹出快捷菜单，选择"复制"项。

命令：copy（或 CO、CP）。

调用该命令后，系统将提示用户选择对象。命令各选项的功能：

选择对象：用户可在此提示下构造要复制的对象的选择集，并按 Enter 键确定，系统将提示：

当前设置：复制模式=当前值
指定基点或[位移(D)/模式(O)/多个(M)]<位移>:（指定基点或输入选项）

在上述命令中各项的意义如下：

指定基点：输入对象复制的基点。选中该选项后，系统继续出现如下提示信息：

指定基点或[位移（D）/模式（O）/多个（M）]<位移>：（指定基点或<使用第一个点作为位移>复制后将所选对象指定的两点所确定的位移量复制到新的位置）

位移：通过指定的位移量来复制选中的对象。

模式：输入复制模式选项单个或多个。

（3）操作示例

如图 3-15 左图所示，用复制命令复制矩形左边的图形，复制结果如图 3-15 右图所示。

命令：copy

选择对象：找到 1 个（选择如图 3-15 中的小圆）

选择对象：找到 1 个，总计 2 个（选择图中的小矩形）

选择对象：

当前设置：复制模式=多个

指定基点或[位移（D）/模式（O）]<位移>：（以圆心作为基点）

指定第二个点或<使用第一个点作为位移>：80（延水平极轴方向输入距离 80）

指定第二个点或[退出（E）/放弃（U）]<退出>：（按 Enter 键结束）

结果如图 3-15 右图所示。

3.4.2 阵列

（1）功能

在 AutoCAD 中，还可以通过阵列命令多重复制对象。阵列命令可复制呈规则分布的图形，创建按指定方式排列的多个对象副本，如使用矩形阵列选项创建由选定对象副本的行和列数所定义的阵列，使用环形阵列选项通过围绕圆心复制选定对象来创建阵列等。

（2）执行方式

工具栏：选择"修改"→"阵列"命令。

工具栏：单击"修改"工具栏中的 ⊞ 按钮。

命令：array（或别名 AR）。

单击"修改"工具栏中的"阵列"命令，将在工具栏弹出如图 3-16 所示的对话框。其中，对话框中各项的意义如下：

- 矩形阵列：指按照网格行列的方式复制实体对象。用户必须告知将实体复制成几行、几列，行距、列距分别为多少。

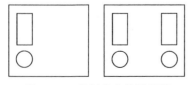

图 3-15 复制命令编辑实例

图 3-16 矩形阵列对话框

- 环形阵列：通过围绕圆心复制选定对象来创建阵列。
- 选择对象：选择阵列的对象。
- 中心点：选中环形矩形后输入环形的中心点 X 坐标值和 Y 坐标值。
- 行偏移：选中矩形阵列时输入行距。
- 列偏移：选中矩形阵列时输入列距。
- 阵列角度：选中环形阵列输入复制对象之间的角度值。

注意：行距、列距和阵列角度值的正负性将影响将来的阵列方向。行距和列距为正值将使阵列沿 X 轴或 Y 轴正方向阵列复制对象；阵列角度为正值则沿逆时针方向阵列复制对象，负值则相反。如果是通过单击按钮在绘图窗口设置偏移距离和方向，则给定点的前后顺序将确定偏移的方向。

（3）操作示例

【示例 1】

如图 3-17 左图使用环形阵列命令，结果如图 3-17 右图所示 10 人餐桌。

命令：array
选择对象：找到 1 个（选择桌面大圆）
选择对象：（确定选择结束）
输入阵列类型 [矩形（R）/ 路径（PA）/ 极轴（PO）] < 极轴 >：
类型 = 极轴 关联 = 是
指定阵列的中心点或 [基点（B）/ 旋转轴（A）]：
输入项目数或 [项目间角度（A）/ 表达式（E）]<4>：
指定填充角度（+= 逆时针、−= 顺时针）或 [表达式（EX）]<360>：选择对象：找到 1 个：（选择图 3-17 左图中的小圆）
选择对象：
指定阵列中心点：拾取或按 Esc 键返回到对话框或单击鼠标右键接受阵列：

拾取大圆的圆心作为中心点，所得"环形阵列"的对话框如图 3-18 所示，单击对话框中的"确定"按钮，得到如图 3-17 右图所示的图形。

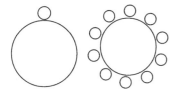

图 3-17　环形阵列实例

图 3-18　阵列对话框

【示例 2】

如图 3-19 左图所示，使用矩形阵列命令，结果如图 3-19 右图所示。

命令：array
选择对象：找到 1 个（选择如图 3-19 左图所示的小矩形）
选择对象：（按 Enter 键出现矩形阵列，对话框如图 3-20 所示）
指定行间距：第二点：（指出行间距为 −100）
指定列间距：第二点：（指出列间距为 −100）

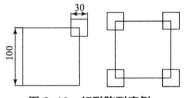

图 3-19 矩形阵列实例　　　　　图 3-20 矩形阵列对话框

所得结果如图 3-20 右图所示。

【示例 3】

如图 3-21 沿着路径 L，阵列圆 A，阵列数量 15 个。

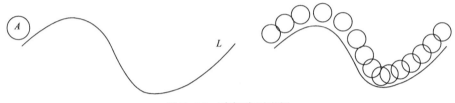

图 3-21 路径阵列实例

命令：array
选择对象：找到 1 个
选择对象：（确定选择对象结束）
输入阵列类型 [矩形（R）/路径（PA）/极轴（PO）]<极轴>：pa
类型 = 路径 关联 = 是
选择路径曲线：选择路径 L
输入沿路径的项数或 [方向（O）/表达式（E）]<方向>：15（输入阵列数量）
指定沿路径的项目之间的距离或 [定数等分（D）/总距离（T）/表达式（E）]<沿路径平均定数等分（D）>：50
15 个项目无法使用当前间距布满路径
是否调整间距以使项目布满路径？[是（Y）/否（N）]<是>：Y

3.4.3 偏移

（1）功能

偏移就是可以将对象复制，并且将复制对象偏移到给定的距离。可利用两种方式对选中对象进行偏移操作，从而创建新的对象。一种是按指定的距离进行偏移，另一种则是通过指定点来进行偏移，如图 3-22 所示。该命令常用于创建同心圆、平行线和平行曲线等。

（2）执行方式

菜单：选择"修改"→"偏移"命令。

工具栏：单击"修改"工具栏中的 ∈ 按钮。

命令：offset（或 O）。

命令各选项的功能：

调用该命令后，系统首先要求用户指定偏移的距离或选择指定通过点方式。

当前设置：删除源 = 当前值 图层 = 当前值 offsetgaptype= 当前值
指定偏移距离或[通过（T）/删除（E）/图层（L）]<当前>：（输入偏移距离）
指定要偏移的那一侧上的点，或[退出（E）/多个（M）/放弃（U）]<退出或下一个对象>：（指定对象上要偏移的那一侧上的点）
指定通过点或[退出（E）/多个（M）/放弃（U）]<退出或下一个对象>：（指定偏移对象要通过的点）

偏移操作的两种方式如图 3-22 所示。

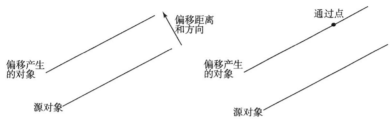

图 3-22　偏移操作方式的比较

（3）操作示例

如图 3-23 左图所示，使用偏移命令，结果如右图所示。在命令行信息提示如下：

命令：offset
当前设置：删除源 = 否 图层 = 源 offsetgaptype=0
指定偏移距离或[通过（T）/删除（E）/图层（L）]<通过>：5（输入偏移的距离 5）
选择要偏移的对象，或[退出（E）/放弃（U）]<退出>：（选择如图 3-23 左图所示的圆弧和线段）
指定要偏移的那一侧上的点，或[退出（E）/多个（M）/放弃（U）]<退出>：（单击图 3-23 内部任意点）
选择要偏移的对象，或[退出（E）/放弃（U）]<退出>：（按 Enter 键得到如图 3-23 右图所示的结果）

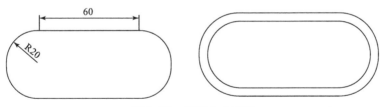

图 3-23　偏移命令实例

注意：

①使用 offset 命令时必须先启动命令，然后选择要编辑的对象。启动该命令时已选择的对象将自动取消选择状态。offset 命令不能用在三维面或三维对象上。

②偏移命令用于偏移复制线性实体，得到原有实体的平行实体。

③系统变量 offsetdist 存储当前偏移值。

3.4.4　镜像

（1）功能

可以使用镜像命令，将对象以镜像线对称复制。

（2）执行方式

菜单：选择"修改"→"镜像"命令。

工具栏：单击"修改"工具栏中的 ⚠ 按钮。

命令：mirror（或 MI）。

命令各选项的功能：

执行该命令时，需要选择要镜像的对象，然后依次指定镜像线上的两个端点，命令行将显示"删除源对象吗？[是（Y）/否（N）]<N>："提示信息。如果直接按 Enter 键后输入 n，则镜像复制对象，并保留原来的对象；如果输入 Y，则在镜像复制对象的同时删除原对象。

注意：在 AutoCAD 中，使用系统变量 mirrtext 可以控制文字对象的镜像方向。如果 mirrtext 的值为 1，则文字对象完全镜像，镜像出来的文字变得不可读；如果 mirrtext 的值为 0，则文字对象方向不镜像。

（3）操作示例

【示例1】

用镜像命令镜像，结果如图 3-24 右图所示。

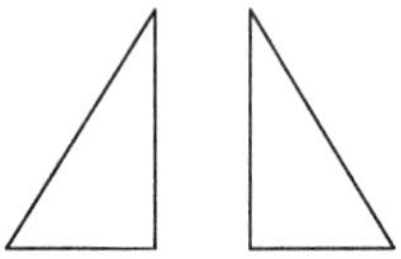

图 3-24　镜像命令实例

命令：mirror

选择对象：指定对角点：找到 3 个（选择由直线命令画成的三角形）

选择对象：（确定选择结束）

指定镜像线的第一点：（在三角形垂直线的右边任意位置单击做为镜像线第一点）

指定镜像线的第二点：（在第一点的垂直线的下方单击做为镜像线的第二点）

要删除源对象吗？[是（Y）/否（N）]<N>：（按 Enter 键结束不删除源对象）

【示例2】

用镜像命令，结果如图 3-25 所示。

命令：mirror

选择对象：找到 1 个（选择如图 3-25 所示左边的镜像）

选择对象：

指定镜像线的第一点：（在镜像的右侧的任意位置单击一点作为镜像线的第一点）

指定镜像线的第二点：（在第一点的垂直下方单击作为镜像线的第二点）

要删除源对象吗？[是（Y）/否（N）]<N>：（不删除源对象，结果如图 3-25 所示）

当 mirrtext 的值为 1 时，镜像出来的结果如图 3-26，操作同上。

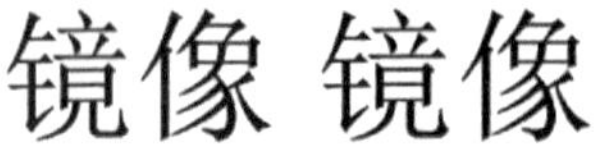

图 3-25　当 mirrtext 的值为 0 时文字镜像 　　　图 3-26　当 mirrtext 的值为 1 时文字镜像

3.5 拉伸、拉长、延伸

3.5.1 拉伸

（1）功能

使用拉伸命令时，必须用交叉多边形或交叉窗口的方式来选择对象。如果将对象全部选中，则该命令相当于移动命令。如果选择了部分对象，则 stretch 命令只移动选择范围内的对象的端点，而其他端点保持不变。可用于 stretch 命令的对象包括圆弧、椭圆弧、直线、多段线线段、射线和样条曲线等。

（2）执行方式

菜单：选择"修改"→"拉伸"命令。

工具栏：单击"修改"工具栏中的按钮。

命令：stretch（或 S）。

命令各选项的功能：

选择对象：（用户可以交叉窗口或交叉多边形选择要拉伸的对象）。

用交叉窗口选择方式选择两个交点：（改变选择端点的位置其他不变，然后提示用户进行移动操作，操作过程同移动命令）。

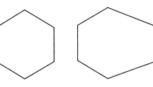

图 3-27 拉伸实例

（3）操作示例

如图 3-27 所示，使用拉伸命令，结果如图 3-27 右图所示。

命令：stretch
以交叉窗口或交叉多边形选择要拉伸的对象 …
选择对象：指定对角点：找到 3 个（选择正六边形的三条边）
选择对象：// 按 Enter 键指定基点或 [位移（D）]< 位移 >：（单击正六边形的右下角点）
指定第二个点或 < 使用第一个点作为位移 >：50（输入数值 50）

3.5.2 拉长延伸

（1）功能

拉长命令用于改变圆弧的角度，或改变非闭合对象的长度，包括直线、圆弧、非闭合多段线、椭圆弧和非闭合样条曲线等。

（2）执行方式

菜单：选择"修改"→"拉长"命令。

命令：lengthen（或 LEN）。

命令各选项的功能：

选择对象或 [量（DE）/ 百分数（P）/ 全部（T）/ 动态（DY）]：（调用该命令后，系统将提示用户选择对象）
输入长度差值或 [角度（A）]< 当前 >：（当用户选择了某个对象时，系统将显示该对象的长度、包含角度 a）

其他选项则给出了4种改变对象长度或角度的方法。

①增量。指定一个长度或角度的增量，并进一步提示用户选择对象。

选择对象或[增量（DE）/百分数（P）/全部（T）/动态（DY）]：DE

输入长度增量或[角度（A）]<0.0000>：

如果用户指定的增量为正值，则对象从距离选择点最近的端点开始增加一个增量长度（角度）；如果用户指定的增量为负值，则对象从距离选择点最近的端点开始缩短一个增量长度（角度）。

②百分数。指定对象总长度或总角度的百分比来改变对象长度或角度，并进一步提示用户选择对象。

输入长度百分数<当前>：（输入非零正值或按 Enter 键）

选择要修改的对象或[放弃（U）]：（选择一个对象或输入 u）

如果用户指定的百分比大于100%，则对象从距离选择点最近的端点开始延伸，延伸后的长度（角度）为原长度（角度）与指定的百分比的乘积；如果用户指定的百分比小于100%，则对象从距离选择点最近的端点开始修剪，修剪后的长度（角度）为原长度（角度）与指定的百分比的乘积。

③全部。指定对象修改后的总长度（角度）的绝对值，并进一步提示用户选择对象。

指定总长度或[角度（A）]<当前>：（注意：用户指定的总长度（角度）值必须是非零正值，否则系给出提示并要求用户重新指定）

④动态。指定该选项后，系统首先提示用户选择对象。

选择要修改的对象或[放弃（U）]：（选择一个对象或输入 u）

打开动态拖动模式，动态拖动距离选择点最近的端点，然后根据被拖动的端点的位置改变选定对象的长度（角度）。

（3）操作示例

用户在使用以上4种方法进行修改时，均可连续选择一个或多个对象实现连续多次修改，并可随时选择放弃选项来取消最后一次的修改。图3-28所示为 lengthen 命令的4种方法。

3.5.3 延伸

（1）功能

在 AutoCAD 中，可以使用延伸命令拉长对象。可以延长指定的对象与另一对象相交或外观相交。

（2）执行方式

菜单：选择"修改"→"延伸"命令。

工具栏：单击"修改"工具栏中的按扭。

命令：extend。

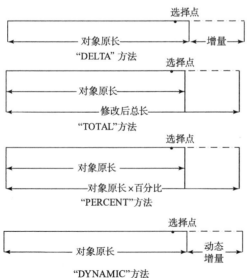

图 3-28 lengthen 命令的4种方法

延伸命令的使用方法和修剪命令的使用方法相似，不同之处在于，使用延伸命令时，如果在按下 Shift 键的同时选择对象，则执行修剪命令；使用修剪命令时，如果在按下 Shift 键的同时选择对象，则执行延伸命令。

在绘图过程中，有时希望某个实体在某点断开，截取实体中的一部分。AutoCAD 中提供了打断命令。修剪图形，将实体的多余部分除去，可以使用修剪命令完成此项功能，使作图更方便。

3.6 倒角、圆角

3.6.1 倒角

（1）功能

倒角命令用来创建倒角，即将两个非平行的对象，通过延伸或修剪使它们相交或利用斜线连接。

（2）执行方式

菜单：选择"修改"→"倒角"命令。
工具栏："修改"工具栏中的 按钮。
命令：chamfer（或 cha）。

用户可使用两种方法来创建倒角，一种是指定倒角两端的距离，另一种是指定一端的距离和倒角的角度，图 3-29 所示为倒角的两种创建方法。

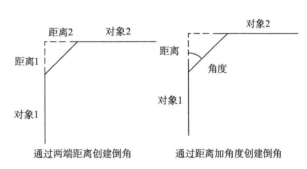

图 3-29 倒角的两种创建方法

命令各选项的功能：

（修剪模式）当前倒角距离 1=当前，距离 2=当前

选择第一条直线或 [放弃（U）/多段线（P）/距离（D）/角度（A）/修剪（T）/方式（E）/多个（M）]：（调用该命令后，系统首先显示 chamfer 命令的当前设置，并提示用户选择进行倒角操作的对象。使用对象选择方式或输入选项）

- 多段线：该选项用法同 fillet 命令。
- 距离：指定倒角两端的距离，系统提示如下：

指定第一个倒角距离 <当前>：（给一个数值作为第一个倒角距离）

指定第二个倒角距离 <当前>：（给一个数值作为第二个倒角距离）

- 角度：指定倒角一端的长度和角度，系统提示如下：

指定第一条直线的倒角长度 <当前>：

指定第一条直线的倒角角度 <当前>：

- 修剪：该选项用于设置修剪的模式选项，系统提示如下：

输入修剪模式选项 [修剪（T）/不修剪（N）]<修剪>：

● 方式：该选项用于决定创建倒角的方法，即使用两个距离的方法或使用距离加角度的方法。

● 多个：为多组对象的边倒角。chamfer 将重复显示主提示和选择第二个对象的提示，直到用户按 Enter 键结束命令。

注意：使用 chamfer 命令时必须先启动命令，然后选择要编辑的对象。启动该命令时已选择的对象将自动取消选择状态。

如果要进行倒角的两个对象都位于同一图层，那么倒角线将位于该图层。否则，倒角线将位于当前图层中。此规则同样适用于颜色、线型和线宽。

3.6.2 圆角

（1）功能

可以通过一个指定半径的圆弧来光滑地连接两个对象，用来创建圆角。可以进行圆角处理的对象包括直线、多段线的直线段、样条曲线、构造线、射线、圆、圆弧和椭圆等。其中，直线、构造线和射线在相互平行时也可进行圆角。在 AutoCAD 中也可以为所有真实（三维）实体创建圆角。

（2）执行方式

菜单：选择"修改"→"圆角"命令。

工具栏：单击"修改"工具栏中的按钮。

命令：fillet（或 F）。

命令各选项的功能：

调用该命令后，系统首先显示 fillet 命令的当前设置，并提示用户选择进行圆角操作的对象。

当前设置：模式 = 当前值，半径 = 当前值

选择第一个对象或 [放弃（U）/多段线（P）/半径（R）/修剪（T）/多个（M）]：（使用对象选择方法或输入选项）

● 多段线：选择该选项后，系统提示用户指定二维多段线，并在二维多段线中两条线段相交的每个顶点处插入圆角弧。

● 半径：指定圆角的半径，系统提示选择二维多段线。

● 修剪：指定进行圆角操作时是否使用修剪模式，系统提示如下：

输入修剪模式选项 [修剪（T）/不修剪（N）]< 当前 >：（输入选项或按 Enter 键）

其中，修剪选项可以自动修剪进行圆角的对象，使之延伸到圆角的端点。而使用不修剪选项则不进行修剪。两种模式的比较如图 3-30 所示。

注意：使用 fillet 命令时必须先启动命令，然后选择要编辑的对象。启动该命令时已选择的对象将自动取消选择状态。如果要进行圆角的两个对象都位于同一图层，那么

图 3-30　命令的修剪模式

圆角线将位于该图层。否则，圆角将位于当前图层中。此规则同样适用于圆角、颜色、线型和线宽。系统变量 trimmode 控制圆角和倒角的修剪模式。如果取值为 1（缺省值），则使用修剪模式；如果取值为 0，则不修剪。

3.7 编辑对象特性

（1）功能

对象特性包含一般特性和几何特性，一般特性包括对象的颜色、线型、图层及线宽等；几何特性包括对象的尺寸和位置。可以直接在"特性"选项板中设置和修改对象的特性。

（2）执行方式

菜单：选择"修改"→"特性"命令。

工具栏：单击"标准"工具栏中的 按钮。

命令：properties（或 PR）。

（3）特性选项板

图 3-31 "特性"选项板

特性选项板默认处于浮动状态。在特性选项板的标题栏上单击鼠标右键，将弹出一个快捷菜单。可通过该快捷菜单确定是否隐藏选项板、是否在选项板内显示特性的说明部分以及是否将选项板锁定在主窗口中，如图 3-31 所示。

特性选项板中显示了当前选择集中对象的所有特性和特性值，当选中多个对象时，将显示它们的共有特性。可以通过它浏览、修改对象的特性，也可以通过它浏览、修改满足应用程序接口标准的第三方应用程序对象。

3.8 编辑多线

（1）功能

多线的编辑是一个专用于多线对象的编辑命令。

（2）执行方式

下拉菜单："修改"→"对象"→"多线"。

命令：mledit。

在 AutoCAD 中，可以使用编辑工具编辑多线。在多线样式对话框中，单击"修改"按钮，打开"修改多线"样式对话框，可以修改选定的多线样式，不能修改默认的 standard 多线样式，如图 3-32 所示。

注意：不能编辑 standard 多线样式或图形中正在使用的任何多线样式的元素和多线特性。要编辑现有多线样式，必须在使用该样式绘制任何多线之前进行。

图 3-32 多线编辑工具对话框

（3）操作示例

【示例1】

使用"十"字工具消除相交线，如图3-33所示。

【示例2】

使用"T"形工具，如图3-34所示。

【示例3】

角点工具消除相交线，如图3-35所示。

图3-33 多线的"十"字工具编辑效果

图3-34 多线的"T"形工具编辑效果

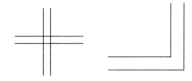

图3-35 角点工具编辑效果

小 结

在AutoCAD中执行编辑操作，通常情况下需要首先选择编辑的对象，然后再进行相应的编辑操作。这样所选择的对象将构成一个集合，成为选择集。用户可以用一般的方法进行选择，也可以使用夹点工具对图形进行简单地编辑。在构造选择集的过程中，被选中的对象一般以虚线显示。移动、旋转和缩放工具都是在不改变被编辑图形具体形状的基础上对图形的放置位置、角度以及大小进行重新调整，以满足最终的设计要求。该类工具常用于在装配图或将块插入图形的过程中，对单个零部件图形或块的位置和角度进行调整。拉伸和拉长工具以及夹点应用的操作原理比较相似，都是在不改变现有图形位置的情况下对单个或多个图形进行拉伸或缩减，从而改变被编辑对象的整体大小。在完成对象的基本绘制后，往往需要对相关对象进行编辑和修改操作，使其实现预期的设计要求。在AutoCAD中，用户可以通过修剪、延伸、创建倒角和圆角等常规操作来完成绘制对象的编辑工作。

上机操作练习

【任务1】按图3-36所示绘图。

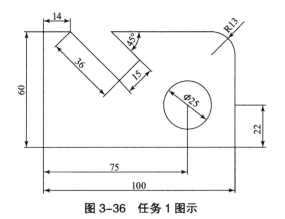

图3-36 任务1图示

步骤:

【任务1】的绘制主要利用了"直线"命令,"圆"命令和"圆角"命令,具体的绘制步骤如下:

①单击"默认"选项卡"绘图"面板中的"直线"按钮,任选一点为直线起点,输入(@0,-60),(@100,0),(@0,60),(@-100,0),绘制一个矩形,如图3-37所示。

②单击"默认"选项卡"绘图"面板中的"直线"按钮,点击状态栏的"极轴追踪"设置增量角为315°,45°,135°,绘制折线,如图3-38、图3-39所示。

图3-37 绘制矩形

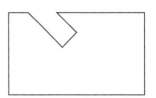

图3-38 绘制图形1

③单击"默认"选项卡"修改"面板中的"圆角"按钮,选择右边和上面的直线绘制一个半径为13的圆角,如图3-40所示。

④单击"默认"选项卡"绘图"面板中的"圆"按钮,以左下角为起点,输入圆心(@75,22),直径25,如图3-41所示。

⑤单击"注释"选项卡"标注"面板中的"线性"按钮,标注尺寸,如图3-42所示。

【任务2】按图3-43所示标注的尺寸绘制。不需要标注。应用绝对和相对坐标绘图下图

图3-39 设置极轴追踪设置增量角1

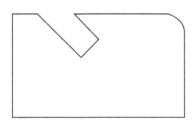

图3-40 绘制圆角1

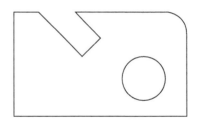

图3-41 绘制圆1

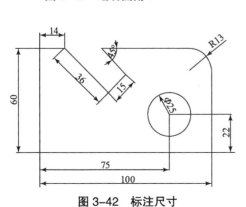

图3-42 标注尺寸

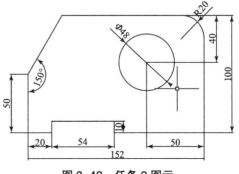

图3-43 任务2图示

步骤：

【任务2】的绘制主要利用了"直线"命令，"圆"命令和"圆角"命令，具体的绘制步骤如下：

（1）相对坐标法

①单击"默认"选项卡"绘图"面板中的"直线"按钮，选定绝对坐标轴原点（0，50）为起点，依次输入"（ ）"，（@20，0），（@0，10），（@54，0），（@0，-10），（@78，0），（@0，100），（@-152，0）；点击状态栏的极轴追踪设置增量角为60°，连接起点和终点，修剪多余的线段（图3-44、图3-45）。

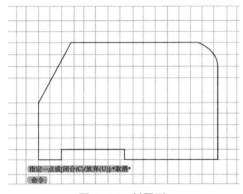

图 3-44　制图形　　　　　　　图 3-45　设置极轴追踪设置增量角2

②单击"默认"选项卡"修改"面板中的"圆角"按钮，选择右边和上面的直线绘制一个半径为20的圆角（图3-46）。

③单击"默认"选项卡"绘图"面板中的"圆"按钮，已选定的起点为原点，输入（@102，60），直径48，绘制一个圆（图3-47）。

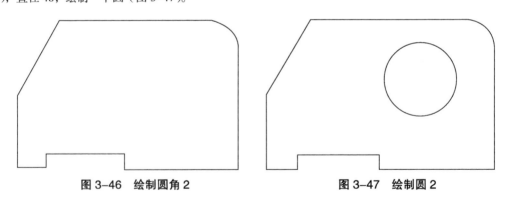

图 3-46　绘制圆角2　　　　　　图 3-47　绘制圆2

（2）绝对坐标法

①单击"默认"选项卡"绘图"面板中的"直线"按钮，任选一点为直线起点，输入（0，50），（0，0），（20，0），（20，10），（74，10），（74，0），（152，0），（152，100），（0，100）；点击状态栏的极轴追踪设置增量角为60°，连接起点和终点，修剪多余的线段（图3-48、图3-49）。

②单击"默认"选项卡"修改"面板中的"圆角"按钮，选择右边和上面的直线绘制一个半径为20的圆角（图3-50）。

③单击"默认"选项卡"绘图"面板中的"圆"按钮，已选定的起点为原点，输入（102，60），直径48，绘制一个圆（图3-51）。

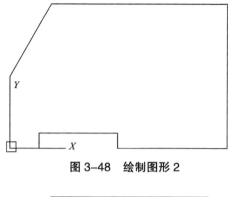
图 3-48 绘制图形 2

图 3-49 设置极轴追踪设置增量角 3

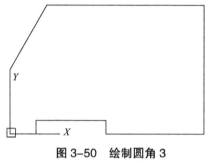
图 3-50 绘制圆角 3

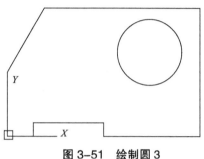
图 3-51 绘制圆 3

思考题

1. 学习 AutoCAD 修改命令有哪些好处？
2. 环形阵列的填充角度可以是 92.8° 和 275° 吗？填充角度的正负对阵列结果有什么影响？
3. 要把椭圆修剪成椭圆弧，椭圆上应至少有几个剪切交点？
4. 如何应用二维修改命令从圆和椭圆形成圆弧和椭圆弧？
5. 分解命令把多线分解成什么？
6. 能对两条平行线倒圆角吗？能倒角吗？请说明具体的情形。
7. 分解命令把多线分解成什么？
8. AutoCAD 有哪些命令可以生成平行线？
9. 要将线条并入多线段需要满足什么条件？
10. 利用"特性"（"对象特性"）工具栏可修改对象的哪些特性？
11. 请写出几种改变对象颜色的方法。
12. 请写出几种绘制五角星的方法。
13. 请写出几种将两条能够相交但尚未相交的直线相交于一点的方法。
14. 夹点编辑可快速完成哪几种操作？
15. 合并直线、圆弧和多段线应分别满足什么？
16. 能使用倒圆命令会倒角命令将两条尚未相交的直线相交吗？如果能，如何操作？如果不能，请说明理由。
17. 拉长命令（lengthen）能拉长多线或样条曲线吗？

课后练习

1. 利用"矩形""圆""多边形""圆角"等命令绘制盥洗用具，如图 3-52 所示。

2. 利用"矩形""镜像""偏移"等命令绘制双扇门，如图 3-53 所示。

3. 利用"直线""矩形""复制""偏移"等命令绘制书柜，如图 3-54 所示。

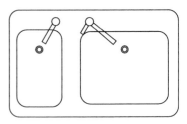

图 3-52 盥洗用具

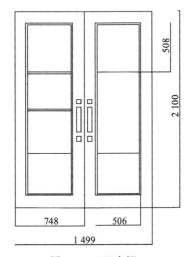

图 3-53 双扇门

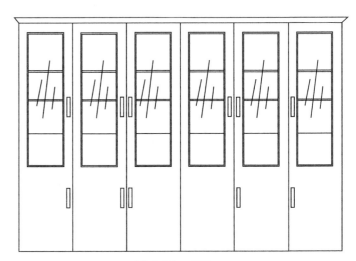

图 3-54 书柜

第4章 编辑文字和表格单元

⊙ 本章导读

文字对象是 AutoCAD 图形中很重要的图形元素，是机械制图和工程制图中不可缺少的组成部分。在一个完整的图样中，通常都包含一些文字注释来标注图样中的一些非图形信息。如机械工程图形中的技术要求、装配说明以及工程制图中的材料说明、施工要求等。另外，在 AutoCAD 中，使用表格功能可以创建不同类型的表格，还可以在其他软件中复制表格，以简化制图操作。本章将主要介绍使用文字与表格的相关知识。

⊙ 知识目标

理解文字标注的有关概念。
掌握文字样式设置。
掌握单行文字标注、多行文字标注（包括特殊文字标注）。
掌握设置表格标注、插入表格和编辑表格。

⊙ 能力目标

设置样式名。
创建、编辑符合标准规范文字。
创建表格样式和表格。

4.1 设置文字

在 AutoCAD 中，所有文字都有与之相关联的文字样式。在创建文字注释和尺寸标注时，AutoCAD 通常使用当前的文字样式，从而方便、快捷地对图形对象进行标注，得到统一、标准、美观的标注文字。此外，还可以根据具体要求重新设置文字样式或创建新的样式。文字样式包括文字"字体""字型""高度""宽度系数""倾斜角""反向""倒置"以及"垂直"等参数。AutoCAD 图形中的文字是根据当前文字样式标注的。文字样式说明所标注文字使用的字体以及其他设置，如字高、字颜色、文字标注方向等。AutoCAD 为用户提供了默认文字样式 standard。AutoCAD 中专门提供了 3 种符合国家标准的中文字体文件，即"gbenor.shx""gbeitc.shx""gbcbig.shx"文件。其中，"gbenor.shx""gbeitc.shx"用于标注直体和斜体字母和数字，"gbcbig.shx"用于标注中文（需要点选"使用大字体"）。当在 AutoCAD 中标注文字时，如果系统提供的文字样式不能满足国家制图标准或用户的要求，则应首先定义文字样式，如图 4-1 所示。

4.1.1 设置样式名

在"文字样式"对话框中，可以显示文字样式的名称、创建新的文字样式、为已有的文字样式重命名以及删除文字样式，如图 4-2 所示。

设置文字样式是建立在文字标注时需要的字体和字型等各种文字特性。

（1）功能

创建、修改或指定文字样式。

（2）执行方式

工具栏"默认"→"注释工具栏"→"文字样式" A。或"注释"→"文字"工具栏中的"文字样式"下拉按钮。

下拉菜单："格式"→"文字样式"命令。

命令：style。

（3）操作步骤

启动命令后，弹出"文字样式"对话框，如图4-2所示。

① "样式"列表框。显示图形中的样式列表。样式名前的 图标表示样式是注释性的。

② 样式列表过滤器。显示随着字体的改变更改的样例文字。

③ "字体"栏。

• "字体名"下拉列表框：列出当前所有可用的字体文字，标记了Windows标准三维truetype字体， 标记了AutoCAD的专用字体，系统默认字体txt.shx（字符形文件）。

图4-1 设置文字样式　　　　图4-2 设置样式名

• "字体样式"下拉列表框：可选项与"字体名"中所选的字体自动对应，最多有"常规""粗体""倾斜""粗体斜体"4项。

• "使用大字体"复选框：指定语言的大字体文件。只对"字体名"中扩展名为.shx的AutoCAD专用字体有效，对其他字体项不可用。

④ "大小"栏。

• "注释性"复选框：指定文字为"注释性"。"注释性"使用户可以自动完成注释缩放过程。

• "使文字方向与布局"复选框：指定图纸空间视口中的文字方向与布局方向匹配。

• "高度"文本框：设置字体的高度，系统默认值为0。

说明：如果设置为非0，用该样式标注文字时，文字高度将始终为该值，不可更改；如果设置为0，用该样式标注文字时，AutoCAD会提示输入文字的高度，因而可改变。所以建议不要设置具体高度，就使其默认值为0。

国家制图标准规定文字高度为20mm、14mm、10mm、7mm、3.5mm、2.5mm。

⑤ "效果"栏。

• "颠倒"复选框：是正常文字沿文字底线对称，就像湖中的倒影。

• "反向"复选框：是正常文字沿文字高度方向对称，就像立镜中的倒影。

• "垂直"复选框：是正常横向文字的纵向书写。

说明：该项只对扩展名.shx的AutoCAD部分专用字体有效，对其他字体该项不可用。

- "宽度因子"文本框：设置字符间距。输入 1.0 的值将在宽度方向上压缩文字；输入大于 1.0 的值则在宽度方向上扩大文字。

  说明：国家标准规定，图纸中长仿宋字的宽度因子为 $1/\sqrt{2}$，即 0.707；英文字（拉丁字母和数字）isocp.shx 和宽度因子为 1，standard 的倾斜因子为 0.707（系统默认 stanard 为 1）。

- "倾斜角度"文本框：设置文字的倾角度。允许其值 –85°~85°。系统默认 0°。

  说明：国家标准规定图纸中长仿宋字的倾斜角度为 0°；英文字（拉丁字母和数字）isicp.shx 和 standard 的倾斜角为 0°（正字体）或 15°（斜体字）。

⑥ "预览"栏。预览文字设置效果。

⑦ "置为当前"按钮。将在"样式"下选定的样式设置为当前。

⑧ "删除"按钮。删除已存在的文字样式。

说明：不能删除已经使用和正在使用的文字样式。

⑨ "新建"按钮。建立新的文字样式。单击"新建"按钮，弹出"新建文字样式"对话框，如图 4-3 所示。在"样式名"文本框输入新文字样式名字，单击"确定"按钮，返回"文字样式"对话框，自动将新文字样式名添加到"样式名"下拉框中，如图 4-3 所示。

说明：右击"样式"列表中的文字样式可以将其改名。

⑩ "关闭"按钮。关闭"文字样式"对话框。

4.1.2 设置字体和大小

"文字样式"对话框的"字体"选项区域用于设置文字样式使用的字体属性，如图 4-4 所示。

图 4-3 新建文字样式

图 4-4 设置字体和大小

操作步骤：

方法一："默认"→"注释"→"文字样式"图标，如图 4-5 所示。

方法二：在命令行输入字样式的快捷命令式 style（或 ST）。

方法三：可以直接双击上图中的文字，如图 4-6，在那里你可以对文字进行重新编辑。如字体，颜色，大小等。

图 4-5 文字样式

图 4-6 文字设置

4.1.3 设置文字字体与效果

在 AutoCAD 中，系统配置了多种文字，用户可以根据自身需要配置合理的文字字体；

在"文字样式"对话框中的"效果"选项区域中，如图4-7所示，用户可以设置文字的显示效果。

（1）设置文字字体步骤

①按Ctrl+O组合键，打开素材图形，如图4-8所示，在命令行输入ST（文字样式）命令，按Enter键确认，弹出"文字样式"对话框，在"样式"列表框选择"stardard"选项。

②在"字体"选项区域，单击"SHX字体"右侧下拉按钮，在弹出的下拉框中选择"roman.shx"选项，依次单击"应用"和"关闭"按钮，即可设置文字显示效果，如图4-9所示。

图 4-7 设置文字效果　　图 4-8 打开素材图形　图 4-9 设置文字字体效果

（2）设置文字效果步骤

①按Ctrl+O组合键，打开素材图形，在命令行输入ST（文字样式）命令，按Enter键确认，弹出"文字样式"对话框，在"样式"列表框选择"文字标注"选项。

②在"大小"选项组"高度"文本框中输入高度值50，在"效果"选项组的"倾斜角度"文本框输入倾斜角度20，依次单击"应用"和"关闭"按钮，即可设置文字显示效果。

注意：在"文字样式"对话框的"预览"选项区域中，用户可以预览所选择或所设置的文字样式效果（设置完文字样式后，单击"应用"按钮即可应用文字样式。然后单击"关闭"按钮，关闭"文字样式"对话框）。

4.2 创建并编辑单行文字

在AutoCAD中，使用"文字"工具栏和"注释"选项卡中的"文字"面板都可以创建和编辑文字，如图4-10和图4-11所示。对于单行文字来说，每一行都是一个文字对象，因此可以用来创建文字内容比较简短的文字对象（如标签），并且可以进行单独编辑。

图 4-10 "文字"工具栏图　　　　　图 4-11 "注释"选项卡的"文字"面板

4.2.1 创建单行文字

在快捷工具栏中选择"显示菜单栏"命令,在弹出的菜单中选择"绘图"→"文字"→"单行文字"命令;单击"文字"工具栏中的"单行文字"按钮;或在"功能区"选项板中选择"注释"选项卡,在"文字"面板中单击"单行文字"按钮,都可以在图形中创建单行文字对象,如图4-12所示。

图 4-12 创建单行文字

(1)创建单行文字步骤

①按 Ctrl+O 组合键,打开素材图形,如图 4-13 所示,在"功能区"选项板的"默认"选项卡中,单击"注释"面板中的"文字"下拉按钮,在弹出的下拉列表框中单击"单击文字"按钮。

②根据命令行提示进行操作,在绘图区图形的下方指定文字的起点,输入旋转角度值0,并确认,在绘图区显示文本输入框,在其中输入"未注倒角R3",连续按两次 Enter 键确认,即可创建单行文字,效果如图 4-14 所示。

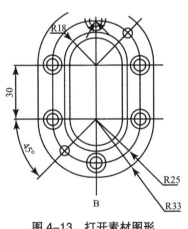

图 4-13 打开素材图形

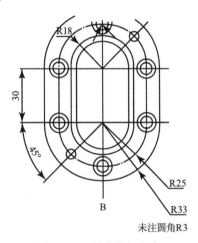

图 4-14 创建单行文字

(2)指定文字起点步骤

①输入 text 命令,指定文字起点。
②指定高度。
③指定文字旋转角度。
④输入文字。

4.2.2 使用文字控制符

在 AutoCAD 中,在实际设计绘图中,往往需要标注一些特殊的字符以满足要求。在创建当行文字时,用户还可以在输入文字的过程中输入一些特殊字符,在实际绘图过程中,也经常需要标注一些特殊字符、图直径符号和百分号等。由于这些特殊字符不能从键盘上直接输入。因此,AutoCAD 提供了相应的控制符,以实现这些标注要求。如在文字上方或下方添加划线(__)、标注度(°)、标注正负公差(±)、标注直径(Φ)等符号,见表 4-1 所列。

表 4-1 AutoCAD 常用的标注控制符

控制符	功　　能	控制符	功　　能
%%O	打开或关闭文字上划线	%%P	标注正负公差（±）符号
%%U	打开或关闭文字下划线	%%C	标注直径（Φ）符号
%%D	标注度（°）		

在 AutoCAD 的控制符中，%%O 和 %%U 分别是上划线和下划线的开关。第一次出现这些符号时，可以打开上划线或者下划线，第二次出现这些符号时，则将会关闭上划线或者下划线。

4.2.3　编辑文字

在 AutoCAD 中，使用"编辑"命令可以对当行文字进行相应的编辑操作，编辑单行文字包括编辑文字的内容、对正方式及缩放比例，可以在快速访问工具栏中选择"显示菜单栏"命令，在弹出的菜单中选择"修改"→"对象"→"文字"中的命令进行设置。

（1）编辑单行文字（命令：textedit）步骤

方法一：

①按 Ctrl+O 组合键，打开素材图形，如图 4-15 打开素材图形所示，在命令行中输入 DDEDIT（编辑）命令，按 Enter 键确认，在绘图区选择单行文字对象。

②此时，文字呈可编辑状态，输入新的内容文字"未注圆角 R2"，连续按两次 Enter 键确认，执行操作后，即可编辑文字，效果如图 4-16 所示。

未注圆角R3　　　　　　未注圆角R2

图 4-15　打开素材图形 　　　图 4-16　编辑单行文字

方法二：

①双击单行文字对象。

②在"在位文字编辑器"中输入新文字。

③按 Enter 键。

方法三：

①选择一个单行文字对象。

②在所选的对象上单击鼠标右键，并选择"特性"。

③在特性选项板中，输入任何新文字，然后根据需要更改格式和其他特性。

注意：用户还可以按照以下两个方法编辑单行文字。快捷菜单：选择单行文字的内容，单击鼠标右键，在弹出的快捷菜单中选择"编辑"命令；菜单：显示菜单栏，选择"修改"→"对象"→"文字"→"编辑"命令。

（2）移动、缩放和旋转文字步骤

①选择一个单行文字对象以显示夹点。

②移动。选择夹点并将文字对象拖动到新位置。

③比例。选择夹点、单击鼠标右键，选择"比例"。可通过拖动鼠标来定义比例，或者输入一个比例。"比例"命令（scaletext）。

④旋转。选择要用作旋转原点的夹点、单击鼠标右键，然后选择"旋转"。可通过拖动鼠标来定义旋转，或者输入一个角度。

注：文字对象在基线左下角和对齐点有夹点。

（3）设置对正方式"对正"（命令：justifytext）步骤

在编辑文字时，经常需要设置其对正方式，对正文字对象的同时可以控制文字是否对齐和文字走向。使用 justifytext 命令可以重新定义文字的插入点而不移动文字。如某个表或表格中包含的文字可能可以正确找到，但是表中的每个文字对象为了将来的条目或修改，必须靠右对齐而不是靠左对齐。

4.3 创建与编辑多行文字

"多行文字"又称为段落文字，是一种更易于管理的文字对象，可以由两行以上的文字组成，而且各行文字都是作为一个整体处理。在机械制图中，常使用多行文字功能创建较为复杂的文字说明，如图样的技术要求等。创建多行文字后，用户可以根据需要编辑多行文字的内容和大小。创建多行文字可以在"功能区"选项板，"注释""文字"中进行编辑，如图 4-17 所示。

4.3.1 创建多行文字

在设计工程图的过程中，常使用"多行文字"命令创建比较复杂的文字说明，如图样的技术要求等。创建多行文字后，用户可以根据需要编辑多行文字的内容和大小。在快捷工具栏中选择"显示菜单栏"命令，在弹出的菜单中选择"绘图"→"文字"→"多行文字"命令，或在"功能区"选项板中选择"注释"选项卡，在"文字"面板中单击"多行文字"按钮，然后在绘图窗口中指定一个用来放置多行文字的矩形区域，将打开"文字格式"输入窗口和"文字编辑器"选项卡。利用它们可以设置多行文字的样式、字体及大小等属性。

图 4-17 创建与编辑多行文字

操作步骤：

①按 Ctrl+O 组合键，打开素材图形，在命令行中输入 mtext（多行文字）命令，按 Enter 键确认，在绘图区图形的左下方指定文字的起点，输入 H，设置文字高度为 3 并确认。

②向右下方移动鼠标，在合适的位置单击，指定对角点，在绘图区显示文本输入框，显示"文字编辑器"选项卡，输入相应的文字后，在绘图区的任意位置单击，即可创建多行文字，效果如图 4-18 所示。

4.3.2 编辑多行文字

要编辑创建的多行文字，可以在快速访问工具栏中选择"显示菜单栏"命令，在弹出的菜单中选择"修改"→"对象"→"文字"→"编辑"命令，如图 4-19 所示，并单击创建的多行文字，打开多行文字编辑窗口，然后参照多行文字的设置方法，修改并编辑文字（也可以在绘图窗口中双击输入的多行文字，编辑文字）。

技术要求：

1. 进行清砂处理。

2. 未注明铸造圆角R3

图 4-18　创建多行文字　　　图 4-19　编辑多行文字

（1）编辑多行文字步骤

①双击多行文字对象。

②在"在位文字编辑器"中输入新文字。

③要保存更改并退出编辑器，请使用以下方法之一：在"关闭"面板的"文字编辑器"功能区上下文选项卡上，单击"关闭文字编辑器"；单击"文字格式"工具栏上的"确定"；单击编辑器外部的图形。

（2）更改多行文字特性步骤

①选择一个多行文字对象。

②在所选的对象上单击鼠标右键，并选择"特性"。

③对正。要更改对正，请选择其中的一个"对正"选项。

④行距样式。要更改行距样式，请选择以下选项之一：

● 字高：根据行中最大字符的高度自动调整文字行。字符越高，文字行之间的距离越大。这是默认设置。

● 精确：强制所有文字行用同样的间距，不管其格式（如字体或文字高度）是否相同。

⑤行距。要更改行间距，请为以下任意一个选项输入新值：

● 行距比例：将行距设定为单倍行距的倍数。单倍行距是文字字符高度的 1.66 倍。

● 行间距：将行距设定为以图形单位测量的绝对值。介于 0.0833~1.3333 之间的值才有效。

注意：退出"特性"选项板后，其他行间距选项的值将更新，以符合用户输入的行间距值。

⑥边框。要向文字对象添加边框，请将"文字边框"设置为"是"。

注意：边框将继承文字对象的所有特性，如颜色、线型、透明度和图层。

（3）更改多行文字宽度步骤

①双击多行文字对象。

②在文字编辑器中，使用以下方法之一：

● 将光标移动到文字边框的右侧边界上，直到光标变为双箭头。拖动光标即可调整宽度。对于多个列，可通过拖动第一列的边界为所有列设置宽度，如图 4-20 所示。

● 将光标移动到标尺右端，直到光标变为双箭头。拖动光标即可调整宽度。对于多个列，可通过拖动第一列的标尺为所有列设置宽度。

● 在标尺的底部单击鼠标右键。单击"设定多行文字宽度"。输入以图形单位表示的宽度。对于多个列，宽度将均匀地分布到每个列间距。

（4）在多行文字中设置字符格式步骤

①双击多行文字对象。

②选择要设置格式的文字。

图 4-20　更改多行文字的宽度

③在"文字编辑器"上下文选项卡或"文字格式"工具栏中，按以下方式更改格式：
● 字体：要更改选定文字的字体，请从列表中选择一种字体。
● 高度：要更改选定文字的高度，请在"高度"框中输入新值。
● 格式：要使用粗体、斜体、下划线、上划线文字或删除线设置文字的格式，请单击相应的按钮。

注意：SHX 字体不支持粗体或斜体。

● 颜色：要将颜色应用到选定的文字，请从"颜色"列表中选择一种颜色。单击"选择颜色"选项，可显示"选择颜色"对话框。
● 倾斜：要设定文字的倾斜角度，请输入介于 –85~85 之间的值。值为正时文字向右倾斜。值为负时文字向左倾斜。
● 间距：要更改选定文字中的字母间距，请输入新值。
● 字符宽度：要更改选定文字中的字符宽度，请输入新值。

（5）设置缩进和制表符步骤
①双击多行文字对象。
②选择要缩进的段落。
③在标尺上，将顶部的缩进标记滑动到每个段落首行的预期起始位置。
④将底部的缩进标记滑动到每个段落其他行的预期起始位置。这样可对段落中不止一行的换行文字进行缩进。
⑤要使用制表符，请选择要更改的段落，然后执行以下操作之一：
● 样式：单击制表符样式，直到显示所需的制表符类型。
● 插入：在标尺上单击新制表符的位置。
● 移动：将现有制表符拖动到标尺上的新位置。
● 删除：拖动制表符可关闭标尺。

注意：在编辑器中单击鼠标右键，然后选择"段落"以在"段落"对话框上指定缩进和制表符，如图 4-21 所示。

（6）设置段落和行距步骤
①双击多行文字对象。
②选择要更改的段落。如果未选定一些段落，这些更改将应用到当前段落。
③在编辑器中单击鼠标右键，然后选择"段落"。
④在"段落"对话框中，执行以下操作之一：
● 若要在段落前后添加间距，请选中"段落间距"，然后输入段落前间距值和段落后间距值。
● 若要在段落内的行间添加间距，请选中"段落行距"，然后选择间距选项并输入值。

4.3.3 合并文字

在 AutoCAD 中，用户可以使用"合并文字"工具将多个单独的文字对象合并为一个多行文字对象。文字对象之间的文字大小、字体和颜色差异将保持不变。

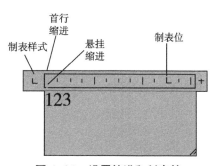

图 4-21 设置缩进和制表符

这在识别并从输入的 PDF 文件转换 SHX 文字后特别有用。合并文字举例如图 4-22 所示。

将单行或多行文字对象转换或者合并为一个或多个多行文字对象。所选文字对象将替换为一个或多个多行文字对象。如果可能，文字对象之间的文字大小、字体和颜色差异将保持不变。命令：TXT2MTXT。

选择对象或"设置（SE）"：使用某种对象选择方法来选择文字，或指定"设置"选项以显示"文字转换为多行文字设置"对话框，如图 4-23 所示。表 4-2 所列各个选项的含义与作用。

图 4-22　合并文字　　　　图 4-23　"文字转换为多行文字设置"对话框

表 4-2　对话框选项

选项	含义与作用
合并为单个多行文字对象	将选定的文字对象合并为单个多行文字对象
文字排序—自上而下排序	按降序垂直位置，指定所选文字顺序
文字排序—选择文字顺序	通过手动选择，指定所选文字顺序
文字自动换行	将所有文字行合并为一行，然后将任何超出多行文字对象宽度的文字换到下一行
强制形成统一行距	启用自动换行后，应用一致的行间距和段落间距；段落间距比行间距大 50%

4.4　创建表格样式和表格

在 AutoCAD 中，用户可以使用创建表格命令创建表格，表格的外观由表格样式控制，通常应首先创建或选择表格样式，再创建表格。还可以从 Microsoft Excel 中直接复制表格，并将其作为 AutoCAD 表格对象粘贴到图形中，也可以从外部直接导入表格对象。此外，还可以输出来自 AutoCAD 的表格数据，以供在其他应用程序中使用。新建表格样式如图 4-24、图 4-25 所示。

图 4-24　创建表格样式

图 4-25　创建表格

第 4 章 编辑文字和表格单元

图形通常包含表格信息，如各种明细表、明细栏、BOM 表和价格清单。信息本身可以是文字、图形块以及多种类型的数值数据。包含数据的单元可能在计算上与其他单元格或外部信息（如电子表格或其他提取数据）相关。手动从直线和文字开始创建表格可能非常繁琐，并且修改它们可能非常耗时，不过只需从 Table 命令指定行和列即可轻松创建表格对象。还可以通过参照 Microsoft Excel 电子表格，在 AutoCAD 中创建表格对象。使用表格样式可存储表格及其单元的默认设置和定义。这些设置与电子表格应用程序中看到的类似。多个单元样式可保存在单个表格样式中。每个单元样式可存储多个设置，如文字样式、高度、颜色、背景填充和单元边框。可以创建自己的单元样式，这些单元样式可保存在表格样式中，也可以使用 Autodesk 设计中心从其他图形输入表格样式。

单元样式和特性：单元样式从以下 3 个常规方面控制单元的外观：常规特性，包括填充颜色、对齐、格式和边距；文字特性，包括文字样式、高度和颜色；边框特性，包括线宽、线型、颜色和边框显示使用 tablestyle 命令创建或访问存储在指定表样式中的单元样式。与其他样式（如文字样式和标注样式）一样，表样式存储在图形或图形样板文件中。可以使用设计中心从其他图形输入表样式。

默认表样式"标准"包含 3 个默认单元样式：标题、表头和数据。标题和表头单元样式是单元的"标签"类型，而数据单元样式是单元的"数据"类型，如图 4-26 所示。

4.4.1 新建表格样式

表格样式控制一个表格的外观，用于保证标准的字体、颜色、文本、高度和行距。可以使用默认的表格样式，也可以根据需要自定义表格样式，如图 4-27 所示。

命令：tablestyle。

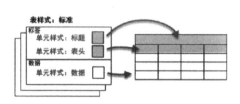

图 4-26　默认表样式

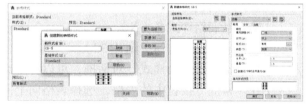

图 4-27　新建表格样式

选项列表将显示以下选项：
- 当前表格样式：显示应用于所创建表格的表格样式的名称。
- 样式：显示表格样式列表。当前样式被亮显。
- 列出：控制"样式"列表的内容。
- 预览：显示"样式"列表中选定样式的预览图像。
- 置为当前：将"样式"列表中选定的表格样式设定为当前样式。所有新表格都将使用此表格样式创建。
- 新建：显示"创建新的表格样式"对话框，从中可以定义新的表格样式。
- 修改：显示"修改表格样式"对话框，从中可以修改表格样式。
- 删除：删除"样式"列表中选定的表格样式。不能删除图形中正在使用的样式。

步骤：在默认选项卡的注释面板中选择表格，创建表格。如图 4-28。

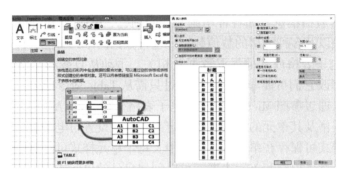

图 4-28 创建表格

命令：table。

选项列表将显示以下选项：

• 表格样式：在要从中创建表格的当前图形中选择表格样式。通过单击下拉列表旁边的按钮，用户可以创建新的表格样式。

• 插入选项：指定插入表格的方式。

• 从空表格开始：创建可以手动填充数据的空表格。

• 从数据链接开始：从外部电子表格中的数据创建表格。

• 从数据提取开始（在 AutoCAD LT 中不可用）：启动"数据提取"向导。

新建表格样式步骤：

①选择表格样式命令（图 4-29）。

命令：table /TS。

②出现对话框（图 4-29）。

③选择"新建（N）"按钮。

④输入新表格样式名（N）。

⑤选择"继续"按钮（图 4-30）。

⑥出现"新建表格样式"对话框，可以自定义对话框内容（图 4-31）。

⑦在"常规"按钮中的表格，选择表格向上向下（图 4-32）。

⑧选择单元样式，包括（标题、表头、数据）（图 4-33）。

⑨新建表格样式单元样式包括：常规、文字、边框 3 个方面的选择（图 4-34、表 4-3 至表 4-5）。

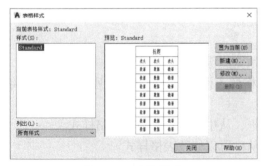

图 4-29 表格样式

图 4-30 创建表格新样式

第 4 章 编辑文字和表格单元

图 4-31 "新建表格样式"对话框

图 4-32 常规

图 4-33 单元样式

图 4-34 常规、文字和边框

新建表格样式单元样式对话框：

表 4-3 常规设置

填充颜色	表格背景颜色的填充
对齐	表格文字在空格中位置
格式	表格单元样式 (图 4-35)
类型	包括数据和标签类型
页边距	控制文字中与表格边界的距离
创建行 / 列时合并单元格	将一行或者一列的单元格合并在一起
单元样式浏览	可以在单元样式浏览框中查看，设置的表格样式

表 4-4 文字设置

文字样式	表格中文字的形式，打开 可对表格文字进行设置 (图 4-36)
文字高度	设置表格文本的文字高度
文字颜色	设置文字的颜色
文字角度	选择表格文字偏转的角度

表 4-5 边宽设置

线宽	选择单元格的线宽 (图 4-37)
线型	选择单元边框的线性 (图 4-38)
颜色	选择单元格的颜色 (图 4-39)
双线	边界线是双线组成
间距	双边界线之间的距离
特性边框的选择类别	

图 4-35 数据类型

图 4-36 文字样式

⑩ 单击"确认"按钮，执行所有的设置选择。
⑪ 选择新设置的表格样式。
⑫ 将选择的表格样式设置为当前（图 4-40）。
⑬ 选择"关闭"按钮。
⑭ 打开功能区，表格样式选择多了新设置的样式：standard 副本（图 4-41）。

图 4-37 线宽　　　　　图 4-38 线型　　　　　图 4-39 颜色

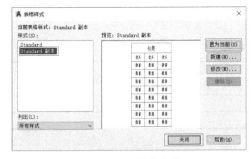
图 4-40 置为当前

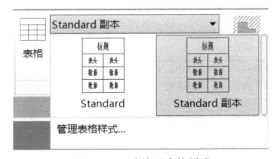
图 4-41 功能区表格样式

4.4.2　设置表格的数据、列标题和标题样式

在"新建表格样式"对话框中，可以在"单元样式"选项区域的下拉列表框中选择"数据""标题"和"表头"选项来分别设置表格的数据、标题和表头对应的样式，如图 4-42 所示。

第 4 章 编辑文字和表格单元

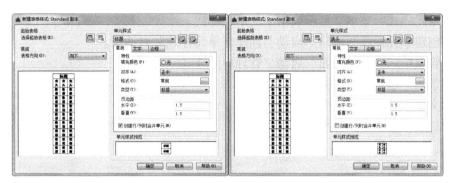

图 4-42 设置标题和表头对应的样式

显示表格数据的选项。sheetset（命令），如图 4-43 所示。

4.4.3 管理表格样式

在 AutoCAD 中，还可以使用"表格样式"对话框来管理图形中的表格样式。在该对话框的"当前表格样式"后面，显示当前使用的表格样式（默认为 standard）；在"样式"列表中显示了当前图形所包含的表格样式；在"预览"窗口中显示了选中表格的样式；在"列出"下拉列表中，可以选择"样式"列表是显示图形中的所有样式还是正在使用的样式，如图 4-44 所示。

图 4-43 设置表格的数据

图 4-44 管理表格样式

操作步骤：

①命令：tablestyle。

②单击"修改"按钮。

③起始表格。使用户可以在图形中指定一个表格用作样例来设置此表格样式的格式。选择表格后，可以指定要从该表格复制到表格样式的结构和内容使用"删除表格"图标，可以将表格从当前指定的表格样式中删除。

④表格方向。定义新的表格样式或修改现有表格样式。设置表格方向："向下"将创建由上而下读取的表格；"向上"将创建由下而上读取的表格。向下即标题行和列标题行位于表格的顶部。单击"插入行"并单击"下"时，将在当前行的下面插入新行。向上即标题行和列标题行位于表格的底部。单击"插入行"并单击"上"时，将在当前行的上面插入新行。

⑤预览。显示当前表格样式设置效果的样例。

⑥单元样式。定义新的单元样式或修改现有单元样式。可以创建任意数量的单元样式。

⑦ "单元样式"菜单。显示表格中的单元样式。
⑧ "创建单元样式"按钮。启动"创建新单元样式"对话框。
⑨ "管理单元样式"按钮。启动"管理单元样式"对话框。
⑩ "常规"选项卡,如图 4-45 所示。
⑪ "文字"选项卡,如图 4-46 所示。
⑫ "边框"选项卡,如图 4-47 所示。

图 4-45 常规　　　　　　图 4-46 文字　　　　　　图 4-47 边框

4.5 编辑表格和表格单元

本节介绍 AutoCAD 编辑表格和表格单元,包括嵌入表格、插入块到单元、插入公式到单元格、使用功能区选项卡修改表格、用 grips 修改表格、自动填充、自动填充的选择、表格分拆、创建字段、跟新字段、在表格单元中加入字段、编辑字段。

4.5.1 嵌入表格

操作步骤:
① 打开插入表格方式:

操作面板:注释/表格。

命令:table,Keyboard:<Enter>。
② 选择"表格样式"。
③ 选择"插入方式"。

指定插入点:当用户选择"确定"按钮,可以选择插入表格的位置。

指定窗口:当用户选择"确定"按钮,定位点在表格左上角,拖拉光标可以改变表格行数和列宽。
④ 进行行列设置。
⑤ 设置插入选项。
⑥ 设置单元样式。
⑦ 选择"确定"按钮,如图 4-48 所示。

注解:表格插入在图纸空间或模型空间模型中需要按照比例 1:1,如果表格没有出现在图纸空间或模型空间,确定图纸空间或者模型空间比例是否为 1:1。
⑧ 确定插入点,如图 4-49 所示。

图 4-48 插入表格

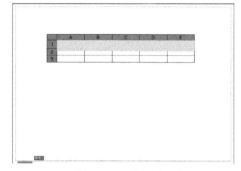
图 4-49 确定插入点

⑨表格现在出现在屏幕上,用户能够对其进行数据、表头、标题进行编辑,可对表格单元进行形式修改。

⑩当对表格进行编辑后,双击关闭表格文本编辑。

4.5.2 插入块到单元

操作步骤:

①双击用户想要插入单元格的块。

②右击"单元格插入块",选择"插入/块"。

③出现"在表格单元格中插入块"对话框,如图4-50所示。

④选择块的名字"浏览(B)"。

⑤选择"特性比例(S)",勾选"自动调整(A)",将选择符合单元格的比例。

⑥选择"旋转角度(R)"。

⑦选择"全局单元对齐(C)",如图4-51所示。

⑧选择确定按钮。

图 4-50 在表格单元格中插入块

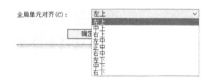
图 4-51 全局单元对齐

4.5.3 插入公式到单元格

可以运用简单的数字操作,如求和、平均、计数、单元、方程式,以平均值为例。

(1)求和值步骤

①单击用户要插入公式的单元格(C2)。

②右击单元格,选择:"插入"→"公式"→"求和"。

③用光标选择要进行公式计算的区域(A2:B2),如图4-52所示。

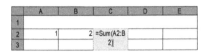
图 4-52 公式计算 1

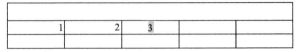
图 4-53 求和值显示

④将光标在表格外部单击,求和公式的值出现在单元格中(C2),如图 4-53 所示。
(2)求平均值步骤
①单击用户要插入公式的单元格(D2)。
②右击单元格,选择:"插入"→"公式"→"平均值"。
③用光标选择要进行公式计算的区域(A2∶C2)(图 4-54)。
④将光标在表格外部点击,求平均值公式的值出现在单元格中(D2)(图 4-55)。

图 4-54 公式计算 2

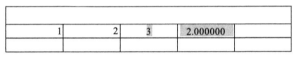
图 4-55 平均值显示

⑤所求均值,以小数点的格式出现,可以通过右击单元格,选择"数据格式"。
⑥弹出"表格单元格式"对话框,选择"小数",精度选择"0"(图 4-56)。
⑦点击"确定"按钮。
⑧这时所求值根据用户设置的形式出现(图 4-57)。

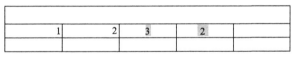
图 4-57 值显示

图 4-56 表格单元格式

4.5.4 修改表格

操作步骤:
(1)方法一:使用功能区选项卡修改表格
前一节是利用右击菜单栏,添加公式、修改单元格数据,但是 AutoCAD 也可以通过功能区进行编辑表格形式,能达到和右击菜单栏一样的效果,而且能更直观进行功能操作。
①单击任何一个单元格就能够在功能区进行表格编辑。
②表格单元区功能选项卡就出现在编辑面板上(图 4-58)。

图 4-58 表格单元格

注解：两种选择对比表格进行编辑，一种是右击菜单，另一种是功能区选择卡对表格数据进行修改，根据用户的习惯进行选择。

（2）方法二：用夹点修改表格

使用夹点修改表格，通过系统变量 grips 控制夹点在选定对象上的显示。在编辑表格时，左上角保持不动，右下角能够移动，右上角是表格的基准点。点击表格边界，夹点就出现，每个夹点都有一个特殊的任务（图 4-59），将鼠标移至夹点，夹点的作用将会显示出现，点击并拖拉就能够达到目的。

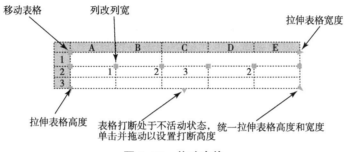

图 4-59　修改表格

4.5.5　自动填充

（1）操作步骤

①将数据放置于单元格。

②单击自动填充夹点（图 4-60）。

③拖拉光标到用户想要到达的另一个单元格。

④这时候选择单元格变成一个单元（图 4-61）。

图 4-60　填充表格

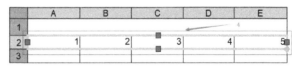

图 4-61　选择单元格

注解：用户选择两个单元格，根据两个表格中的增量，拉夹点，就能够按照增量规律填充单元。例如，对于年级中的课程与实践进行编辑，先选定其中两个单元格（图 4-62），利用夹点，再拉到所要到达的单元格（图 4-63）。

	A	B
1	年级	
2	课程	时间
3	1	8/1/2018
4	2	8/27/2018
5		
6		
7		
8		
9		
10		

图 4-62　选定两个单元格

	A	B
1	年级	
2	课程	时间
3	1	8/1/2018
4	2	8/27/2018
5	3	9/21/2018
6	4	10/17/2018
7	5	11/12/2018
8	6	12/8/2018
9	7	1/3/2019
10	8	1/29/2019

图 4-63　选定单元格

（2）自动填充的选择步骤

用户能够指定格式化单元格格式。

①左击单元格自动填充。

②右击单元格自动填充。

③从列表中选择一个选项（填充系统、无格式填充系统、复制单元格、无格式复制单元格、仅填充格式）。

注解：

• 填充系统：在选定的单元格中填写数据，并能够根据数据之间规律拉写单元数据（类似 Excel 中的数据填写），单元格中的表格数据形式将依旧保存。

• 无格式填充系统：填充系统，单元格中的表格数据形式不再保存。

• 复制单元格：选择单元格复制，复制时包括数据和格式。

• 无格式复制单元格：选择单元格复制，复制时包括数据但无格式。

• 仅填充格式：填充单元格，拉写过程中，只保留形式。

• 改变单元格数据格式方法：左击单元格；右击，选择列表中的数据格式；在数据单元格式选择数据需要的格式。

4.5.6 表格分拆

对于冗长的表格可以拆分成两个或者更多个。操作步骤：

①单击表格边界线。

②单击表格拆分表格。

③向上移动光标至要拆分的单元格的位置，单击"确定"（图 4-64）。

④表格拆分（图 4-65）（但这时候拆分的单元格只有第一个表格有标题，第二个不重复有标题）。

图 4-64 选定单元格

年级	
课程	时间
1	8/1/2018
2	8/27/2018
3	9/21/2018
4	10/17/2018

5	11/12/2018
6	12/8/2018
7	1/3/2019
8	1/29/2019

图 4-65 拆分单元格

⑤在第二个表格中添加标题，单击表格边界线。

⑥右击选择"重复属性（R）"。

⑦弹出"特性"对话框。

⑧滚动列表至"表格打断"，在"重复上部标签"选择"是"（图 4-66）。

⑨此时，两个表格都有主要标题和副标题。

⑩按下 Enter 键盘确定表格编辑，这时候拆分的两个表格都有主标题和副标题（图 4-67）。

图 4-66　重复上部标签

年级	
课程	时间
1	8/1/2018
2	8/27/2018
3	9/21/2018
4	10/17/2018

年级	
课程	时间
5	11/12/2018
6	12/8/2018
7	1/3/2019
8	1/29/2019

图 4-67　拆分表格

⑪ 根据用户需要，在"间距"中调整两个拆分表格的距离（值从 15 变到 12）（图 4-68）。

⑫ 按下 Enter 键盘确定表格编辑，两表格的举例变近。

- 注解：对于表格的编辑还有很多种（图 4-69）。
- 启用：如果设置"是"选项，表格能够被拆分；如果设置"否"选项，表格不能被拆分。
- 方向：将拆分的第二个表格，放置于原表格的右边、下边、左边。
- 重复上部标签：用户能够选择拆分的表格是否有主标题和副标题。
- 重复底部标签：如果用户编辑的表格有底部标签，用户可以选择是否添加底部标签至拆分表格。
- 手动位置：此选项允许用户独立移动拆分表格的每一部分，能够移动 grip 到每一部分。
- 手动高度：如果选择"是"按钮，拆分 grips 可以放在表格的每一部分，此外，用户还可以将其分开。
- 打断高度：为初始表格部分和不具有手动高度设置的任何其他表格部分设置打断高度。
- 间距：改变两个拆分距离。

4.5.7　创建字段

操作步骤：

① 画一个直径 10.16cm 的圆，将它放在绘图区的任何区域（图 4-70）。

② 操作面板：插入 / 字段 / ![字段]。

③ 弹出"字段"对话框。

图 4-68　间距

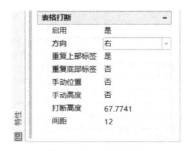

图 4-69　表格打断

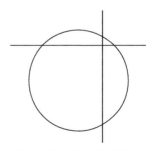

图 4-70　圆 d=10.16cm

④字段类型选择"对象"。
⑤选择"对象类型"按钮。
⑥选择刚刚画的圆。
⑦"特性"中选择"周长"。
⑧"格式"选择"小数"。
⑨选择"确定"按钮（图4-71）。
⑩将"块"放置于圆圈内部（图4-72）。

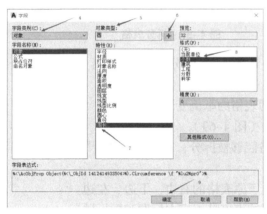

图4-71 字段设置1

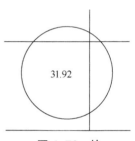

图4-72 块

⑪ 单击"字段"，弹出"修改"对话框，对字段进行图层、内容和样式等进行修改（图4-73）。

注解：可以对字段的灰色背景进行设置，这个背景能够被关掉，但这个灰色背景能让字段在文本中凸显而出。用户可以根据习惯决定是否关闭字段灰色背景。关闭方式：在命令窗口输入options弹出选项窗口，在"用户系统配置"中修改"显示字段的背景"（图4-74）。

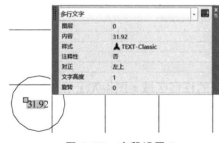

图4-73 字段设置2

图4-74 用户系统配置

4.5.8 更新字段

改变圆的直径方法的操作步骤：
①选择圆点击圆。
②右击选择"特性"。
③改变圆的直径为12mm（图4-75）。
④关闭属性板。

⑤单击 Esc，清除夹点。

⑥这时字段块并没有改变（图 4-76），要对圆的周长值进行改变，这时候用户必须跟新字段。

⑦命令：regen，键入 Enter，字段已经更新为新的圆周长（图 4-77）。

 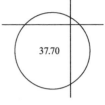

图 4-75　半径直径　　　图 4-76　未更新字段　　　图 4-77　更新字段

4.5.9　在表格单元中加入字段

（1）加入字段步骤

①选择表格单元格。

②右击。

③在菜单中选择"插入点/字段"。

④创建字段（图 4-78）。

注解：创建插入字段，用户能够在表格单元格创建矩形的特性（图 4-79）。

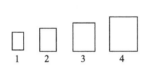

多线段的特性		
多线段	周长	面积
1	10.00	6.00
2	14.00	12.00
3	18.00	20.00
4	22.00	30.00

图 4-78　创建矩形字段　　　图 4-79　表格显示单元格特性

（2）锁定表格单元格步骤

①左击表格单元格。

②右击选择"锁定"。

③从选项列表（锁定选项内容包括：解锁、内容锁定、格式锁定、内容与格式锁定）中选择。

（3）编辑字段步骤

①双击字段文本，功能区的文字编辑器将被打开。

②或者单击字段，再右击，选择"编辑多行文字"（图 4-80）。

③在功能区中选择"编辑"字段。

④对需要的更改内容进行编辑。

⑤单击表格以外区域，即可关闭文字编辑器。

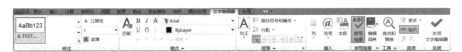

图 4-80　编辑多行文字

小　结

在 AutoCAD 中，所有文字都有与之相关联的文字样式。在创建文字注释和尺寸标注时，AutoCAD 2019 通常使用当前的文字样式。此外，还可以根据具体要求重新设置文字样式或创建新的样式。文字样式包括文字"字体""字型""高度""宽度系数""倾斜角""反向""倒置"以及"垂直"等参数。

在实际设计绘图中，往往需要标注一些特殊的字符。如在文字上方或下方添加划线、标注度"°""±""φ"等特殊符号。这些特殊字符不能从键盘上直接输入。因此，AutoCAD 提供了相应的控制符，以实现这些标注要求。

在 AutoCAD 中，用户可以使用创建表格命令创建表格，还可以从 Microsoft Excel 中直接复制表格，并将其作为 AutoCAD 表格对象粘贴到图形中，也可以从外部直接导入表格对象。此外，还可以输出来自 AutoCAD 的表格数据，以供在其他应用程序中使用。

AutoCAD 编辑表格和表格单元包括嵌入表格、插入块到单元、插入公式到单元格、使用功能区选项卡修改表格、用夹点编辑修改表格、自动填充、自动填充的选择、表格分拆、创建字段、跟新字段、在表格单元中加入字段、编辑字段。

上机操作练习

【任务 1】创建单行文字。

使用"单行文字"命令，在下图创建单行文字，如图 4-81 所示。

① Ctrl+O 组合键，打开素材图形，在命令行输入 DTEXT（单行文字）命令，按 Enter 键确认（或者显示菜单栏，选择菜单栏中的"绘图"→"文字"→"单行文字"）。

② 根据命令行提示进行操作，在绘图区图形的下方指定文字的起点，输入旋转角度值 0，并确认，在绘图区显示文本输入框，在其中输入"A-A"，连续按两次 Enter 键确认，即可创建单行文字，效果如图 4-82 所示。

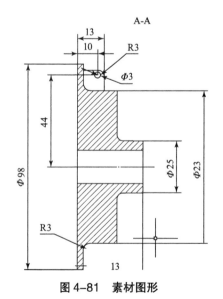

图 4-81　素材图形

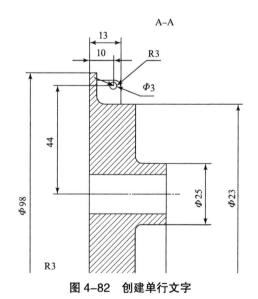

图 4-82　创建单行文字

【任务2】创建多行文字。

使用"多行文字"命令，在图 4-83 创建多行文字。

①按 Ctrl+O 组合键，打开素材图形，在命令行中输入 MTEXT（多行文字）命令，按 Enter 键确认，在绘图区图形的左下方指定文字的起点，输入 H，设置文字高度为 3 并确认。

②向右下方移动鼠标，在合适的位置单击，指定对角点，在绘图区显示文本输入框，显示"文字编辑器"选项卡，输入相应的文字后，在绘图区的任意位置单击，即可创建多行文字，效果如图 4-84 所示。

注意：执行"多行文字"命令时的矩形边界宽度即为段落文本的宽度，多行文字对象每行中单字可自动换行，以适应文字边界的宽度。

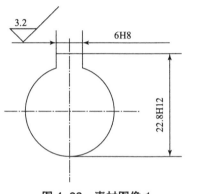

图 4-83 素材图像 1

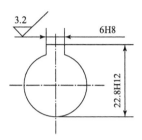

图 4-84 创建多行文字

【任务3】编辑多行文字。

使用"编辑"命令，编辑下图多行文字，如图 4-85 所示。

①按 Ctrl+O 组合键，打开素材图形，在命令行中输入 MTEDIT（编辑多行文字）命令，按 Enter 键确认，选择多行文字对象。

②此时在绘图区显示文本输入框，在"功能区"选项板显示"文字编辑器"选项卡，设置"文字高度"为 7，选择"选择清砂处理"，输入"未注明铸造圆角 R3"，效果如图 4-86。

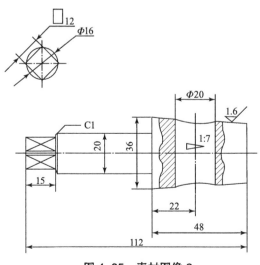

图 4-85 素材图像 2

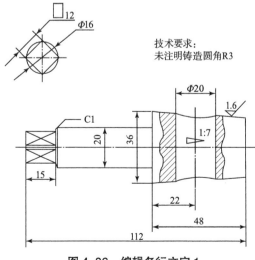

图 4-86 编辑多行文字 1

【任务4】创建堆叠文字。

堆叠文字主要应用于多行文字对象和多重引线中字符分数和公差格式，使用堆叠文字可以创建一些特殊的字符。创建下图的堆叠文字，如图4-87所示。

①按 Ctrl+O 组合键，打开素材图形，在命令行中输入"MTEXT（多行文字）命令"，按 Enter 键确认，依次捕捉端点，显示文本输入框，并在"功能区"选项板显示"文本编辑器"选项卡，输入"32+0.1/-0.1"。

②选择"0.1/-0.1"文字作为堆叠对象并单击鼠标右键，在弹出的快捷菜单中选择"堆叠"命令，在绘图区的任意位置单击，即可创建堆叠文字，再将其移至合适的位置，效果如图4-88所示。

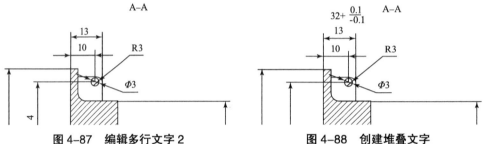

图 4-87 编辑多行文字 2　　　　　图 4-88 创建堆叠文字

【任务5】对正图4-89所示的文字。

①按 Ctrl+O 组合键，打开素材图形，单击"多行文字"，右边弹出信息的窗口，单击对正的下拉按钮，选择"正中"，如图4-90所示（方法二：在"功能区"选项板中切换至"注释"选项卡，单击"文字"面板中的"对正"按钮，如图4-91所示）。

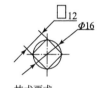

图 4-89 素材图形

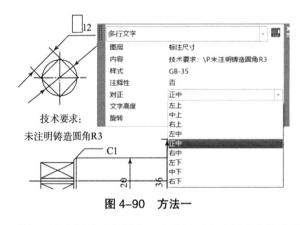

图 4-90 方法一

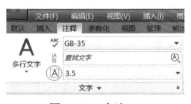

图 4-91 方法二

②根据命令提示进行操作，在绘图区中选择文字作为编辑对象，按 Enter 键确认，选择"居中"并确定，执行操作之后，即可对正文字，效果如图4-92所示。

【任务6】缩放图4-93所示的文字。

①按 Ctrl+O 组合键，打开素材图形，在命令行中输入 SCALET（缩放）命令，按 Enter 键确认。

②选择文字作为编辑对象，按两次 Enter 键确认，输入 20 并确认，执行操作后，即可缩放文字，效果如图4-94所示。

图 4-92　对正文字　　　　图 4-93　素材图像　　　　图 4-94　缩放文字

【任务 7】查找和替换文字。

使用"查找"命令，查找替换任务图 4-95 图中"技术要求"为"要求"。

①在命令行中输入 FIND（查找）命令，按 Enter 键确认，弹出"查找和替换"对话框，依次输入相应的内容。

②单击"全部替换"按钮，单击"确定"按钮，即可以替换文字，效果如图 4-96 所示。

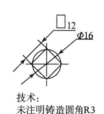

图 4-95　查找和替换　　　　　　　　　图 4-96　替换文字

【任务 8】设置文字样式。

①单击"默认"选项卡"注释"面板中的"文字样式"按钮，新建 GB-5，设置字体为仿宋，设置宽度为 0.7（图 4-97、图 4-98）。

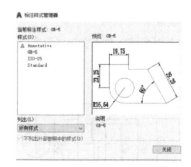

图 4-97　文字样式　　　　　　　　　图 4-98　标注样式管理器

②选择菜单栏中的"格式"的"标注样式"命令，打开"标注样式管理器"对话框，单击"新建"按钮，创建一个新的标注样式"GB-5"（图 4-97）；单击"继续"按钮，打开"新建标注样式：GB-5"对话框，在"文字"选项卡中设置文字样式为 GB-5、文字对齐选择 ISO 标准。在"符号和箭头"选项卡中设置圆心标记 5、折断大小 7.5。在"线"选项卡中设置起点偏移量 0（图 4-99、图 4-100）。

③选择菜单栏中的"默认"的"注释"命令，打开"多重引线样式管理器"对话框，单击"新建"按钮，创建一个新的引线样式"GB-5"（图 4-101）。单击"修改"按钮，打开"修改多重引线样式"：在"内容"选项卡中设置文字样式为 GB-5、引线连接选择第一行加下划线（图 4-102）。

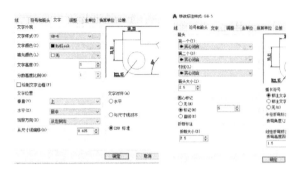

图 4-99 文字　　　　　　　图 4-100 修改标注样式

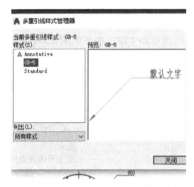

图 4-101 多重引线样式管理器　　图 4-102 修改多重引线样式

④选择标注图层。单击"注释"选项卡"标注"面板中的"线性"按钮⊢⊣，标注尺寸（图 4-103）。

【任务 9】创建表格。

创建一个空表格，然后在表格中适当添加内容。

（1）创建表格

①按 Ctrl+N 组合键，新建空白图形文中，在"功能区"选项板中的"默认"选项卡中，单击"注

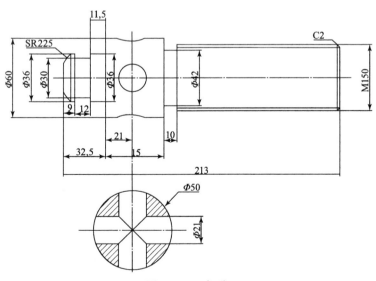

图 4-103 标注

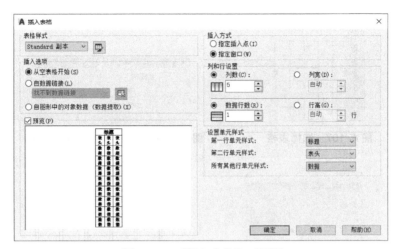

图 4-104 "插入表格"对话框

释"面板中的"表格"按钮,弹出"插入表格"对话框,如图 4-104 所示。

②在"列和行设置"选项区域,设置"行数"5,"列宽"为自动,"数据行数"为 5,"行高"为自动,单击"确认"按钮,在绘图区中任意捕捉一点,按两次 Esc 键退出,即可创建表格,如图 4-105 所示。

(2)输入文字

①选择输入文字的表格,在相应的单元格上点击鼠标右键,在弹出的快捷菜单中选择"编辑文字"命令,输入"零件表"。

②输入完成后,在绘图区中的任意位置上单击,即可完成文字的输入,如图 4-106 所示。

图 4-105 创建表格　　图 4-106 输入文字

(3)输入特殊数据

①在绘图区选择需要输入特殊数据的表格单元。

②在"表格单元"选项卡的"样式"面板中,设置"文字高度",设置完成中输入,在输入数据的单元格中双击鼠标左键,在其中输入字符,即可输入特殊数据。

【任务 10】设置表格线宽。

①按 Ctrl+O 组合键,打开素材图形,在绘图区中选择需要设置线宽的表格,如图 4-107 所示。

②在"功能区"选项板的"表格单元"选项卡中,单击"单元样式"面板中的"单元边框"按钮,如图 4-108 所示。

③弹出"单元边框特性"对话框,在"边框特性"选项区域选中"双线"复选框,如图 4-109 所示,在下方的预览窗口中的线型位置上,单击鼠标左键,使其呈双线显示状态。

④设置完成后,单击"确定"按钮,按 Ecs 键退出命名,即可设置表格线宽为双线,效果如图 4-110 所示。

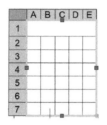

A
B
C
D
E
1
2
3
4
5
6
7

图 4–107　选择表格

精选应用
表格单元
按行/列
无
正中
编辑边框
单元样式

图 4–108　单击“单元边框”按钮

单元边框特性
边框特性
ByBlock
ByBlock
ByBlock
1.125
文字
确定
取消
帮助

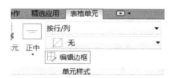

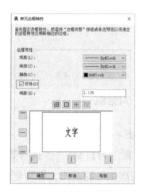

图 4–109　选中“双线”复选框

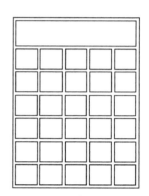

图 4–110　设置表格线宽为双线

【任务 11】添加行。

利用“插入行”命令，完成行的添加。

①按 Ctrl+O 组合键，在表格中选择最下方的单元格，如图 4–111 所示。

②在“表格单元”选项卡中，单击“行”面板中的“从下方插入”按钮，执行操作后，即可添加行，效果如图 4–112 所示。

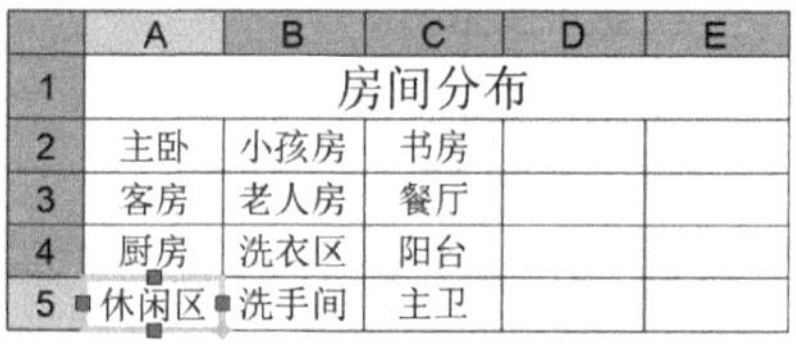

A
B
C
D
E
1
房间分布
2
主卧
小孩房
书房
3
客房
老人房
餐厅
4
厨房
洗衣区
阳台
5
休闲区
洗手间
主卫

图 4–111　选择最下方的单元格

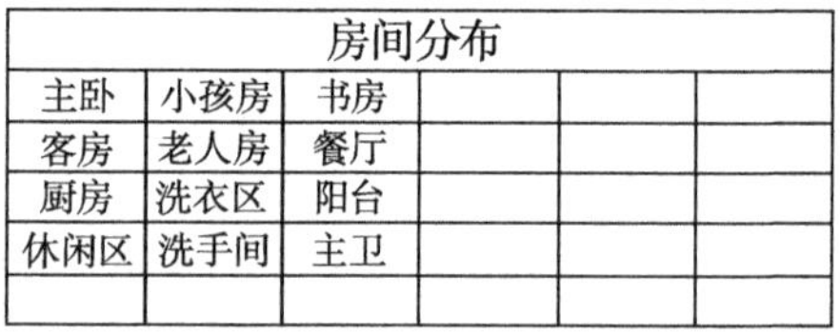

房间分布
主卧
小孩房
书房
客房
老人房
餐厅
厨房
洗衣区
阳台
休闲区
洗手间
主卫

图 4–112　添加行效果

【任务 12】添加列。

利用“插入列”命令，完成列的添加。

①在表格中选择最右方的单元格，如图 4–113 所示。

②在“表格单元”选项卡中单击“列”面板中的“从右侧插入”按钮，执行操作后，即可添加列，效果如图 4–114 所示。

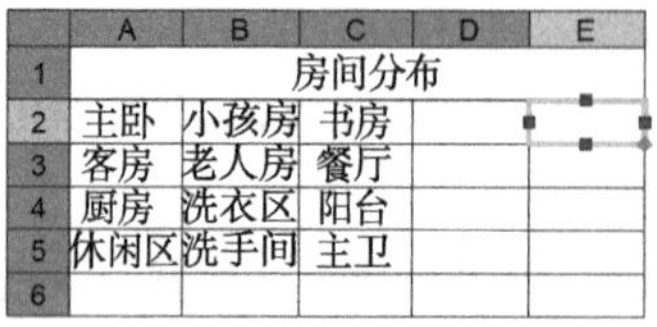

A
B
C
D
E
1
房间分布
2
主卧
小孩房
书房
3
客房
老人房
餐厅
4
厨房
洗衣区
阳台
5
休闲区
洗手间
主卫
6

图 4–113　选择最右方的单元格

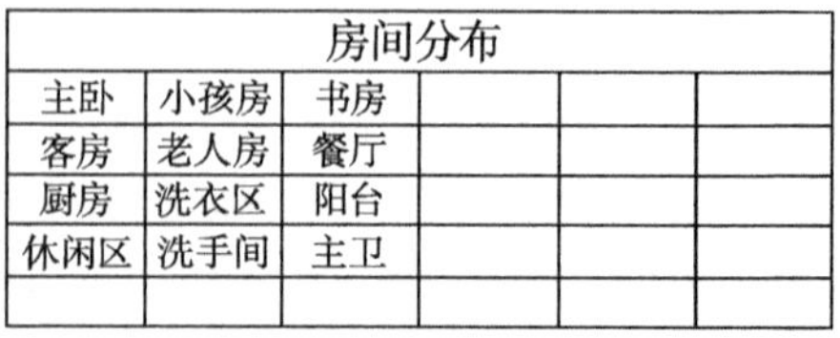

房间分布
主卧
小孩房
书房
客房
老人房
餐厅
厨房
洗衣区
阳台
休闲区
洗手间
主卫

图 4–114　添加列的效果

【任务13】标题栏。

①切换图层，选择0图层。单击"默认"选项卡"绘图"面板中的"矩形"按钮▭，绘制任意点为第一个点，第二个点（@180，-56）的矩形，如图4-115所示。

②单击"默认"选项卡"修改"面板中的"分解"按钮，将矩形分解，如图4-116所示。

③单击"默认"选项卡"实用工具"面板中的"点样式"按钮，选择点样式为×，单击"默认"选项卡"绘图"面板中的"定数等分"按钮，选中侧边，等分为8，如图4-117所示。

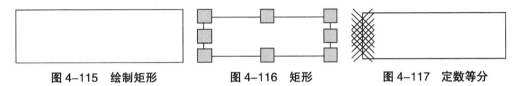

图4-115　绘制矩形　　　　图4-116　矩形　　　　图4-117　定数等分

④单击"默认"选项卡"修改"面板中的"偏移"按钮，将侧边向右偏移80，如图4-118所示。

⑤单击"默认"选项卡"绘图"面板中的"直线"按钮，按Shift+右键找寻节点，水平向右绘制80的直线，单击"默认"选项卡"实用工具"面板中的"点样式"按钮，选择点样式为▯，如图4-119所示。

⑥单击"默认"选项卡"修改"面板中的"偏移"按钮，将上一个操作的侧边分别向右偏移10、10、16、16、12，如图4-120所示。

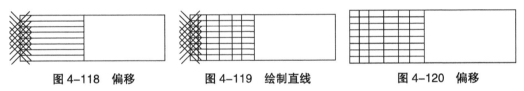

图4-118　偏移　　　　图4-119　绘制直线　　　　图4-120　偏移

⑦单击"默认"选项卡"修改"面板中的"修剪"按钮，将多余的部分修剪，如图4-121所示。

⑧单击"默认"选项卡"修改"面板中的"偏移"按钮，将上一个操作的侧边分别向右偏移12、12、16，如图4-122所示。

⑨单击"默认"选项卡"修改"面板中的"修剪"按钮，将多余的部分修剪，如图4-123所示。

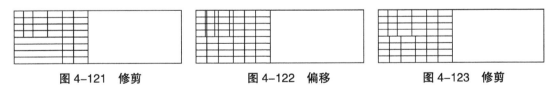

图4-121　修剪　　　　图4-122　偏移　　　　图4-123　修剪

⑩同步骤⑨⑩绘制出其他格子，如图4-124所示。

⑪单击"注释"选项卡"文字"面板"多行文字"按钮，输入文字，文字高度2.5，如图4-125所示。

⑫将文字样式设置为如图4-126所示。

⑬单击"默认"选项卡的"块"面板的"定义属性"按钮，在属性定义里定义，居中，文字高度2.5，注释性打勾，如图4-127所示。

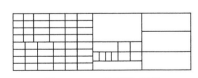

图4-124　绘制格子图

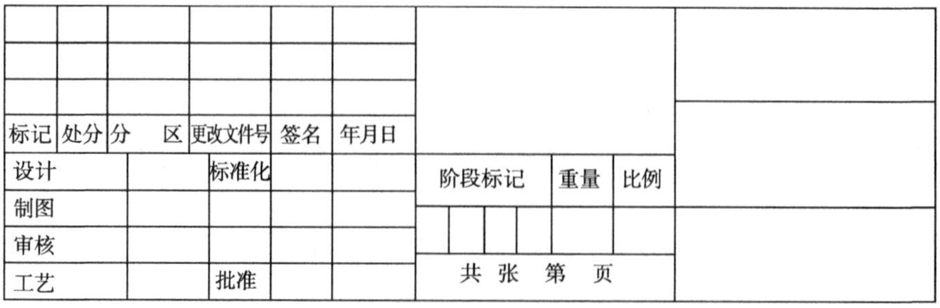

图 4-125 输入文字

图 4-126 文字样式图　　　　图 4-127 定义属性

⑭ 在对应表格填入对应文字，如图 4-128 所示。

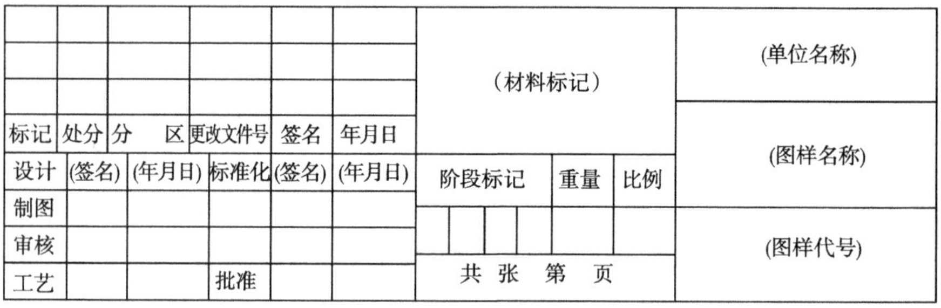

图 4-128 填入文字

思考题

1. 利用"文字样式"对话框设置文字样式时，"高度"文本框为什么一般设置为 0？
2. 标注单行文字使用"中间 M"选项和"正中（MC）"选项有什么不同？
3. 标注文字时字高是哪两条之间的距离？文字的高度遵循这一点吗？
4. 用单行文字标注中文（汉字）时，为什么有时出现"？"？
5. 标注多行文字如何标注特殊符号？
6. 如何进行文字缩放？
7. 镜像文字时，文本完全镜像如何操作？文本可读镜像如何操作？
8. 文字能分解吗？如果能，如何操作？如何绘制符合工程图纸要求的标题栏？

课后练习

1. 在图 4-129 中，插入多行文字"技术要求：a. 进行清砂处理；b. 未注明铸造圆角 R3"。

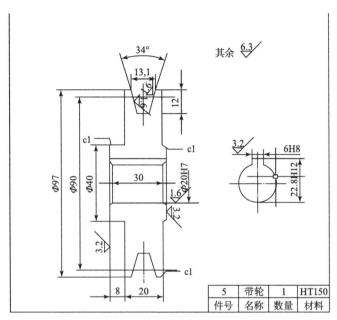

图 4-129　素材图形

2. 将图 4-130 中文字"其余"的文字高度改成 4。
3. 对床架图 4-131 的表格，并添加如下图中表格所示的文字。

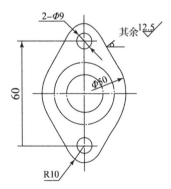

图 4-130　示例图

多线段的特性		
多线段	周长	面积
1	10.00	6.00
2	14.00	12.00
3	18.00	20.00
4	22.00	30.00

图 4-131　素材图像

第 5 章 图案填充与查询工具

本章导读

在绘制和编辑图形时,执行图案填充和面域操作都是为了表达当前图形部分或全部的结构特征。其中,创建图案填充是在封闭区域内通过图案填充样式,标识某一区域的具体意义和组成材料;而创建面域则是为了便于后续执行填充、检测和着色等操作平面区域。另外,查询图形信息是间接表达图形组成的一种方式,可以对图形中各点、各线段之间的距离和交角等特性进行详细地查询。

知识目标

了解孤岛填充。
理解填充图案样式。
掌握查询距离的半径。
掌握查询角度和面积。
掌握面域和质量特性查询。
了解显示图形时间和状态。

能力目标

创建图案填充、渐变色填充。
编辑填充的图案、创建面域与面域的布尔运算。

5.1 图案填充

在绘制图形时常常需要以某种图案填充一个区域,以此来形象地表达或区分物体的范围和特点以及零件剖面结构大小和所适用的材料等。这种称为"画阴影线"的操作,也被称为图案填充。该操作可以利用"图案填充"工具来实现,并且所绘阴影线既不能超出指定边界,也不能在指定边界内绘制不全或所绘阴影线过疏、过密。

5.1.1 创建图案填充

使用传统的手工方式绘制阴影线时,必须依赖绘图者的眼睛,并正确使用丁字尺和三角板等绘图工具,逐一绘制每一条线。这样不仅工作量大,并且角度和间距都不太精确,影响画面的质量。利用 AutoCAD 提供的"图案填充"工具,如图 5-1 所示,只需定义好边界,系统将自动进行相应的填充操作。如图 5-2 所示为"边界图案填充"对话框。

(1)图案填充与特殊对象的关系

特殊对象是指二维填充域(solid)、文本(text)、形(shape)和属性等。当采用普通方式和外部方式时,图案自动断开,不填充它们。

(2)执行方式

工具栏:"绘图"工具栏中的"图案填充"按钮。

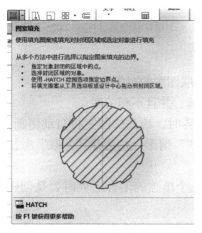

菜单:"绘图"→"图案填充"命令。

命令:bhatch。

利用工具选项卡进行图案填充。

(3)功能

在图形的内部填充指定的图案,用前4种方法启动后,弹出"图案填充和渐变色"对话框,单击右下角扩充按钮,弹出对话框如图5-3所示。

图 5-1 图案填充　　　　　　图 5-2 "边界图案填充"对话框

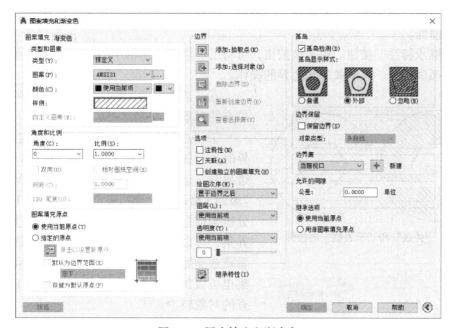

图 5-3 图案填充和渐变色

① "图案填充"选项卡。定义要应用的填充图案的外观。

② 边界区。

• "添加:拾取点"按钮:单击该按钮,在要填充图案的区域单击(可连续选择多个区域),选择后按 Enter 键或 Esc 键返回,如图 5-3 所示的对话框。

• "添加:选择对象"按钮:单击该按钮,可单击选择边界,选择的边界必须形成封闭的区域,按 Enter 键或 Esc 键返回,如图 5-3 所示的对话框。

• "删除边界"按钮:单击该按钮,从边界定义中删除之前添加的任何对象。

• "重新创建边界"按钮:单击该按钮,围绕选定的图案填充或填充对象创建多线段或面域,并使其填充对象相关联。

● "查看选择集"按钮：单击该按钮，将清楚地显示所定义的边界。

③选项区。控制几个常用的图案填充或填充选项。

● "注释性"复选框：指定图案填充为注释性。

● "关联"复选框：控制图案填充或填充的关联。

选择"关联"复选框，AutoCAD将把填充的图案作为关联图案的对象绘制，为默认项。不选择"关联"复选框，AutoCAD将把填充的图案分解，并且不相关联。

这里，关联是指填充的图案与其边界相关性，修改边界时，填充的图案将自动更新。随边界位置的变化而变化。图5-4展示"关联"和"不关联"情形，左边是"关联"时拉伸后的图形，右边是"不关联"时拉伸后的情形。

● "创建独立的图案填充"复选框：控制当前指定了几个单独的闭合边界时，是创建单个图案填充对象，还是创建多个图案填充对象。

● "绘图顺序"下拉列表框：用于指定图案填充的绘图顺序。创建图案填充时，默认情况下将图案填充填充绘制在图案填充边界的后面，这样比较容易查看和选择图案填充边界，可以更改图案填充的绘制顺序，以便将其绘制在填充边界的前面，或者其他所有对象的后面或前面。

④"继承特性"按钮。单击该按钮，可将已经填充在图形中的图案选为当前图形。

⑤"孤岛"栏。控制孤岛和边界的操作。

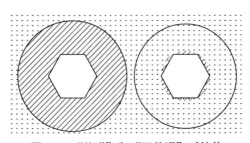

图5-4 "关联"和"不关联"时拉伸

⑥"边界保留"栏。指定是否创建封闭图案填充的对象。

⑦"边界集"栏。定义当从指定点定义边界时要分析的对象集。当使用"选择对象"定义边界时，选定的边界集无效。默认情况下，使用"添加：拾取点"选项来定义边界时，HATCH将分析当前视口范围内的所有对象。通过重定义边界集，可以在定义边界时忽略某些对象，而不必隐藏或删除这些对象。对于大图形，重定义边界集也可以加快生成边界的速度，因为HATCH检查的对象较少。

⑧"允许的间隙"栏。设置将对象用作图案填充边界时可以忽略的最大的间隙。默认值为0，此值指定对象必须封闭区域没有间隙。

⑨"继承选项"栏。控制当用户使用"继承特性"选项创建图案填充时是否继承图案填充原点。

⑩"渐变色"选项卡。"渐变色"选项卡如图5-5所示。用于设置填充颜色、改变颜色、居中及角度。

⑪"预览"按钮。选择了填充的图案和边界后，单击此按钮，AutoCAD将显示填充的结果。

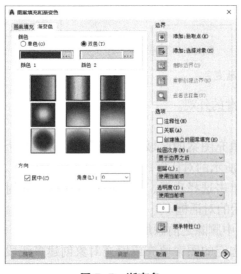

图5-5 渐变色

预览后,按 Enter 键将保留填充的结果,结束命令;按 Esc 键将返回如图 5-3 所示的对话框,在其中进行修改,然后再次预览,单击对话框的"确定"按钮,填充完毕,结束命令。

说明:
①利用对话框进行图案填充,边界必须是封闭的(如果允许的间隙设置为 0)。
②填充的图案是一个对象。可用"Explode"命令将其分解为各自独立的线条。
③"fill"命令可以控制填充图案的可见性,设为"ON"时可见;设为"OFF"时不可见。

5.1.2 选择图案填充区域

在图 5-5 所示的"图案填充和渐变色"对话框中,右侧排列的"按钮"与"选项"用于选择图案填充的区域。这些按钮与选项的位置是固定的,无论选择哪个选项卡都可以发生作用。

"边界"选项组中可以选择"图案填充"的区域方式。其各个选项的意义如下:

①"添加:拾取点"按钮。用于根据图中现有的对象自动确定填充区域的边界,该方式要求这些对象必须构成一个闭合区域。对话框将暂时关闭,系统提示用户拾取一个点。单击该按钮,系统将暂时关闭"图案填充和渐变色"对话框,此时就可以在闭合区域内单击,系统自动以虚线形式显示用户选中的边界,如图 5-6 所示。

图 5-6 添加拾取点

确定完图案填充边界后,下一步就是在绘图区域内单击鼠标右键以显示光标菜单,如图 5-7 所示,利用此选项用户可以单击"预览"选项,预览图案填充的效果,如图 5-8 所示。

具体操作步骤如下:

命令:bhatch //选择图案填充命令 ,在弹出的图案填充与渐变色对话框中单击拾取点 按钮
拾取内部点或[选择对象(S)/删除边界(B)]:正在选择所有对象 …   //在图形内部单击
正在选择所有可见对象 …
正在分析所选数据 …
正在分析内部孤岛 …   //边界变为虚线

单击右键,弹出光标菜单,选择"预览"选项,如图 5-8 所示。

拾取内部点或[选择对象(S)/删除边界(B)]:
<预览填充图案>
拾取或按 Esc 键返回到对话框或<单击右键接受图案填充>:   //单击右键

图 5-7　光标菜单　　　　　　　　　图 5-8　填充效果

②"添加：选择对象"按钮 。用于选择图案填充的边界对象，该方式需要用户逐一选择图案填充的边界对象，选中的边界对象将变为虚线，如图 5-9 所示，系统不会自动检测内部对象，如图 5-10 所示。

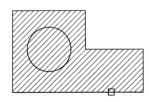

图 5-9　选中边界　　　　　　　　　图 5-10　填充效果

具体操作步骤如下：

命令：bhatch //选择图案填充命令 ，在弹出的图案填充与渐变色对话框中单击选择对象 按钮
选择对象或 [拾取内部点（K）/删除边界（B）]：找到 1 个 //依次单击各个边
选择对象或 [拾取内部点（K）/删除边界（B）]：找到 1 个，总计 2 个
选择对象或 [拾取内部点（K）/删除边界（B）]：找到 1 个，总计 3 个
选择对象或 [拾取内部点（K）/删除边界（B）]：找到 1 个，总计 4 个
选择对象或 [拾取内部点（K）/删除边界（B）]：找到 1 个，总计 7 个
选择对象或 [拾取内部点（K）/删除边界（B）]：找到 1 个，总计 6 个
选择对象或 [拾取内部点（K）/删除边界（B）]：　//单击右键

弹出光标菜单，选择"预览"选项。

<预览填充图案>
拾取或按 Esc 键返回到对话框或 <单击右键接受图案填充>：　　　//单击右键

结果如图 5-11 所示。

③"删除边界"按钮 。用于从边界定义中删除以前添加的任何对象，如图 5-12 所示。

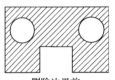
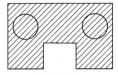

a. 删除边界前　　　　　　　　　　b. 删除边界后

图 5-11　删除图案填充边界

具体操作步骤如下：

命令：rectang　//选择图案填充命令 ⬚，在弹出"图案填充与渐变色"对话框中单击拾取点 按钮
拾取内部点或 [选择对象（S）/删除边界（B）]：//单击 A 点附近位置，如图 5-12a 所示
正在选择所有可见对象 …
正在分析所选数据 …
正在分析内部孤岛 …
拾取内部点或 [选择对象（S）/删除边界（B）]：//按 Enter 键，返回"图案填充和渐变色"对话框，单击删除边界 按钮
选择对象或 [添加边界（A）]：//单击选择圆 B，如图 5-12b 所示
选择对象或 [添加边界（A）/放弃（U）]：//单击选择圆 C，如图 5-12c 所示
选择对象或 [添加边界（A）/放弃（U）]：//按 Enter 键，返回"图案填充和渐变色"对话框，单击"确定"按钮

结果如图 5-12c 所示。

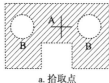
a. 拾取点

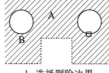
b. 选择删除边界

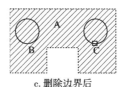
c. 删除边界后

图 5-12　删除边界过程

5.1.3　选择图案样式

命令：bhatch，在"图案填充"选项卡中，"类型和图案"选项组可以选择图案填充的样式。"图案"下拉列表用于选择图案的样式，如图 5-13 所示，所选择的样式将在其下的"样例"显示框中显示出来，用户需要时可以通过滚动条来选取自己所需要的样式。

单击"图案"下拉列表框右侧的按钮 或单击"样例"显示框，弹出"填充图案选项板"的对话框，如图 5-14 所示，列出了所有预定义图案的预览图像。

在"填充图案选项板"对话框中，各个选项的意义如下：
- "ANSI"选项：用于显示系统附带的所有 ANSI 标准图案，如图 5-15 所示。
- "ISO"选项：用于显示系统附带的所有 ISO 标准图案，如图 5-16 所示
- "其他预定义"选项：用于显示所有其他样式的图案，如图 5-17 所示。
- "自定义"选项：用于显示所有已添加的自定义图案，如图 5-18 所示。

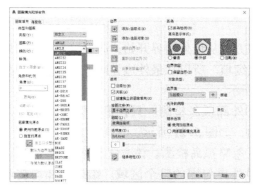

图 5-13　选择图案样式

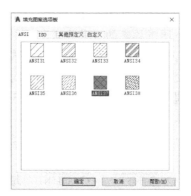

图 5-14　"填充图案选项板"对话框

图 5-15　ANSI 选项

图 5-16　ISO 选项

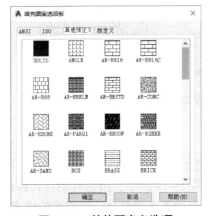

图 5-17　其他预定义选项

图 5-18　自定义选项

5.1.4　孤岛填充

（1）定义

在填充边界中常包含一些闭合的区域，这些区域被称为孤岛。使用 AutoCAD 提供的孤岛操作可以避免在填充图案时覆盖一些重要的文本注释或标记等属性。在"图案填充创建"选项卡中，选择"选项"选项板中的"孤岛检测"选项，在其下拉列表中提供了 3 种孤岛显示方式，如图 5-19 所示。

（2）图案填充的 3 种方式

①普通孤岛检测。这是默认方式，该方式从最外边界开始，向里填充。遇到内部对象与其相交时，直到遇到下一次相交时再继续填。所以从最外边界向里的奇数次相交区域被填充，偶数次区域不被填充，如图 5-20 所示。

②外部孤岛检测。只在最外区域填充图案，内部均空白，如图 5-21 所示。

③忽略孤岛检测。该方式忽略边界内的所有对象，填充最外界包围的整个区域。结果内部均被填充，如图 5-22 所示。

孤岛显样式：

　○普通　　●外部　　○忽略(N)

图 5-19　图案填充的 3 种方式

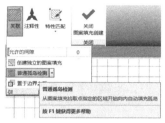  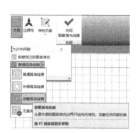

图 5-20　普通孤岛检测　　　图 5-21　外部孤岛检测　　　图 5-22　忽略孤岛检测

（3）岛

岛是填充区域之内的封闭区域，图 5-23 中的五边形和圆就是岛。

AutoCAD 可用两种方式选取填充的边界：一种方式是在填充区域内任取一点的方式，采用这种方式，AutoCAD 将自动确定填充边界和岛；另一种方式是通过选取对象确定填充边界，这种方式必须选取岛，否则 AutoCAD 将忽略岛的存在。岛也适合上文的 3 种填充方式。

（4）操作步骤

①按 Ctrl+O 组合键，打开素材图形，如图 5-23 所示，在命令行中输入 hatch（图案填充）命令，按 Enter 键确认，弹出"图案填充"选项卡，单击"选项"面板中间的下拉按钮，在展开的面板中，单击"外部孤岛检测"右侧底下拉按钮。

②在弹出的下拉列表框中单击"普通孤岛检测"按钮，单击"图案"面板中的"图案填充按钮"，在弹出的下拉菜单中选择"ANSI37"填充图案，在绘图区中选择合适的区域，按 Enter 键确认，即可使用孤岛填充，效果如图 5-24 所示。

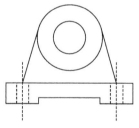 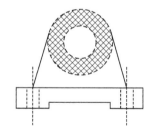

图 5-23　打开素材图形 1　　　　图 5-24　孤岛填充效果 1

5.1.5　渐变色填充

在绘图时，有些图形在填充时需要用到一种或多种颜色（尤其在绘制装潢、美工等图纸时），需要用到"渐变色图案填充"功能、"图案填充创建"选项卡如图 5-25、图 5-26 所示。利用该功能可以对封闭区域进行适当的渐变色填充，从而实现比较好的颜色修饰效果。

图 5-25　渐变色

（1）分类

根据填充效果的不同，可以分为单色填充和双色填充两种填充方式。

①单色填充。选择该单选项，可使用比较深色调到浅色

调平滑过渡的单色填充。

②双色填充。选择该单选项，可创建从两个色调之间进行平滑过渡的双色填充。

图 5-26 "渐变色"选项卡

（2）操作步骤

①按 Ctrl+O 组合键，打开素材图形，如图 5-27 所示，在命令行中输入 gradient（渐变色）命令，按 Enter 键确认，弹出"图案填充和加渐变色"对话框。

②保持默认的设置，根据命令行提示进行操作，在绘图区中依次选择需要填充的区域，按 Enter 键确认，即可创建渐变色填充，效果如图 5-28 所示。

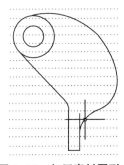

图 5-27 打开素材图形 2

图 5-28 孤岛填充效果 2

（3）渐变色填充对话框

选择"渐变色"填充选项卡，可以填充图案为渐变色。也可以直接单击标准工具栏上"渐变色填充"按钮。启用"渐变色"填充命令后，系统弹出如图 5-29 所示的"渐变色填充"对话框。

在"渐变色填充"选项卡中，各选项组的意义如下：

①"颜色"选项组。在"颜色"选项组中，主要用于设置渐变色的颜色。

● 从较深的着色到较浅色调平滑过渡的单色填充。单击图 5-30 所示，选择颜色按钮，系统弹出如图 5-31 所示的对话框，从中可以选择系统所提供的索引颜色、真彩色或配色系统颜色。

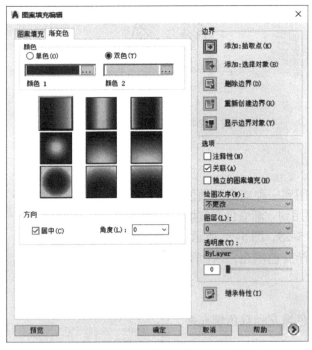

图 5-29 "渐变色填充"选项

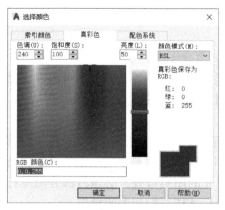

图 5-30 "选择颜色"对话框

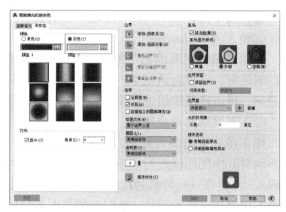

图 5-31 双色选项

● "着色—渐浅"滑块：用于指定一种颜色为选定颜色与白色的混合，或为选定颜色与黑色的混合，用于渐变填充。

● "双色"选项：在两种颜色之间平滑过渡的双色渐变填充。AutoCAD 分别为颜色 1 和颜色 2 显示带有浏览按钮的颜色样例，如图 5-31 所示。

在渐变图案区域列出了 9 种固定的渐变图案的图标，单击图标就可以选择渐变色填充为线状、球状和抛物面状等图案的填充方式。

② "方向"选项组。在"方向"选项组中，主要用于指定渐变色的角度以及其是否对称。

● "居中"单选项：用于指定对称的渐变配置。如果选定该选项，渐变填充将朝左上方变化，创建光源在对象左边的图案。

● "角度"文本框：用于指定渐变色的角度。此选项与指定给图案填充的角度互不影响。

平面图形"渐变色"填充效果如图 5-32 所示。

5.1.6 编辑填充的图案

通过执行编辑填充图案如图 5-33 所示操作，不仅可以修改已经创建的填充图案，还可以指定一个新的图案替换以前生成的图案。它具体包括对图案的样式、比例（或间距）、颜色、关联性以及注释性等选项的操作。

图 5-32 平面图形"渐变色"填充效果

图 5-33 编辑图案填充

（1）编辑图案填充

如果对绘制完的填充图案感到不满意，可以通过"编辑图案填充"随时进行修改。启用"编辑图案填充"命令有 3 种方法。

① "选择"→"修改"→"对象"→"图案填充"菜单命令。

②直接单击标准工具栏"修改"上的编辑图案填充按钮 。

③输入命令：hatchedit。

启用"编辑图案填充"命令后，选择需要编辑的填充图案，系统将弹出如图 5-33 所示的对话框。在该对话框中，有许多选项都以灰色显示，表示不要选择或不可编辑。修改完成后，单击预览按钮进行预览，最后单击确定按钮，确定图案填充的编辑。

（2）图案填充的分解

图案填充无论多么复杂，通常情况下都是一个整体，即一个匿名"块"。在一般情况下不会对其中的图线进行单独编辑，如果需要编辑填充图案，也是采用图案填充编辑命令 hatchedit。但在一些特殊情况下，如标注的尺寸和填充的图案重叠，必须将部分图案打断或删除以便清晰显示尺寸，此时必须将图案分解，然后才能进行相关的操作。

用"分解"命令 explode。分解后的填充图案变成了各自独立的实体。图 5-34 显示了分解前和分解后的不同夹点。

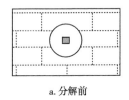

a. 分解前　　　　　　　　　　b. 分解后

图 5-34　图案填充分解

5.2　面域

在 AutoCAD 中，封闭的二维图形即可创建为面域，并且当图形的边界比较复杂时，通过面域间布尔运算可以高效地完成各种造型设计（图 5-35）。此外，面域还可以作为三维建模的基础对象直接参与渲染，并且还能从面域中获取相关的图形信息。

面域是具有物理特性（如质心）的二维封闭区域。可以将现有面域合并到单个复杂面域。面域可用于：提取设计信息；应用填充和着色；使用布尔操作将简单对象合并到更复杂的对象。

可以从形成闭环的对象创建面域。环可以是封闭某个区域的直线、多段线、圆、圆弧、椭圆、椭圆弧和样条曲线的组合。可以通过合并、减去或相交面域来创建面域。

使用合并组合的对象如图 5-36 所示。

使用减去组合的对象如图 5-37 所示。

使用相交组合的对象如图 5-38 所示。

图 5-35　构成面域的图形

选定面域

结果

图 5-36　合并组合

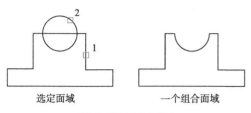
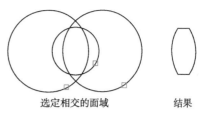

图 5-37 减去组合　　　　　图 5-38 相交组合

无效边界。如果无法确定边界，可能是因为指定的内部点位于完全封闭区域外部。在下面的样例中，在未连接端点周围显示红色圆圈，以标识边界中的间隙，如图 5-39 所示。

图 5-39 无效边界

5.2.1 创建面域

面域如图 5-40 所示是具有一定边界的二维闭合区域，它是一个面对象，其内部可以包含孔特征。虽然从外观来说，面域和一般的封闭线框没有区别，但实际上面域就像是一张没有厚度的纸，除了包括边界外，还包括边界内的平面。创建面域的条件是必须保证二维平面内各个对象间首尾连接成封闭图形，否则无法创建为面域。

（1）创建定义面域的步骤

①依次单击"默认"选项卡→"绘图"面板→"面域"。命令：region。

②选择对象以创建面域。这些对象必须各自形成闭合区域，如圆或闭合多段线。

③按 Enter 键。

命令提示下的消息指出检测到了多少个环以及创建了多少个面域。

（2）使用边界定义面域的步骤

①依次单击"绘图"菜单→"边界"。在命令提示下，输入 boundary。

图 5-40 面域

②在"边界创建"对话框的"对象类型"列表中，选择"面域"。

③单击"拾取点"。

④在图形中每个要定义为面域的闭合区域内指定一点并按 Enter 键。此点称为内部点。注意可以创建新的边界集以限制用于确定边界的对象的数目。

5.2.2 面域的布尔运算

布尔运算是数学上的一种逻辑运算。执行该操作可以对实体和共面的面域进行剪切、添加以及获取交叉部分等操作。在 AutoCAD 中绘制较为复杂的图形，线条间的修剪、删除等操作都比较烦琐。此时如果将封闭的线条创建为面域，进而通过面域间的布尔运算来绘制各种图形，会大大降低绘图的难度，从而提高了绘图效率。

（1）分类

①并集运算。可以将选定的两个及以上的实体或面域对象合并成为一个新的整体。

②差集运算。从被减实体中去掉所指定的其他实体，以及实体之间的公共部分，从而得到一个新的实体。

③交集运算。由两个或者多个实体或面域的公共部分创建实体或面域，并删除公共部分之外的实体，从而获得新的实体。

（2）通过添加合并面域的步骤

①依次单击"常用"选项卡→"实体编辑"面板→"并集"。

②为"并集"选择一个面域。

③选择另一个面域，可以按任何顺序选择要合并的面域。

④继续选择面域，或者按 Enter 键结束命令。

该命令将选定的面域转换为新的组合面域。

（3）通过减操作组合面域的步骤

①依次单击"常用"选项卡→"实体编辑"面板→"差集"。

②选择要从中减去面域的一个或多个面域并按 Enter 键。

③选择要减去的面域并按 Enter 键。

已从第一个面域的面积中减去了所选定的第二个面域的面积。

（4）通过查找交点组合面域的步骤

①依次单击"常用"选项卡→"实体编辑"面板→"交集"。

②选择一个相交面域。

③选择另一个相交面域，可以按任何顺序选择面域来查找它们的交点。

④继续选择面域，或者按 Enter 键结束命令。

该命令将选定面域转换为按选定面域的交集定义的新面域。

5.3 信息查询

图形信息是间接表达图形组成的一种方式。它不仅可以反映图形的组成元素，也可以直接反映各图形元素的尺寸参数、图形元素之间的位置关系，以及由图形元素围成的区域的面积、周长等特性。利用"查询"工具获取三维零件的这些图形信息，便可以按照所获得的尺寸，指导用户轻松完成零件设计。

5.3.1 查询距离半径

在二维图形中获取两点间的距离可以利用"线性标注"工具获得。但对于三维零件的空间两点距离，利用"线性标注"工具比较烦琐。此时，用户可以使用"查询"工具快速获取空间两点之间的距离信息，如图 5-41 和图 5-42 所示。

操作步骤：

①按 Ctrl+O 组合键，打开素材图形，在命令行提示 dist（距离）命令，按 Enter 键确认，根据命令进行操作，捕捉图形左上方的端点。

第 5 章 图案填充与查询工具

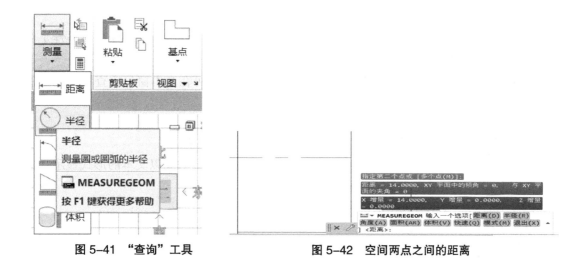

图 5-41 "查询"工具　　　　图 5-42 空间两点之间的距离

②在右下方移动光标,将鼠标移至右下方的端点处单击,即可查询距离,并在命令行中显示出查询的结果。

5.3.2 查询角度和周长面积

要获取二维图形中两个图元之间夹角角度,三维模型中的楔体、连接板这些倾斜件的尺寸,可以利用"角度"工具进行查询,在"实用工具"面板上单击"角度"按钮,然后分别选取两条边,则在打开的命令行提示信息中将显示角度,如图 5-43 所示。

操作步骤:

①按 Ctrl+O 组合键,打开素材图形,在命令行提示 dist(命令)、area(面积)命令,按 Enter 键确认,根据命令进行操作,捕捉图形左上方的端点。

②在绘图区域中相应的端点上单击,确认需要查询的面积,按 Enter 键确认,即可查询面积和周长,如图 5-44 所示。

图 5-43 角度查询　　　　图 5-44 面积查询

5.3.3 面域和质量特性查询

面域对象除了具有一般图形对象的属性以外,还具有平面体所特有的属性,如质量特性、质心、惯性矩和惯性积等。在 AutoCAD 中,利用"面域/质量特性"工具可以一次性获得实体的整体信息,从而指导用户完成零件设计。

操作步骤：

①按 Ctrl+O 组合键，打开素材图像，在命令行中输入 massprop（面域/质量特性）命令，并按 Enter 键确认。

②在绘图区选择所用图形作为对象，按 Enter 键确认即可在文本窗口中查看查询质量特性的信息。

5.3.4 显示图形时间和状态

在制图过程中，若有必要用户可以将当前图形状态和修改时间以文本的形式显示，这两种查询方式同样显示在命令行提示信息中。

①显示时间。显示有关当前图形的相关时间信息。

②显示当前图形的状态。

操作步骤：

①按 Ctrl+O 组合键，打开素材图像，在命令行中输入 time（时间）、status（状态）命令，并按 Enter 键确认。

②执行操作后，打开 AutoCAD 文本窗口，即可在文本窗口查看查询的时间信息，如图 5-45、图 5-46 所示。

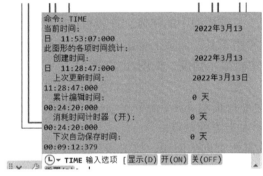 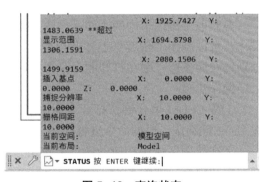

图 5-45　查询时间　　　　　　　　图 5-46　查询状态

5.3.5 查询点坐标

执行"点坐标"命令后，在需要查询坐标的点位置单击，即可测出该点的坐标值。

（1）执行方式

①菜单："工具"→"查询"→"点坐标"。

②命令：ID。

（2）操作步骤

①按 Ctrl+O 组合键，打开素材图像，在命令行中输入 ID（点坐标）命令，并按 Enter 键确认。

②执行操作后，打开 AutoCAD 文本窗口，即可在文本窗口查看查询的时间信息，如图 5-47 所示。

5.3.6 查询列表

通过"查询列表"命令，可以快速查询图形的详细信息，其中包括面域的周长、面积、边界框、质心及旋转半径等。

操作步骤：

①按 Ctrl+O 组合键，打开素材图像，在命令行中输入 list（列表）命令，并按 Enter 键确认。选择下方圆对象，如图 5-48 所示。

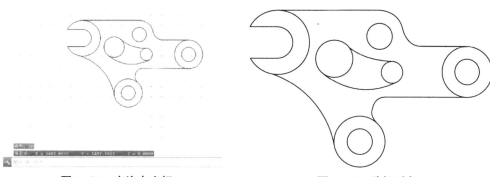

图 5-47　查询点坐标　　　　　　图 5-48　选择对象

②按 Enter 键确认，打开 AutoCAD 文本窗口，在该窗口中，显示了对象的相关信息，此时即可查询列表，如图 5-49 所示。

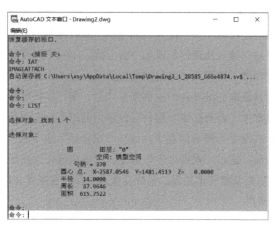
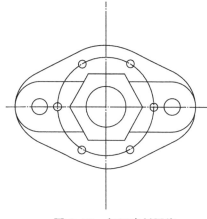

图 5-49　查询列表　　　　　　图 5-50　打开素材图像

5.3.7 查询系统变量

系统变量通常保存在配置文件中，其他变量一部分保存在图形文件中，另一部分不储存。

操作步骤：

①按 Ctrl+O 组合键，打开素材图像，在命令行中输入 list（列表）命令，并按 Enter 键确认。如图 5-50 所示。

②在菜单栏打开"视图"→"显示"→"文本窗口"，如图 5-51 所示。

③每按一次 Enter 键，即可查询不同的系统变量，如图 5-52 所示。

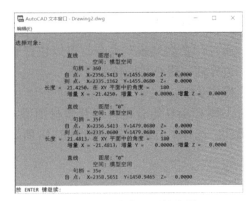

图 5-51　打开 AutoCAD 文本窗口　　　　图 5-52　查询不同的变量

小　结

在绘制图形时常常需要以某种图案填充一个区域，以此来形象地表达或区分物体的范围和特点以及零件剖面结构大小和所适用的材料等。这种称为"画阴影线"的操作，也被称为图案填充。该操作可以利用"图案填充"工具来实现，并且所绘阴影线既不能超出指定边界，也不能在指定边界内绘制不全或所绘阴影线过疏、过密。利用 AutoCAD 提供的"图案填充"工具定义好边界，系统将自动进行相应的填充操作。

在 AutoCAD 中，封闭的二维图形即可创建为面域，并且当图形的边界比较复杂时，通过面域间布尔运算可以高效地完成各种造型设计。此外，面域还可以作为三维建模的基础对象直接参与渲染，并且还能从面域中获取相关的图形信息。图形信息是间接表达图形组成的一种方式。不仅可以反映图形的组成元素，也可以直接反映各图形元素的尺寸参数、图形元素之间的位置关系，以及由图形元素围成的区域的面积、周长等特性。利用"查询"工具获取三维零件的这些图形信息，便可以按照所获得的尺寸，指导用户轻松完成零件设计。在制图过程中，若有必要，用户可以将当前图形状态和修改时间以文本的形式显示，这两种查询方式同样显示在命令行提示信息中。执行"点坐标"命令后，在需要查询坐标点的位置单击，即可测出该点的坐标值。通过"查询列表"命令，可以快速查询图形的详细信息，其中包括面域的周长、面积、边界框、质心及旋转半径等。系统变量通常保存在配置文件中，其他变量一部分保存在图形文件中，另一部分不储存。

上机操作练习

【任务 1】将图 5-53 所示左侧图形中的图案填充，改成右侧图形所示的图案填充形式。

命令：hatchedit	//选择编辑图案填充命令
选择图案填充对象：	//选择图 5-53a 中的图案填充，系统自动弹出对话框，按"确定"按钮，完成如图 5-53b 所示

【任务 2】创建面域。

用"边界"命令创建面域，如图 5-54 所示。

①按 Ctrl+O 打开素材图像，在命令行中输入 boundary（边界）命令，按 Enter 键确认，弹出"边界创建"对话框，在"对象类型"下拉列表框中选择"面域"选项，如图 5-55 所示。

图 5-53　图案填充编辑图例　　　　图 5-54　素材图形　　图 5-55　边界创建

②单击"拾取点"按钮，按命令行提示进行操作，拾取整个图形作为面域对象，按 Enter 键确认，完成面域创建，在创建的面域上单击，即可查看面域的效果，如图 5-56 所示。

【任务 3】信息查询。

对图 5-57 所示图形进行时间查询。

①按 Ctrl+O 组合键，打开素材图像，在命令行中输入 time（时间）命令，并按 Enter 键确认。

②执行操作后，打开 AutoCAD 文本窗口，即可在文本窗口查看查询的时间信息，如图 5-58 所示。

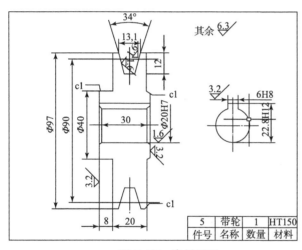 

图 5-57　素材图形　　　　　　　　图 5-58　查询时间

思考题

1. 填充图案有哪些？
2. 如何设定填充图案的类型？
3. 如何设置填充图案的比例和角度？
4. 如何指定填充边界？
5. 比较普通孤岛检测、外部孤岛检测与忽略孤岛检测。
6. 比较单色填充与双色填充。
7. 如何编辑图案填充边界与可见性？
8. 面域的布尔运算包括哪些运算？

课后练习

1. 对图 5-59 中的图形用 ANSI31 进行填充。

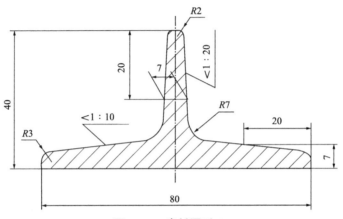

图 5-59　素材图形 1

2. 通过"面域"命令创建图 5-60 面域。
3. 对图 5-61 图形进行相关的信息查询。

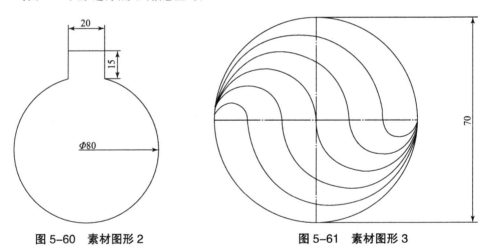

图 5-60　素材图形 2　　　　图 5-61　素材图形 3

第6章 标注图形尺寸

本章导读

在图形设计中，尺寸标注是绘图设计工作中的一项重要内容，因为绘制图形的根本目的是反映对象的形状，并不能表达清楚图形的设计意图，而图形中各个对象的真实大小和相互位置只有经过尺寸标注后才能确定。AutoCAD 包含了一套完整的尺寸标注命令和实用程序，可以轻松完成图纸中要求的尺寸标注。例如，使用 AutoCAD 中的"直径""半径""角度""线性""圆心标记"等标注命令，可以对直径、半径、角度、直线及圆心位置等进行标注。本章重点掌握标注 AutoCAD 图形尺寸的相关知识。

尺寸分为总尺寸、定位尺寸、细部尺寸3种。互相平行的尺寸线，相距8mm，三道尺寸线由较小尺寸线向较大尺寸线排列，图样轮廓线以外的尺寸界线，距图样最外轮廓之间的距离不小于10mm。

知识目标

掌握尺寸标注的规则和组成。
掌握各种尺寸的标注。
熟悉尺寸修改的操作。
掌握形位公差的组成。

能力目标

创建尺寸标注的步骤。
二维图形尺寸标注与编辑。

6.1 尺寸标注的规则与组成

由于尺寸标注对传达有关设计元素的尺寸和材料等信息有着非常重要的作用。因此，在对图形进行标注前，应先了解尺寸标注的组成、类型、规则及步骤等。

6.1.1 尺寸标注的规则

在 AutoCAD 中，尺寸标注在不同的领域有着不同的规定。在进行标注时，用户需要对标准的规则有良好的认知。对绘制的图形进行尺寸标注时应遵循以下规则。

①物体的真实大小应以图样上所标注的尺寸数值为依据，与图形的大小及绘图的准确度无关。

②图样中的尺寸以 mm 为单位时，不需要标注计量单位的代号或名称。如采用其他单位，则必须注明相应计量单位，如 m、cm 等。

③图样中所标注的尺寸为该图样所表示的物体的最后完工尺寸，否则应另加说明。

④工程图对象中的每个尺寸一般只标注一次，并标注在最清晰表现该图形结构特征的视图上。

⑤尺寸配置要合理，功能尺寸应该直接标注；同一要素的尺寸可能有几种标注，如孔的直径和深度，槽的深度和宽度等；尽量避免在不可见的轮廓上标注尺寸，数字之间不允许任何图线穿过，必要时可将图线断开。

6.1.2 尺寸标注的组成

在机械制图或其他工程绘图中，一个完整的尺寸标注应由标注文字、尺寸线、尺寸界线、尺寸线的端点符号及起点等组成，如图 6-1 所示。

①尺寸线。用于表明标注的范围。AutoCAD 通常将尺寸线放置在测量区域内。如果空间不足，则可将尺寸或文字移到测量线的外部，这取决于标注的样式放置规则。对于角度标注，尺寸标准是一段圆弧。尺寸线应使用细实线绘制。

②尺寸边界线。应从图形的轮廓线、轴线、对称中心引出；同时，轮廓线、轴线的对称中心也可以作为尺寸界线也应使用细实线绘制。

③尺寸文字。用于标明机件的测量值。尺寸文字应按标准字体书写，在同一张图纸上的文字高度要一致。尺寸文字在图中遇到图线断开，在图线断开影响图形表达时，须调整尺寸标注的位置。

④尺寸箭头。尺寸箭头显示在尺寸线的端部，用于指定测量的开始位置和结束位置。AutoCAD 默认使用闭合的填充箭头符号。此外，系统还提供了多种箭头符号，如建筑标记、小斜线箭头、点和斜杆等。

6.1.3 尺寸标注的类型

AutoCAD 提供了 10 余种标注工具以标注图形对象，尺寸标注分为线性标注、对齐尺寸注、坐标尺寸标注、弧长尺寸标注、半径尺寸标注、折弯尺寸标注、直径尺寸标注、角度尺寸标注、引线标注、基线标准、连续标准等。其中，线性尺寸标准又分为水平标注、垂直标注和旋转标注 3 种。在 AutoCAD 中，提供了各类尺寸标准的工具按钮和命令。"标注"样例（角度、直径、半径、线性、对齐、连续、圆心及基线等标注）如图 6-2 所示，"标准"面板如图 6-3 所示，"标注"菜单如图 6-4 所示。

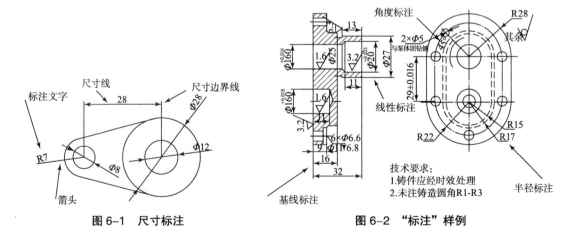

图 6-1 尺寸标注　　　　图 6-2 "标注"样例

6.1.4 创建尺寸标注的步骤

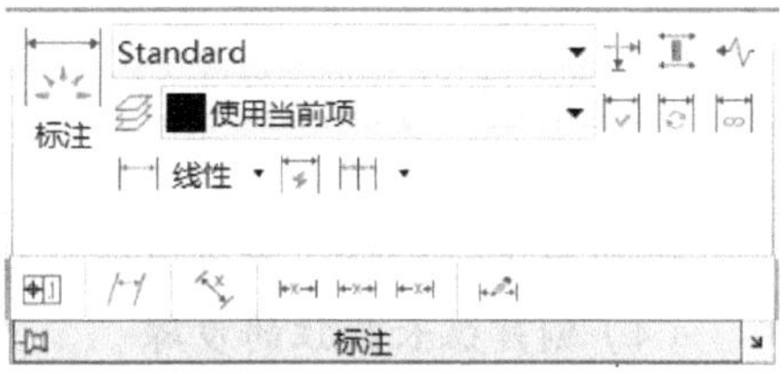

（1）创建半径标注或直径标注

①依次单击"注释"选项卡→"标注"面板→"标注"。

②选择圆弧或圆。

③在提示下，输入 r（半径），或输入 d（直径）。

④在指定尺寸线位置之前，可以编辑或旋转文字。

⑤单击以放置尺寸线。

⑥重复上述步骤以继续进行尺寸标注，或按 Enter 键结束尺寸标注，如图 6-5、图 6-6 所示。

图 6-3 "标准"面板

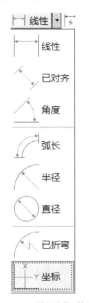

图 6-4 "标注"菜单

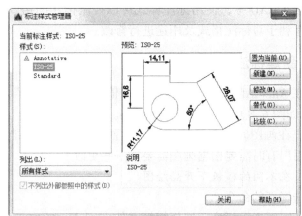

图 6-5 图层

图 6-6 "标注样式管理器"对话框

（2）创建折弯半径标注

①依次单击"注释"选项卡"标注"面板"标注"。

②将光标悬停在圆弧或圆上。

③在提示下，输入 j（折弯）。

④选择圆弧或圆。

⑤单击以便为虚假中心标注原点（称为"中心位置替代"）指定一个点，如图 6-7 所示。

⑥单击以便为尺寸线角度指定一个点。

⑦单击以指定标注折弯的位置。

⑧重复上述步骤以继续进行尺寸标注，或按 Enter 键结束尺寸标注。

（3）创建角度标注的步骤

①依次单击"注释"选项卡→"标注"面板→"标注"。

②在提示下，输入 a（角度）。

③选择下列选项之一：圆弧、圆和两个点、两条非平行的线、顶

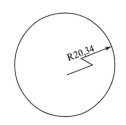

图 6-7 折弯半径

点和两个点。

④在指定尺寸线位置之前，可以编辑或旋转文字。

⑤单击以放置尺寸线。

⑥重复上述步骤以继续进行尺寸标注，或按 Enter 键结束尺寸标注。

（4）创建弧长标注的步骤

①依次单击"注释"选项卡→"标注"面板→"标注"。

②将光标悬停在多段线中的圆弧或圆弧段上。

③在提示下，输入 l（圆弧长度）。

④选择多段线中的圆弧或圆弧段。

⑤单击以放置尺寸线。

⑥重复上述步骤以继续进行尺寸标注，或按 Enter 键结束尺寸标注。

6.2 创建与设置标注样式

在 AutoCAD 中，使用标注样式可以控制标注的格式和外观，建立强制执行的绘图标准，并有利于对标注格式及用途进行修改。

6.2.1 新建标注样式

要在 AutoCAD 中创建标注样式，依次单击"默认"选项卡→"注释"面板→"标注样式"，如图 6-8 所示。命令：dimstyle。

用户在画图时要熟悉使用标注设置，设置模板可能在用户开启工作空间时就已经完成，但用户有时需要根据画图需要做一些更改。

（1）在不同的模板下开始绘图

①选择新的命令。

②从一系列模板中，选择模板文件 acad.dwt。

③选择"打开"。

（2）选择绘图单元

①命令：units，按 Enter 键确认。

②改变类型（T）和精度（P）（图 6-9）。

③单击"确定"。

（3）设置绘图区域图

①命令：limits，按 Enter 键确认。

②选择"OFF"（OFF 意味着用户的绘图区在模型空间的面积是不受限制的，可以通过布局选项卡进行绘图控制），如图 6-10 所示。

③Zoom[全部（A）]（图 6-11）。

（4）设置捕捉与栅格

①命令：DS，按 Enter 键确认。

②选择"捕捉与栅格"选项卡。

③改变设置。

④选择"确定"按钮(图6-12)。
(5)改变线宽设置
①右击状态栏下的 线宽设置。
②选择线宽设置。
③改变英寸、列出单位与调整显示比例(图6-13)。

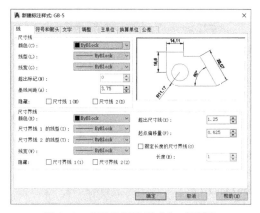

图6-8 "新建标注样式"对话框　　　　　图6-9 长度设置

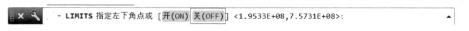

图6-10 关闭绘图

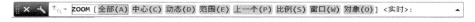

图6-11 Zoom[全部(A)]

图6-12 捕捉和栅格　　　　　图6-13 线宽设置

(6)创建新的图层

①操作面板:默认/图层特性 。
②右击当前图层,选择新建图层。
③单击新建图层上的每一个选项卡,可以对其进行编辑(如绘图颜色)(图6-14)。

（7）创建新的文字样式

①操作面板：注释/文字/ 文字▼

②在"样式（S）"下新建新的文字样式"TEXT-Classic"。

③当完成时，将修改的文字样式设为当前并且关闭（图6-15）。

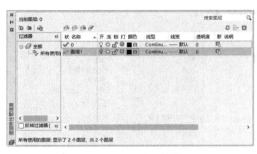
图6-14　图层设置

图6-15　文字样式

（8）创建标注样式

①打开标注样式管理器的方法。操作面板：注释/标注/ 标注▼ ；或者在绘图区，输入d，弹出"对话标准样式管理器"对话框。

②选择"新建"。

③输入选择新样式名（N）、基础样式（S）、注释性（A）/用于等信息，按"继续"按钮（图6-16）。

④选择主单位工具栏，改变所要运用的匹配设置（图6-17）。

图6-16　创建新标注样式

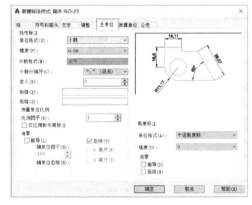
图6-17　主单位

⑤选择"线"选项卡，改变所要运用的匹配设置（图6-18）。

⑥选择"符号与箭头"选项卡，改变所要运用的匹配设置（图6-19）。

⑦选择"文字"选项卡，改变所要运用的匹配设置（图6-20）。

⑧选择"调整"选项卡，改变所要运用的匹配设置（图6-21）。

⑨选择"换算单位"选项卡，改变所要运用的匹配设置。其中的选项允许用户将英寸显示为主要单位和毫米等效为备用单位。毫米值将显示在内部支架紧跟英寸尺寸。

● 打开"新建标注样式"对话框。

● 选择"换算单位"选项卡（图6-22）。

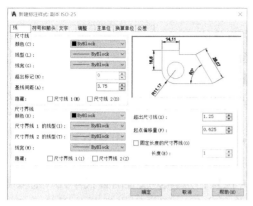

图6-18 线的设置

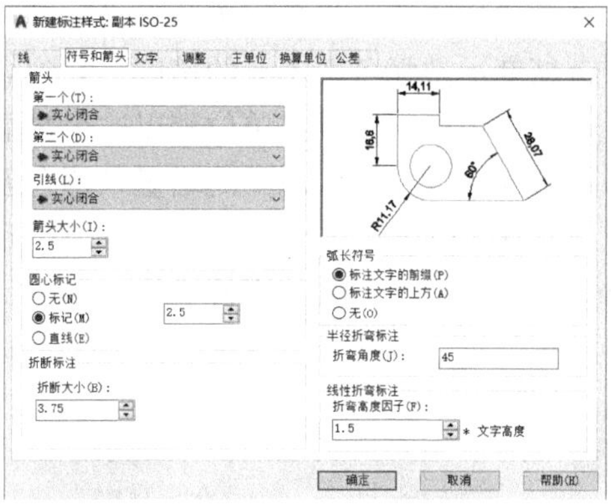

图6-19 符号与箭头设置

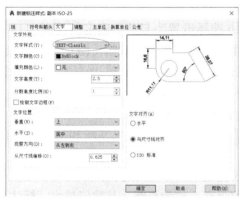

图6-20 文字设置

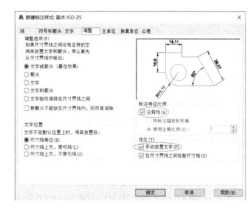

图6-21 调整设置

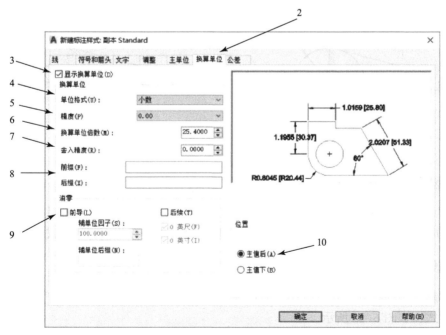

图6-22 换算单位

- 单位的格式：为备用单元选择单元。
- 精度：选择备选单元的精度。它独立于主要单位。
- 换算单位倍数：主单位乘以这个数显示备用单位值。
- 舍入精度：输入想要的增量来四舍五入备用单元价值。
- 前缀/后缀：这允许用户在备用单元中包含前缀或后缀。例如，typemm 到后缀框显示 mm（对于毫米）后的交替单位。

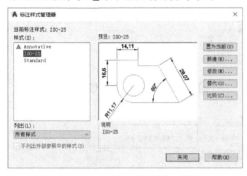

- 消零：如果用户选中其中 1 个或 2 个，这意味着 0 将不绘制。它将被压制。
- 位置：选择要放置的替代单元（想要紧跟在主单元之后，还是用户想要备用单元初级单位以下）。

⑩选择"确定"按钮。

⑪ 选择设置为当前，确定新的副本 ISO-25 被使用，再按"关闭"按钮（图 6-23）。

图 6-23 标注样式管理器

注意：将此时的绘图空间保存为"标注设置"。

6.2.2 设置线

在"新建标注样式"对话框中，使用"线"选项卡可以设置尺寸线和尺寸界线的格式和位置。

①尺寸线是标注时标注线交叉处的长度，数值越大其伸出的越长，如图 6-24 所示。

②尺寸界线是标注线相对被标注线物体间的距离，称为界线，其数值越大，标注离开物体的距离越大，如图 6-25 所示。

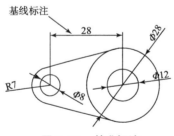

图 6-24 基准标注

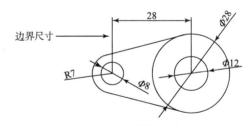

图 6-25 边界尺寸

6.2.3 设置符号和箭头

在"新建标注样式"对话框，如图 6-26 所示，使用"符号和箭头"选项卡，如图 6-27 所示，可以设置箭头、圆心标记、弧长符号和半径标注折弯的格式与位置。

6.2.4 设置文字

在"新建标注样式"对话框中，可以使用"文字"选项卡设置标注文字的外观、位置和对齐方式，如图 6-28 所示。

①文字外观包括"文字样式""文字颜色""填充颜色"3 个下拉列表框、"文字高度"

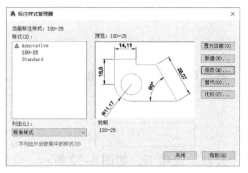

图 6-26 "标注样式管理器"对话框

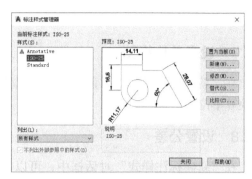

图 6-27 "符号和箭头"选项卡

调整框、"分数高度比例"调整框、"绘制文字边框"复选框。

②文字位置包括"垂直"和"水平"下拉列表框、"观察方向"下拉列表框、"从尺寸线偏移"调整框。

③文字对齐包括"水平""与尺寸线对齐""ISO 标准"3 个单选标准。

6.2.5 设置调整

在"新建标注样式"对话框中，可以使用"调整"选项卡，如图 6-29 所示，设置标注文字、尺寸线和尺寸箭头的位置。

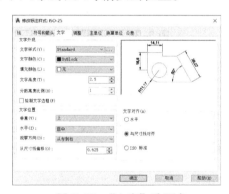

图 6-28 "文字"选项卡

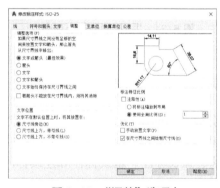

图 6-29 "调整"选项卡

6.2.6 设置主单位

在"新建标注样式"对话框中，可以使用"主单位"选项卡，如图 6-30 所示，设置主单位的格式与精度等属性。

①线性标注。包括"单位格式"下拉列表框、"精度"下拉列表框、"分数格式"下拉列表框、"小数分隔符"下拉列表框、"舍入"调整框、"前缀"文本框、"后缀"文本框、"比例因子"调整框、"消零"。

②角度标注。包括"换算单位"选项卡、

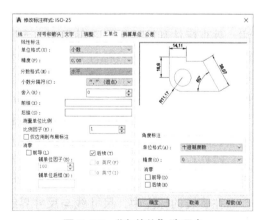

图 6-30 "主单位"选项卡

"公差"选项卡。

6.2.7 设置单位换算

在"新建标注样式"对话框中,可以使用"换算单位"选项卡,如图 6-31 所示,设置换算单位的格式。

6.2.8 设置公差

在"新建标注样式"对话框中,可以使用"公差"选项卡,如图 6-32 所示,设置是否标注公差,以及用何种方式进行标注。

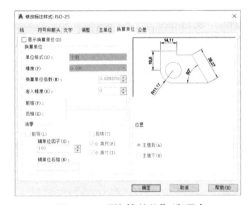

图 6-31 "换算单位"选项卡

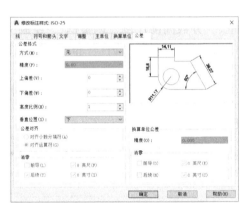

图 6-32 "公差"选项卡

6.3 长度型尺寸标注

长度型尺寸标注用于标注图形中两点间的长度,可以是端点、交点、圆弧弦线端点或能够识别的任意两个点。在 AutoCAD 中,长度型尺寸标注包括多种类型,如线性标注、对齐标注、弧长标注、基线标注和连续标注等。

6.3.1 线性标注

线性标注指标注图形对象在水平方向、垂直方向或指定方向的尺寸,又分为水平标注、垂直标注和旋转标注 3 种类型。水平标注用于标注对象在水平方向的尺寸,即尺寸线沿水平方向放置;垂直标注用于标注对象在垂直方向的尺寸,即尺寸线沿垂直方向放置;旋转标注则标注对象沿指定方向的尺寸。在快捷工具栏中选择"显示菜单栏"命令,在弹出的菜单中选择"标注"→"线性"命令,或在"功能区"选项板中选择"注释"选项卡,在"标注"面板中单击"线性"按钮,可以创建用于标注用户坐标系 XY 平面中的两个点之间的距离测量值,并通过指定点或选择一个对象来实现。

线性标注可以水平、垂直或对齐放置。可根据放置文字时光标的移动方式,使用 DIM 命令创建对齐标注、水平标注或垂直标注,如图 6-33 所示。

在旋转的标注中,尺寸线与尺寸界线原点形成一定的角度。在此示例中,标注旋转的指定角度等于该角度,如图 6-34 所示。

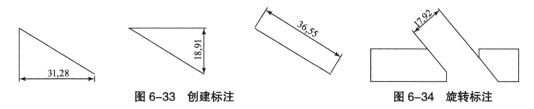

图 6-33 创建标注　　　　　图 6-34 旋转标注

注：还可以创建尺寸线与尺寸界线不垂直的线性标注，这些称为倾斜标注，它们最常用于等轴测草图。在本例中，尺寸线的角度将定向于 30° 和 60°，具体取决于当前的等轴测平面。

6.3.2 对齐标注

在快捷工具栏中选择"显示菜单栏"命令，在弹出的菜单中选择"标注"→"对齐"命令，或在"功能区"选项板中选择"注释"选项卡，在"标注"面板中单击"已对齐"按钮，可以对对象进行对齐标注，如图 6-35 所示。

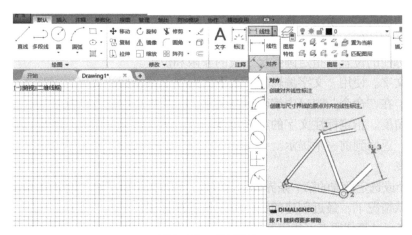

图 6-35 对齐标注

6.3.3 弧长标注

在快捷工具栏中选择"默认"选项卡→"注释"面板→"标注"→"弧长"，可以标注圆弧线段或多段线圆弧线段部分的弧长。弧长标注用于测量圆弧或多段线圆弧上的距离。弧长标注的典型用法包括测量围绕凸轮的距离或表示电缆的长度。为区别它们是线性标注还是角度标注，默认情况下，弧长标注将显示一个圆弧符号。圆弧符号显示在标注文字的上方或前方，如图 6-36 所示。

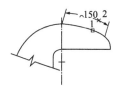

图 6-36 弧长标注

6.3.4 基线标注

单击"默认"选项卡→"注释"选项卡→"基线标注"，命令：DIM，可以创建一系列由相同的标注原点测量出来的标注。与连续标注一样，在进行基线标注之前也必须先创建（或选择）一个线性、坐标或角度标注作为基准标注，然后执行 DIM 命令，此时命令行提

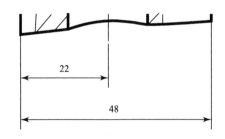

图 6-37 基准标注

示信息，如图 6-37 所示。基线标注是多个具有从相同位置测量的偏移尺寸线的标注。

(1) 角度

创建一个角度标注来显示 3 个点或 2 条直线之间的角度（同 dimangular 命令）。

①顶点。指定要用作角度标注顶点的点。
②指定角度的第一条边。指定定义角的一条直线。
③指定角度的第二条边。指定定义角的另一条直线。
④角度标注的位置。指定圆弧尺寸线的象限和位置。
⑤多行文字。使用"文字编辑器"上下文选项卡编辑标注文字。
⑥文字。在"命令"窗口中编辑标注文字。
⑦文字角度。指定标注文字的旋转角度。
⑧放弃。返回到前一个提示。

(2) 基线

从上一个或选定标准的第一条界线创建线性、角度或坐标标注（同 dimbaseline 命令）。
注：默认情况下，最近创建的标注将用作基准标注。
①第一条尺寸界线原点。指定基准标注的第一条尺寸界线作为基线标注的尺寸界线原点。
②第二条尺寸界线原点。指定要标注的下一条边或角度。
③点坐标。将基准标注的端点（坐标标注）用作基线标注的端点。
④选择。提示选择一个线性标注、坐标标注或角度标注作为基线标注的基准。
⑤偏移。指定与所创建基线标注相距的偏移距离。
⑥放弃。撤销上一次创建基线标注。

(3) 继续

从选定标注的第二条尺寸界线创建线性、角度或坐标标注（同 dimcontinue 命令）。
①第一条尺寸界线原点。指定基准标注的第一条尺寸界线作为连续标注的尺寸界线原点。
②第二条尺寸界线原点。指定要标注的下一条边或角度。
③点坐标。将基准标注的端点（坐标标注）作为连续标注的端点。
④选择。提示选择一个线性标注、坐标标注或角度标注作为连续标注的基准。
⑤放弃。撤销上一次创建的基线标注。

(4) 坐标

创建坐标标注（同 dimordinate 命令）。

①点坐标。提示部件上的点，如端点、交点或对象的中心点。

②引线端点。使用点坐标和引线端点的坐标差可确定它是 X 坐标标注还是 Y 坐标标注。如果 Y 坐标的坐标差较大，标注就测量 X 坐标。否则测量 Y 坐标。

③X 基准。测量 X 坐标并确定引线和标注文字的方向。

④Y 基准。测量 Y 坐标并确定引线和标注文字的方向。

⑤多行文字。显示"文字编辑器"上下文选项卡，用于编辑标注文字。

⑥文字。在命令提示下，自定义标注文字。生成的标注显示在尖括号中。

⑦角度。指定标注文字的旋转角度。

⑧放弃。返回到前一个提示。

（5）对齐

将多个平行、同心或同基准标注对齐到选定的基准标注。

①基准标注。指定要用作标注对齐基础的标注。

②尺寸标注对齐。选择标注以对齐到选定的基准尺寸。

（6）分布

指定可用于分发一组选定的孤立线性标注或坐标标注的方法。

①相等。均匀分发所有选定的标注。此方法要求至少 3 条标注线。

②偏移。按指定的偏移距离分发所有选定的标注。

（7）图层

为指定的图层指定新标注，以替代当前图层。输入 usecurrent 或"."以使用当前图层（dimlayer 系统变量）。

（8）放弃

反转上一个标注操作。

6.3.5　连续标注

单击"默认"选项卡→"注释"选项卡→"连续标注"，命令：dim，可以创建一系列端对端放置的标注，每个连续标注都从前一个标注的第二个尺寸界线处开始，如图 6-38 所示。连续标注（也称为链式标注）是端对端放置的多个标注。

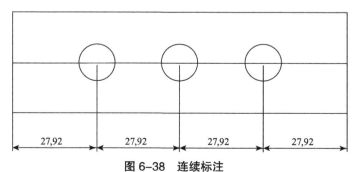

图 6-38　连续标注

6.4 半径、直径和圆心标注

在 AutoCAD 中，可以使用"标注"菜单中的"半径""直径"与"圆心"命令，标注圆或圆弧的半径尺寸、直径尺寸及圆心位置。

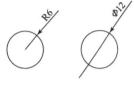

图 6-39 半径标注

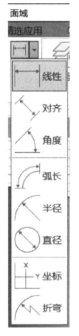

6.4.1 半径直径圆心标注

（1）半径标注

单击"默认"选项卡→"注释"选项卡→"半径标注"，可以标注圆和圆弧的半径，如图 6-39 所示。径向标注可测量圆弧和圆的半径或直径，具有可选的中心线或中心标记。图 6-39 中显示了多个选项。

注：当标注的一部分位于已标注的圆弧或圆内时，将自动禁用非关联中心线或中心标记。

（2）直径标注

单击"默认"选项卡→"注释"选项卡→"直径标注"，可以标注圆和圆弧的直径，如图 6-40 所示。

（3）圆心标注

圆心标记是在选定的圆或圆弧的中心处创建的"十"字形标记，可以是圆和圆弧的关联对象或非关联对象。在"功能区"选项板中选择"注释"选项卡，在"中心线"面板中单击"圆心标记"按钮，如图 6-41 所示，使用 centermark 命令创建圆或圆弧的关联圆心标记。

图 6-40 直径标注　　　　　　图 6-41 圆心标注

6.4.2 折弯标注

为圆或圆弧创建折弯半径标注。当圆或圆弧的中心位于布局之外并且无法在实际位置显示时，将创建折弯半径标注。可以在方便的位置指定标注的原点（称为中心位置替代）。

单击"默认"选项卡→"注释"选项卡→"折弯标注"　　。可以折弯标注圆和圆弧的半径，如图 6-42 所示。标注方式与半径标注方法基本相同，但需要指定一个位置代替圆或圆弧的圆心。

线性折弯标注主要是标注特别狭长的图形，将其从中间折断并进行标注，其与折弯标注的不同是：线性折弯标注不能直接进行标注，而是线性标注上添加一个折弯。

单击"注释"选项卡→"标注"选项卡→"折弯标注"　　，如图 6-43 所示。

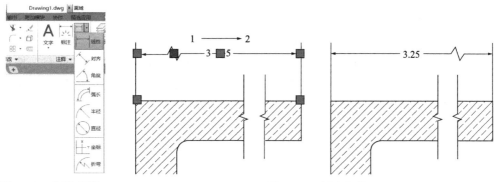

图 6-42 折弯标注 1　　　　　图 6-43 折弯标注 2

6.5 角度标注与其他类型的标注

在 AutoCAD 中，除了前面介绍的几种常用尺寸标注外，还可以使用角度标注及其他类型的标注功能，对图形中的角度、坐标等元素进行标注。

6.5.1 角度标注

方法一：单击"默认"选项卡→"注释"选项卡→"角度"标注，如图 6-44 所示。

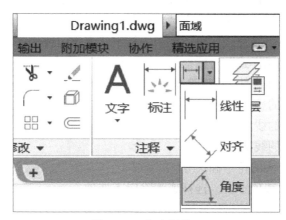

图 6-44 角度标注 1

方法二："注释"选项卡→"角度"标注，如图 6-45 所示。

选项卡和角度标注这两种方法都可以测量圆和圆弧的角度、两条直线间的角度，或者三点间的角度，如图 6-46 所示。

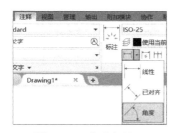

图 6-45 角度标注 2

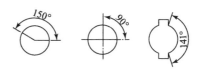

图 6-46 范例

6.5.2 多重引线标注

在快捷工具栏中选择"显示菜单栏"命令，在弹出的菜单中选择"标注"→"多重引线"命令（mleader），如图 6-47 所示，或在"功能区"选项板中选择"注释"选项卡，如图 6-48 所示，在"引线"面板中单击"多重引线"按钮，都可以创建引线和注释，并且可以设置引线和注释的样式。

图 6-47 多重引线

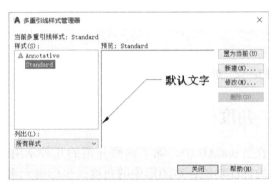

图 6-48 "注释"选项卡

（1）创建多重引线标注
①依次单击"常用"选项卡→"注释"面板→"多重引线样式"。
②在多重引线样式管理器中，单击"新建"。
③在"创建新多重引线样式"对话框中，指定新多重引线样式的名称。
④在"修改多重引线样式"对话框的"引线格式"选项卡中，选择或清除以下选项：
- 类型：确定基线的类型。可以选择直线基线、样条曲线基线或无基线。
- 颜色：确定基线的颜色。
- 线型：确定基线的线型。
- 线宽：确定基线的线宽。

⑤指定多重引线箭头的符号和尺寸。
⑥在"引线结构"选项卡上，选择或清除以下选项：
- 最大引线点数：指定多重引线基线的点的最大数目。
- 第一个线段角度和第二个线段角度：指定基线中第一个点和第二个点的角度。
- 基线-保持水平：将水平基线附着到多重引线内容。
- 设定基线距离：确定多重引线基线的固定距离。

⑦在"内容"选项卡上，为多重引线指定文字或块。如果多重引线对象包含文字内容，请选择或清除以下选项：
- 默认文字：设定多重引线内容的默认文字。可在此处插入字段。
- 文字样式：指定属性文字的预定义样式。显示当前加载的文字样式。
- 文字角度：指定多重引线文字的旋转角度。
- 文字颜色：指定多重引线文字的颜色。
- 图纸高度：将文字的高度设定为将在图纸空间显示的高度。
- 文字边框：使用文本框对多重引线文字内容加框。

- 附着：控制基线到多重引线文字的附着。
- 基线间距：指定基线和多重引线文字之间的距离。

如果指定了块内容，请选择或清除以下选项：

- 源块：指定用于多重引线内容的块。
- 附着：指定将块附着到多重引线对象的方式。可以通过指定块的范围、插入点或圆心附着块。
- 颜色：指定多重引线块内容的颜色。默认情况下，选择"BYblock"。

⑧单击"确定"。

（2）管理多重引线样式

样式可指定基线、引线、箭头和内容的格式。如图6-49所示。

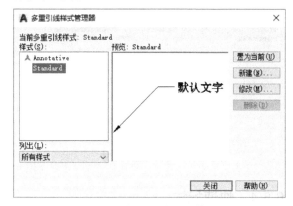

图 6-49　多重引线样式管理器

6.5.3　坐标标注

坐标标注测量与原点（称为基准）的垂直距离（如部件上的一个孔）。基准根据 UCS 原点的当前位置而建立。坐标尺寸例子见图 6-50 所示。

在快捷工具栏中选择"默认"选项卡→"注释"面板→"坐标标注"，或在"功能区"选项板中选择"注释"选项卡，在"标注"面板中单击"坐标"按钮，都可以标注相对于用户坐标原点的坐标，如图6-51所示。

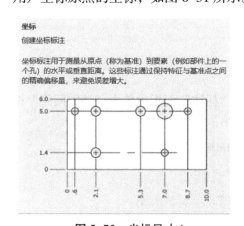

图 6-50　坐标尺寸 1

图 6-51　坐标标注

①将"原点"移动到所需的"基准"位置。必须在模型空间中完成。
②使用操作面板："注解"→"标注"→"线性"，选择坐标命令（图6-52）。
③选择第一个特性，使用"object snap"。
④将前导线横向或纵向拖动到该特性上。
⑤选择"前导端点"的位置（标注文本将与前导线对齐），如图6-53所示。
⑥使用"正"来保持领导的直线。

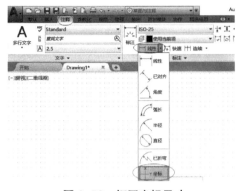
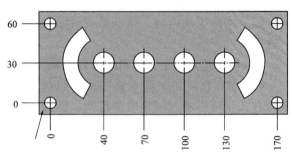

图 6-52　打开坐标尺寸　　　　　图 6-53　坐标尺寸 2

6.5.4　快速标注

在快捷工具栏中选择"显示菜单栏"命令，在弹出的菜单中选择"标注"→"快速标注"命令，或在"功能区"选项板中选择"注释"选项卡，在"标注"面板中单击"快速"按钮，都可以快速创建成组的基线、连续、阶梯和坐标标注，快速标注多个圆、圆弧，以及编辑现有标注的布局，如图 6-54 所示。

图 6-54　快速标注

6.5.5　标注间距和标注打断

在"功能区"选项板中选择"注释"选项卡，在"标注"面板中单击"调整间距"按钮，可以修改已经标注的图形中的标注线位置间距大小，如图 6-55 所示。

图 6-55　调整间距

在"功能区"选项板中选择"注释"选项卡，在"标注"面板中单击"打断"按钮，可以在标注线和图形之间产生一个隔断，如图 6-56 所示。

图 6-56　打断

6.6 形位公差标注

形位公差在机械图形中极为重要。一方面，如果形位公差不能完全控制，装配件就不能正确装配；另一方面，过度吻合的形位公差又会由于额外的制造费用而造成浪费。在大多数的建筑图形中，形位公差几乎不存在。

6.6.1 公差

指定标注文字中公差的显示及格式。
①选择新建标注样式。
②选择"公差"选项卡（图6-57）。
注意：如果显示的尺寸看起来很奇怪，确保"备用单元"被关闭。
③方式。设定计算公差的方法（DIMTOL系统变量）。
- 无：不添加公差。DIMTOL系统变量设置为0（零）。
- 对称：添加公差的正/负表达式，其中一个偏差量的值应用于标注测量值。标注后面将显示加号或减号。在"上偏差"中输入公差值。DIMTOL系统变量设置为1。DIMTOL系统变量设置为0（零）。

④高度比例。设定公差文字的当前高度。计算出的公差高度与主标注文字高度的比例存储在DIMTFAC系统变量中。输入的值是一个百分比的主要文本的高度。如果输入"50"，则允许文本高度为50%主文本的高度。

⑤垂直位置。控制对称公差和极限公差的文字对正。
- 上对齐：公差文字与主标注文字的顶部对齐。选择该选项时，DIMTOLJ系统变量将设定为2。
- 中对齐：公差文字与主标注文字的中间对齐。选择该选项时，DIMTOLJ系统变量将设定为1。
- 下对齐：公差文字与主标注文字的底部对齐。选择该选项时，DIMTOLJ系统变量将设定为0。

⑥对称。添加公差的正/负表达式，其中一个偏差量的值应用于标注测量值。标注后面将显示加号或减号。在"上偏差"中输入公差值。DIMTOL系统变量设置为1，DIMTOL系统变量设置为0（零），如图6-58所示。

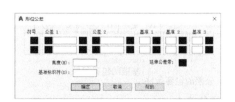

图6-57 公差

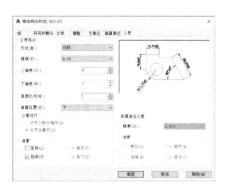

图6-58 对称

⑦偏差。

- 上偏差：设定最大公差或上偏差。如果在"方式"中选择"对称"，则此值将用于公差（DIMTP 系统变量）（图 6-59）。
- 下偏差：设定最小公差或下偏差（DIMTM 系统变量）（图 6-60）。

图 6-59　偏差公差　　　　　图 6-60　对齐运算符

⑧注释。如果将上、下两个值设置相同，则公差将显示为对称的。

⑨极限。除了公差的显示方式外，极限与偏差相同。限制通过加减公差来计算正负标称尺寸并显示结果。有些公司更喜欢这种方法，因为在制作小部件时不需要计算。"上"和"下"值可以使用方框（图 6-61）。

注意："高度比例"应该设置为"1"（图 6-62）。

图 6-61　对齐小数分隔符　　　　　图 6-62　高度比例

6.6.2　形位公差的组成

在 AutoCAD 中，可以通过特征控制框来显示形位公差信息，如图形的形状、轮廓、方向、位置和跳动的偏差等，如图 6-63 所示。

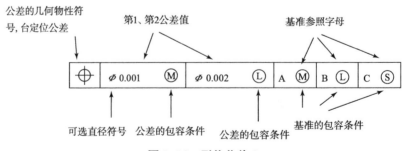

图 6-63　形位公差 1

几何公差是一个通用术语，是指用来控制公差的公差对象上特征的形式、轮廓、方向、跳动和位置。几何公差主要用于机械设计和制造。下面将介绍创建几何公差符号的公差命令和特征控制帧。

①使用以下命令之一选择公差命令：

Ribbon= 注释 / 标注 ▼ /

Keyboard=tol

形位公差对话框如图 6-64 所示。

注意：当用户选择"特征符号"或"附加符号"框，有多种特征符号和附加符号将会出现。

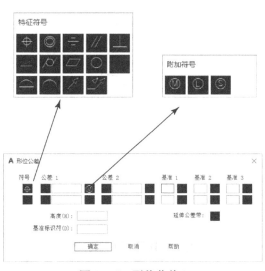

图 6-64　形位公差 2

②进行选择，并填写公差和基准。

③选择"OK"框。

④公差应该显示在光标上。将光标移到需要的位置定位并按下鼠标左键（图 6-65）。

注意：上面的特征控件框的大小，是由高度决定的维度的文本。

6.6.3　标注形位公差

"功能区"选项板中选择"注释"选项卡，在"标注"面板中单击"公差"按钮，打开"形位公差"对话框，可以设置公差的符号、值及基准等参数，如图 6-66 所示。

图 6-65　确定形位公差位置

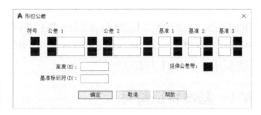

图 6-66　形位公差与快速引用标注

①在命令行输入 qleader 命令，按 Enter 确认。

②选择"引线设置"（图 6-67）。

③选择"注释"选项卡。

④选择"公差"选项。

⑤选择"确定"按钮。

⑥放置第一个 P1。

⑦放置下一点 P2。

⑧按下 Enter，停止画线（图 6-68）。

⑨用户选择符号公差和基准，填充对话框（图 6-69）。

⑩选择"确定"按钮，引用标记（图 6-70）。

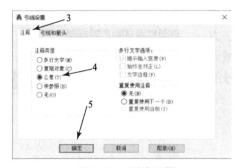
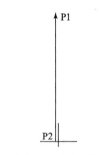

图 6-67　引线设置　　　　　　　　图 6-68　P1、P2

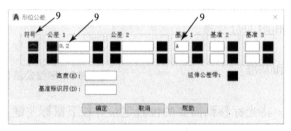
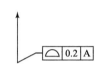

图 6-69　形位公差　　　　　　　　图 6-70　引用标记

6.7　基准

基准标注按照基准和被测要素标注符号 4 项基础性国家标准：《产品几何技术规范（GPS）几何公差形状、方向、位置和跳动公差》（GB/T 1182—2018）、《形状和位置未注公差值》（GB/T 1184—1996）、《产品几何技术规范（GPS）　基础　概念、原则和规则》（GB/T 4249—2018）、《产品几何技术规范（GPS）　几何公差　最大实体要求、最小实体要求和可逆要求》（GB/T 16671—2009）。

6.7.1　基准特征符号

绘图区的基准被认为是"基准特征符号"。
①选择"注释"→"标注" 。
②在"基准标识符"对话框输入"基准参考字母"（图 6-71）。
③选择"确定"按钮。
注意：在当前"标注类型"中，文字高度设置决定大小。
创建带有控制对话框的基准特征符号（图 6-72）。

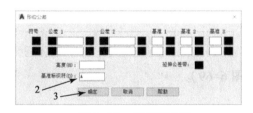
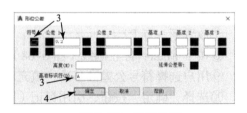

图 6-71　基准标识符　　　　　　　图 6-72　形位公差

①选择"注释"→"标注"。
②选择与填写公差。
③在"基准标识符"框中键入"基准参考信"。
④选择"确定"按钮（图6-73）。

6.7.2 引线 – 基准三角形

根据标准《尺寸和公差选定》（GB/T 1182—2018）的规定，基准特征符号包括引导线和基准三角形填充。用户可以创建一个块，可以使用下面的方法创建尺寸/公差和引用。
①选择"标注样式"，然后"修改"。
②将引线箭头改为基准三角形填充（图6-74）。
③选择"设置当前"和"关闭"。
④在命令行输入 qleader 命令，按 Enter 确认。
⑤放置第一个点（三角形端点）。
⑥放置第二个点（邻位）（图6-75）。
⑦按 Enter 两次。
⑧从选项中选择"None"。
注意：如果操作成功了，一个带有引导线的基准三角形应该出现。

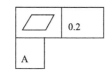

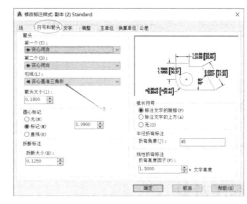

图6-73　基准特征符号　　　　图6-74　符号与箭头

⑨创建基准特征符号 A 。
⑩移动基准特征符号到引线定点去创建下边的符号（图6-76）。

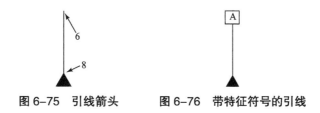

图6-75　引线箭头　　　　图6-76　带特征符号的引线

6.7.3 输入几何符号

如果想要在画图区文本中输入几何符号（图6-77），通过设置GDT.SHX的字体使用。

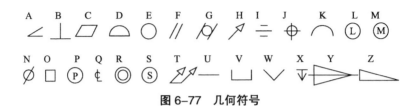

图 6-77 几何符号

GDT.SHX 字库包含普通字母和几何符号。当需要输入一个符号的时候，只需要按下键盘 Shift 键。

注意：大写锁定必须打开。

①用 GDT.SHX 字体名来创建新的文字类型（图 6-78）。

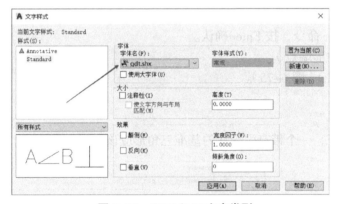

图 6-78 GDT.SHX 文字类型　　图 6-79 文字输入

②大写锁定打开。

③选择单线文字或者多线文字（图 6-79）。

④输入以下文字：当用户想要输入一个符号时，按下转换键并键入与符号对应的字母。如果用户要直径符号，按 Shift+N 键（参考上面显示的字母和符号的字母表）。

6.8 编辑标注对象

在 AutoCAD 中，可以对已标注对象的文字、位置及样式等内容进行修改，而不必删除所标注的尺寸对象再重新进行标注。

6.8.1 编辑标注

在快捷工具栏中选择"显示菜单栏"命令，在弹出的菜单中选择"标注"→"对齐文字"→"默认"命令，即可编辑标注的标注文字内容和放置位置。

在 AutoCAD 中，用户可以根据需要在图形中创建旋转尺寸标注。

（1）旋转标注尺寸步骤

①按 Ctrl+O 组合键，打开图形，如图 6-80 所示，在命令行中输入 DIMlineAR（线性）命令，按 Enter 键确认，在绘图区中合适的端点上单击，确认端点。

②在命令行中输入 r（旋转）命令，按 Enter 键确认，输入旋转的第一个和第二个点

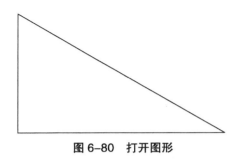

图 6-80　打开图形

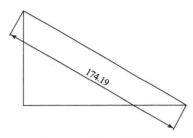

图 6-81　标注旋转尺寸

并确认，向左拖拽至合适位置后单击，即可标注旋转尺寸，效果如图 6-81 所示。

（2）倾斜尺寸标注步骤

①按 Ctrl+O 组合键，打开图形，如图 6-82 所示，在"注释"选项卡中单击"标注"面板中间的下拉按钮，在展开的面板中单击"倾斜"按钮 。

②选择最上方的尺寸标注，按 Enter 键确认，输入"80"，按 Enter 键确认，执行操作后，即可倾斜尺寸标注，效果如图 6-83 所示。

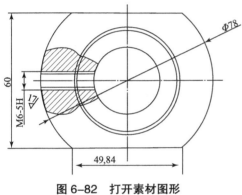

图 6-82　打开素材图形

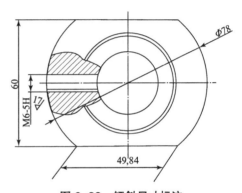

图 6-83　倾斜尺寸标注

6.8.2　编辑标注文字

在"文字替代"文本框中输入新的文字，即可编辑标注文字内容。在快捷工具栏中选择"显示菜单栏"命令，在弹出的菜单中选择"标注"→"对齐文字"子菜单中的其他命令，可以修改尺寸的文字位置。

（1）编辑标准文字内容步骤

①按 Ctrl+O 组合键，打开素材图形，如图 6-84 所示，在右下角尺寸标注上双击鼠标左键，弹出"文字编辑器"选项卡和文本框。

②在文本框中输入长度，执行操作后，在绘图区的空白位置单击，即可编辑标注文字内容，效果如图 6-85 所示。

（2）编辑标准文字位置步骤

①按 Ctrl+O 组合键，打开素材图形，如图 6-86 所示，在工具栏中选择"标注"→"对齐文字"→"右/左/居中"。

②选择图形最下方的文字 32，单击修改位置标注。执行操作后，即可编辑标注文字位置，效果如图 6-87 所示。

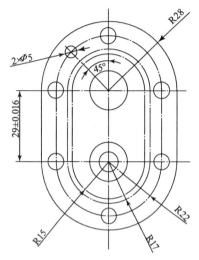 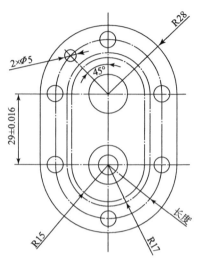

图 6-84　打开素材图像 1　　　　　图 6-85　编辑标注文字内容

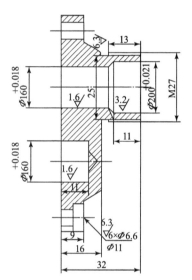 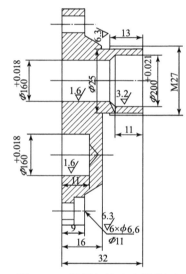

图 6-86　打开素材图像 2　　　　　图 6-87　编辑标注文字的位置

6.8.3　替代标注

在快捷工具栏中选择"显示菜单栏"命令，在弹出的菜单中选择"标注"→"替代"命令（dimoverride），或在"功能区"选项板中选择"注释"选项卡，在"标注"面板中单击"替代"按钮，都可以临时修改尺寸标注的系统变量设置，并按该设置修改尺寸标注。该操作只对指定的尺寸对象做修改，并且修改后不影响原系统的变量设置，如图 6-88 所示。

6.8.4　更新标注

在 AutoCAD 中，更新当前标注对象，可以将标注系统变量保存或恢复到选定的标注样式。在快捷工具栏中选择"显示菜单栏"命令，在弹出的菜单中选择"标注"→"更新"命令，或在"功能区"选项板中选择"注释"选项卡，在"标注"面板中单击"更新"按钮，都可以更新标注，使其采用当前的标注样式，如图 6-89 所示。

图 6-88　替代标注

图 6-89　更新标注

6.8.5　尺寸关联

尺寸关联是指所标注尺寸与被标注对象有关联关系。如果标注的尺寸值是按自动测量值标注，且尺寸标注是按尺寸关联模式标注的，那么改变被标注对象的大小后相应的标注尺寸也将发生改变，即尺寸界线、尺寸线的位置都将改变到相应的新位置，尺寸值也改变成新测量值。反之，改变尺寸界线起始点的位置，尺寸值也会发生相应的变化，如图 6-90 所示。

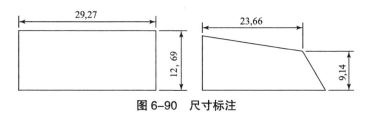

图 6-90　尺寸标注

6.8.6　标注约束

标注约束度额定两个对象的距离和角度，对象点或者对象的大小。标注约束包括名字和值。动态约束具有以下特点：缩放时保持大小不变；可以很容易地打开或关闭；使用固定尺寸样式显示；提供有限的抓地力；不要在图上显示。

维度约束包括 7 种（与尺寸相似）：线性、对齐、水平、垂直、角、径向、直径。接下将展示如何添加标注约束和如何编辑约束（图 6-91）。

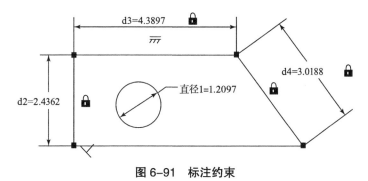

图 6-91　标注约束

（1）应用标注约束
①绘制对象。

②选择参数化选项卡。
③在此例中，在标注面板中，选择标注工具。
④当用户需要设置线性约束，可以应用线性标注约束。
- 确定第一个点。
- 确定第二个点。
- 确定标注线位置。

⑤输入"线性"值或 <Enter> 默认设置显示值（图6-92）。
注意：约束在用户输入值之前会以黑色底纹强调出现。
⑥标注约束所示以名字（d1）与值（3.0000）（图6-93）。

 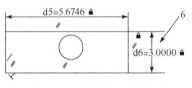

图6-92　线性标注　　　　　　图6-93　标注约束名字与值

（2）如何使用标注约束
接下来引用一个如何使用标注约束去改变二维对象标注的例子。
①绘制对象（图6-94）。尺寸可以通过标注约束来改变。
②应用标注约束（图6-95）。
注意：标注约束出现在图纸上是灰色的，不能够被打印，如果用户想要其被打印，参考下面介绍（图6-96）。

 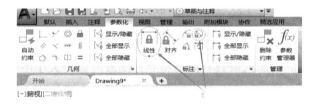

图6-94　绘制图形　　　　　　图6-95　线性与直径标注

（3）使用标注约束长度和宽度
①双击 d8 标注约束（图6-97）。

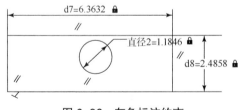 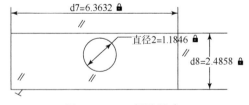

图6-96　灰色标注约束　　　　图6-97　d8 标注约束

②输入新的长度值，然后输入 Enter（图6-98）。
注意：长度沿"第二端点"方向自动增加。如果用户想让长度在另一个方向上改变，用户必须使用"几何"约束固定到右手角落（图6-99）。

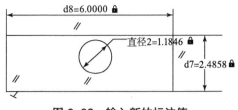
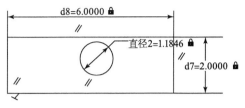

图 6-98　输入新的标注值　　　　　　图 6-99　长度变化

（4）参数化管理

参数管理器使用户能够管理维度参数。用户可以更改名称、分配数值或添加公式作为表达式。在"参数化"选项卡→"管理"面板选择"参数化管理"（图 6-100）。

图 6-100　参数管理器

列描述：
- 名称：列出绘图区所有的标注约束。通过点击上下箭头来增加和减少被改变命令。
- 表达式：显示标注的数字和格式（图 6-101）。
- 值：显示当前数字值（图 6-102）。

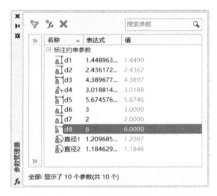
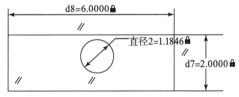

图 6-101　"参数管理器"对话框　　　　图 6-102　矩形标注

（5）参数管理器名称单元格

用户可以将维度的名称更改为更有意义的名称。如用户可以把名字改成长和宽，而不是 d1 和 d2。

①双击单元格，改变单元格名字（图 6-103）。
②输入新的名字和 Enter。

举例：下面显示的参数管理器中的名称已经更改，图纸中的尺寸约束也发生了变化（图 6-104）。

（6）参数管理器表达式单元格

①打开参数化管理器。
②双击表达式单元格去改变。

图 6-103　名称改变

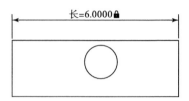

图 6-104　名称变化

③输入新的值和公式（图 6-105）。

举例：宽度 /2（直径是宽度的一半）（图 6-106）。

（7）添加用户定义的参数

用户可以创建和管理用户定义的参数。

①选择参数化管理。

②选择"新的用户参数"按钮（图 6-107）。

（8）"用户参数"出现

①输入表达式的名字。

②输入一个表达式。

数值的单元更新，显示当前值（图 6-108）。

图 6-105　输入表达式

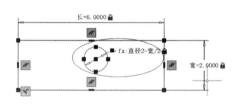

图 6-106　直径变化

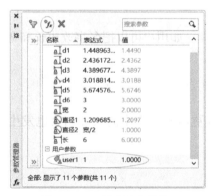

图 6-107　创建用户参数

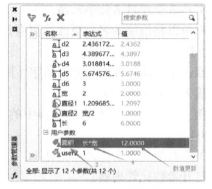

图 6-108　数值更新

(9)将维度约束转换为注解约束
①几何和尺寸限制不绘图。如果用户想把它们画出来必须将它们转换为注解约束。
②选择转换约束。
③在列表中选择比例。
④在下拉箭头中选择约束并且选择动态（图6-109）。
注意：选择比例面板比添加比例应用更普遍，因为约束目前是注释约束（图6-110）。

图6-109　特性窗口1　　　　图6-110　特性窗口2

⑤注释约束将被绘制（图6-111）。
（10）控制标注约束的显示
用户可以使用显示和隐藏工具，关闭维度约束的显示（图6-112）。

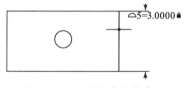 

图6-111　绘制注释约束　　　　图6-112　显示隐藏标注

（11）删除标注约束（图6-113）
依次单击"参数化"选项卡→"管理"面板→"删除约束"。

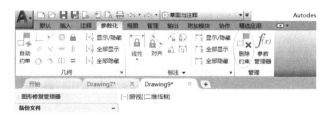

图6-113　删除约束

小　结

尺寸标注对传达有关设计元素的尺寸和材料等信息有着非常重要的作用。因此，在对图形进行标注前，了解尺寸标注的组成、类型、规则及步骤等。在 AutoCAD 中，尺寸标注在不同的领域有着不同的规定。在进行标注时，用户需要对标准的规则有良好的认知。对绘制的图形进行尺寸标注时应遵循相应的规则。

AutoCAD 提供了 10 余种标注工具以标注图形对象，尺寸标注分为线性标注、对齐尺寸注、坐标尺寸标注、弧长尺寸标注、半径尺寸标注、折弯尺寸标注、直径尺寸标注、角度尺寸标注、引线标注、基线标准、连续标准等。其中，线性尺寸标准又分为水平标注、垂直标注和旋转标注 3 种。AutoCAD 也提供了各类尺寸标准的工具按钮和命令。在 AutoCAD 中，可以对已标注对象的文字、位置及样式等内容进行修改，而不必删除所标注的尺寸对象再重新进行标注。包括：编辑标注、编辑标注文字的位置、替代标注、更新标注、尺寸关联与标注约束。

上机操作练习

【任务1】标注图形：对图 6-114 所示进行尺寸标注。

步骤：

①单击"默认"选项卡→"图层"面板，选择"0"，单击"注释"工具栏中的"标注样式"按钮，选择"标注样式管理器"（图 6-115）；单击"新建"按钮，创建新的标注样式"GB-3.5"（图 6-116）。

②单击"默认"选项卡"图层"面板，选择"尺寸标注"，单击"默认"选项卡"注释"面板中的"线性"按钮，为所有图形绘制合适的尺寸（图 6-117）。

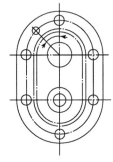

图 6-114　零件

【任务2】设置标注参数。

设置标注尺寸线、符号、箭头、标注文字、标注样式、标注的主单位、换算单位、标注公差。

①在命令行中输入 dimstyle 命令，按 Enter 键确认，弹出"标注样式管理器"对话框，单击"修改"按钮，如图 6-118 所示。

②弹出的"修改标注样式：ISO-25"对话框，切换至"线"选项卡，在"尺寸线"选项组中，单击"颜色"右侧的下拉按钮，在弹出的下拉列表框中选择"洋红"选项，一次单击"确定"和"关闭"按钮，即可设置标注尺寸的颜色，如图 6-119 所示。

③在"修改标注样式：ISO-25"对话框中切换至"符号和箭头"选项卡，设置箭头符号为"建筑标记"如图 6-120 所示。可在"预览"选项区查看效果。

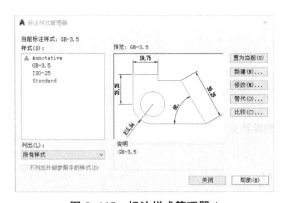

图 6-115　标注样式管理器 1

图 6-116　新建标注样式

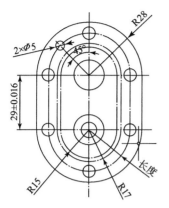

图 6-117 标注尺寸

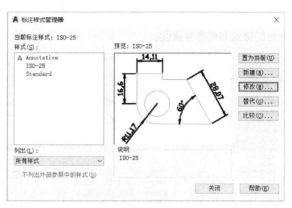

图 6-118 标注样式管理器 2

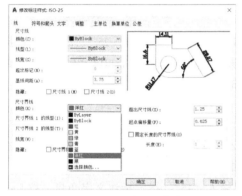

图 6-119 尺寸界线颜色

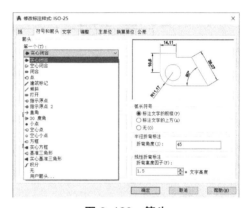

图 6-120 箭头

④在"修改标注样式:ISO-25"对话框中切换至"文字"选项卡,如图 6-121 所示,用户在其中进行相应的设置即可设置标注文字的相关属性。

⑤在"修改标注样式:ISO-25"对话框中切换至"调整"选项卡,如图 6-122 所示,用户在其中进行相应的设置即可调整标注样式。

⑥在"修改标注样式:ISO-25"对话框中切换至"主单位"选项卡,如图 6-123 所示,用户设置标注的主单位。

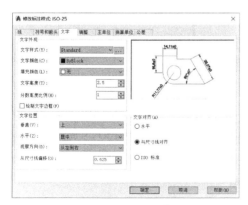

图 6-121 文字

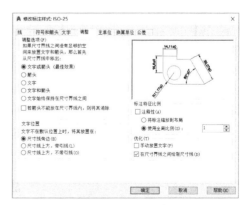

图 6-122 调整

⑦在"修改标注样式:ISO-25"对话框中切换至"换算单位"选项卡,如图6-124所示,可以设置换算单位的格式和精度等属性。

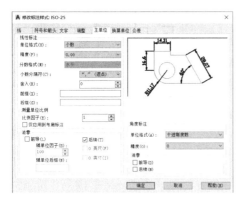

图6-123 主单位

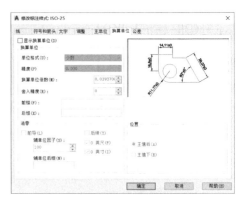

图6-124 换算单位

⑧在"修改标注样式:ISO-25"对话框中切换至"公差"选项卡,如图6-125所示,可以设置相应的标注公差。

【任务3】编辑标注。

旋转图6-126中尺寸数字24。

①按Ctrl+O组合键,打开素材图形,在命令行中输入dimedit(编辑尺寸)命令,按Enter键确认,再输入R命令并确认。

②输入"45",指定标注文字角度,按Enter键确认,在绘图区中选择尺寸24的那一条边,并按Enter键确认,执行操作之后,即可编辑尺寸标注,效果如图6-127所示。

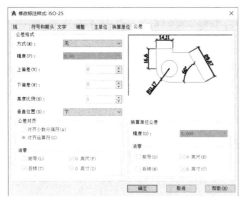

图6-125 公差

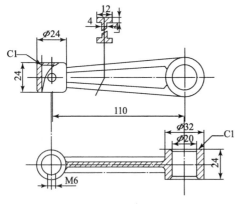

图6-126 素材图形

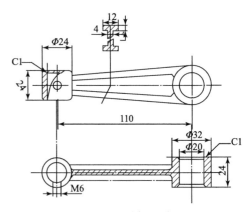

图6-127 编辑尺寸图形

思考题

1. 标注尺寸时采用的字体和文字样式是否有关?

2. 连续标注和基线标注的第一个尺寸的尺寸界线拾取顺序对标注结果是否有影响？
3. 关联尺寸和非关联尺寸有何区别？如果改变了关联线性尺寸的一个端点，其自动测量的尺寸数值是否相应发生变化？
4. 尺寸公差的上下偏差其符号是如何控制的？如何避免标注出上负下正的公差格式？
5. 如何设置一种尺寸标注样式，角度数值始终水平，其他尺寸数值和尺寸线方向相同？
6. 标注形位公差的方法有哪些？
7. 线性标注和对齐标注有什么区别？
8. 在线性标注中如何标注直径尺寸？
9. 装配图中的零件序号该采用什么命令标注？
10. 在图上标注同轴度 Φ0.01，基准为 A。

课后练习

1. 在图 6-128 箭头的地方创建引线标注。
2. 将图 6-129 标注 110 的那条标注线变成折弯标注。
3. 对图 6-130 的标注进行尺寸标注检验。

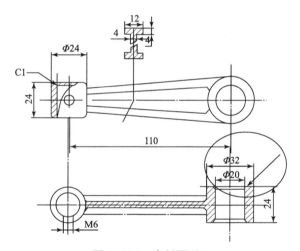

图 6-128　素材图形 1

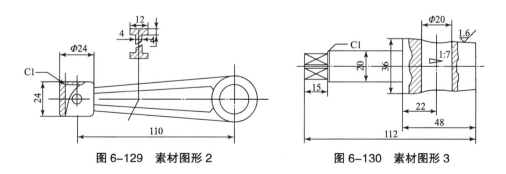

图 6-129　素材图形 2　　　　图 6-130　素材图形 3

▶▶▶ 第 7 章 块与外部参照

本章导读

在设计产品时，为避免重复绘制大量相同或相似的内容，用户可以将相同或相似的内容以块的形式直接插入，如机械制图中的标题栏，建筑图中的门窗等。另外，为了更有效地利用本机、本地或整个网络的图纸资源，也可以将这些内容转换为外部参照文件进行共享。这样不仅极大地提高了绘图的速度和工作效率，而且也提高了绘图的准确性，并节省了大量内存空间。

知识目标

了解块的特点。
掌握定义块和插入块的方法。
掌握定义属性块及插入的方法。

能力目标

定义块、存储块、插入块。
创建带属性的块、编辑块属性。
创建动态块、创建块参数。
在图形中附着外部参照图形。

7.1 块

块是一个或多个对象的集合，一个块可以由多个对象构成。在块中，每个图形可以有其独立的图层、颜色、线型或线宽，块可以插入到同一图形或其他图形中指定的任意位置，并可重复使用。虽然可以使用复制的方法创建大量相同的图形，但大量的图形会占用较大的磁盘空间，如果把相同的图形定义为一个块分别插入图形中，系统就不必重复储存，可以节省磁盘空间，也可以提高绘图效率。

7.1.1 块的特点

块就是用一个名字来标识的多个对象的集合体。虽然一个块可以由多个对象构成，但却是作为一个整体来使用。用户可以将块看作是一个对象来进行操作，如"move""copy""erase""rotate""array"和"mirror"等命令。它还可以嵌套，即在一个块中包含其他的一些块。此外，如果对某一块进行重新定义，则会引起图样中所有引用的块都自动地更新。使图块可以方便编辑。

当用户创建一个块后，AutoCAD将该块存储在图形数据库中，此后用户可根据需要多次插入同一个块，而不必重复绘制和储存，可以节省大量的绘图时间，减少重复性绘图。而插入块并不需要对块进行复制，而只是根据一定的位置、比例和旋转角度来引用。因此，数据量要比直接绘图小得多，可以节省计算机的存储空间。

在 AutoCAD 中还可以将块存储为一个独立的图形文件，也称为外部块。这样其他用户就可以将这个文件作为块插入到自己的图形中，不必重新进行创建。可以通过这种方法建立图形符号库，供所有相关的设计人员使用。这既节约了时间和资源，又可保证符号的统一性、标准性。

注意：可使用"explode"命令将块分解为相对独立的多个对象。

7.1.2 创建块

创建块又称为块的定义。当用户创建一个图块后，将该块存储在图形数据库中，并根据需要随时使用。图块又分为内部块和外部块，本节将分别介绍两种块的创建方法。

7.1.2.1 内部块的创建

（1）功能

利用"块定义"工具创建的块又称为内部图块，即所创建的块保存在该块的图形中，并且能在当前图形中应用，而不能插入到其他图形中。在当前图形中通过创建内部块可以重复绘制某一图形，并可对图像块进行复制、旋转、阵列、镜像等操作。

（2）执行方式

下拉菜单：选择"绘图"→"块"→"创建"命令。

工具栏：单击绘图工具栏中的 按钮。

命令：block。

（3）块定义对话框

创建块定义后，系统自动打开"块定义"对话框，如图 7-1 所示。

"块定义"对话框中各项的含义如下：

①名称。用于指定新建块的名称，块名称长可达 255 个字符。

②基点。用于指定块的插入基点，它是块插入时附着光标移动的参考点，系统默认的值是（0，0，0），在实际操作时，通常单击"拾取点"按扭。开启对象捕捉功能，拾取要定义为块的图形上的特殊点作为基点，用户也可以在"X""Y""Z"3 个文本框中输入基点坐标（建议用户指定基点位于块中对象的左下角，以后再插入块时将提示指定插入点，块的基点和指定的插入点对齐）。

③对象。用于指定新建块中包含的所有对象，以及创建块后是否保留、删除对象或转换为块使用，系统默认是转换为块。即创建块以后，将选择的图形对象立即转换为块。

④说明。用于指定与块相关的文字说明。

⑤超级链接。用于创建一个与块相关联的超级链接，可以通过该块来浏览其他文件或访问站点。

7.1.2.2 外部块的创建

（1）功能

存储块又称为创建外部块，即将创建的块作为独立文件保存。这样不仅可以将块插入到任何图形中去，而且可以对块执行打开和编辑等操作。但是，利用块定义工具创建的内部块却不能执行这种操作。内部块只能在块所在的当前图

图 7-1 "块定义"对话框

形文件中使用，不能被他图形引用。而实际的设计中往往需要将定义好的块共享，使所有用户都能很方便地引用。这就使得块成为公共块，即可供其他的图形文件插入和引用。AutoCAD 提供了 wblock 命令，即 writeBlock（块存盘），可以将块单独以图形文件形式存盘，即外部块。

（2）执行方式

命令：wblock 或 w。

功能：将块以图形文件的形式保存。

（3）操作示例

调用命令后，"写块"对话框如图 7-2 所示。

7.1.3 插入块

（1）功能

可以将本图形文件中创建的块插入到所需位置。在 AutoCAD 中，定义和保存块的目的都是重复使用块，并将其放置到图形文件上指定的位置，这就需要调用块。调用块是通过"插入"命令实现的，利用该工具既可以调用内部块，也可以调用外部块。

（2）执行方式

菜单："插入"菜单→"插入块"。

命令：insert。

工具栏：。

7.1.4 编辑块

（1）功能

在完成块的创建后，往往需要对块对象进行相应的编辑操作，才能使创建的块满足实际要求，使用户在绘图过程中更加方便地插入所需的块对象，块的编辑一般包括块的分解、在位编辑和删除块等操作，如图 7-3 所示。

（2）执行方式

菜单："插入"菜单→"编辑块"。

命令：bedit。

工具栏：。

图 7-2　"写块"对话框

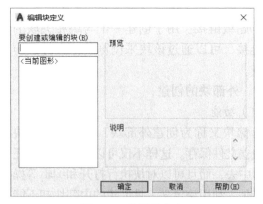

图 7-3　编辑块定义

7.1.5 块的分解

当需要在一个块中单独修改一个或多个对象时，可以将块分解，使其每个组件成为独立的对象，这样就可以单独选择一个对象进行修改。在图形中无论是插入内部块还是外部块，由于这些块属于一个整体，无法进行必要的修改，给实际操作带来极大不便。这就需要将块在插入后转化为定义前各自独立的状态，即分解块。常用的分解方法有插入时分解块和插入后分解块两种，如图 7-4、图 7-5 所示。

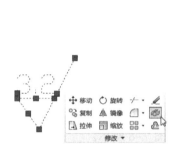

图 7-4　插入时分解块

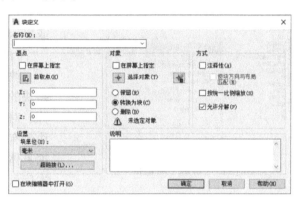

图 7-5　插入后分解块

7.1.6 在位编辑块

在绘图的过程中，有些绘图者常常将已经绘制好的块插入到当前图形中，但当插入的块需要进行修改或所绘图形较为复杂时，如将块分解后再删除或添加修改，则很不方便，并且容易发生人为误操作。此时，用户可以利用块的在位编辑功能使其他对象作为背景或参照，只允许对要编辑的块进行相应的修改操作，如图 7-6 所示。

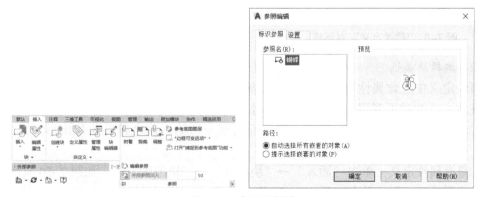

图 7-6　在位编辑块

7.1.7 删除块

在绘制图形的过程中用户若要删除创建的块，可以在命令行中输入 purge 指令，并按下 Enter 键，此时软件将打开"清理"对话框，如图 7-7 所示。该对话框显示了可以清理的命名对象的树状图。

7.1.8 设置块属性

属性是从属于块的文字信息，是块的组成部分。属性是将数据附着到块上的标签或标记，是一种特殊的文本对象，可包含用户所需要的各种信息。块属性常用于形式相同，而文字内容需要变化的情况，如建筑图中的门窗编号、标高符号、房间编号等，用户可将它们创建为带有属性的块，使用时按照需要制定文字内容。当插入块时，系统将显示或提示输入属性数据。

（1）创建带属性的块

块属性是附属于块的非图形信息，它是块的组成部分。块属性包含了组成块的名称、对象特征以及各种注释信息。如果某个块带有属性，那么用户在插入该块时可以根据具体情况，通过属性来为块设置不同的文本信息，如图 7-8 所示。

图 7-7 "清理"对话框

图 7-8 "属性定义"对话框　　　　图 7-9 块属性管理器

（2）编辑块属性

当块定义中包含属性定义时，属性（如数据和名称）将作为一种特殊的文本对象也一同被插入。此时可利用"编辑单个块属性"工具编辑之前定义的块属性设置，并利用"管理属性"工具如图 7-9 所示，将属性标记赋予新值，使之符合相似图形对象的设置要求。

① 修改属性定义（单击"插入"→"块定义"→"块编辑器"），如图 7-10 所示。
② 块属性管理器（单击"插入"→"块定义"→"管理属性"），如图 7-11 所示。

7.1.9 使用动态块

动态块就是将一系列内容相同或相近的图形通过块编辑器，将图形创建为块，并设置块具有参数化的动态特性，通过自定义夹点或自定义特性来操作动态块。设置动态块对于常规块来说具有极大的灵活性和智能性，不仅提高了绘图的效率，同时也减小了块库中的块数量。

第 7 章 块与外部参照

图 7-10 编辑属性

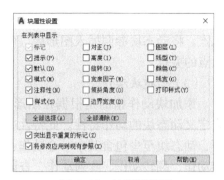

图 7-11 块属性设置

（1）创建动态块

要使块成为动态块，必须至少添加一个参数，再添加一个动作，并使该动作与参数相关联。添加到块定义中的参数和动作类型定义了块参照在图形中的作用方式，如图 7-12 所示。

利用"块编辑器"工具可以创建动态块特征。块编辑器是一个专门的编写区域，用于添加能够使块成为动态块的元素，如图 7-13 所示。

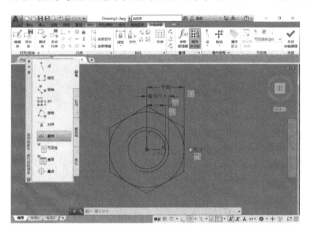

图 7-12 动态块

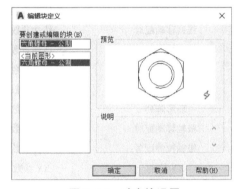

图 7-13 动态块设置

（2）创建块参数

在块编辑器中，参数的外观类似于标注，并且动态块的相关动作时完全依据参数进行的。在块中添加的参数可以指定集合图形在参照中的位置、距离和角度等特性，其通过定义块的自定义特性来限制块的动作。此外，对统一块可以为集合图形定义一个或多个自定义特征。所有动态块参数（除了基点和对齐）都有一个或多个说明字段（表 7-1）。

表 7-1 动态块参数说明字段

参 数	说 明	参 数	说 明
点	位置描述	翻转	翻转描述
线性	距离描述	可见性	可见性描述
极轴	距离描述，角度描述	查寻	查寻描述
XY	水平距离描述，垂直距离描述	对齐	设定为"将块与对象对齐"
旋转	角度描述	基点	不需要特殊的工具提示

199

动态块中的夹点有一个称为"循环"的特性，它允许用户为块设置夹点作为潜在的插入点。将动态块参照插入图形后，可以按 Ctrl 键在可用的夹点之间循环，来指定要用作插入点的夹点。

（3）创建块动作

添加块动作指的是根据在图形块中添加的参数而设定的相应动作，它用于在图形中自定义动态块的动作特性。此特性决定了动态块将在操作过程中做何种修改，且通常情况下，动态块至少包含其中一个动作：移动动作、缩放动作、拉伸动作、极轴拉伸动作、旋转动作、翻转动作、阵列动作、查询动作。

（4）使用参数集

使用参数集可以向动态块添加成对的参数与动作。添加参数集与添加参数所使用的方法相同，并且参数集中包含的动作将自动添加到块定义中，并与添加的参数相关联（表7-2）。

表 7-2 参数集动作与夹点

参数集	含有的参数	关联动作	夹点数
点移动	线性参数	移动动作	1
线型移动	线性参数	移动动作	1
线型拉伸	线性参数	拉伸动作	1
线型矩阵	线性参数	阵列动作	1
线型移动配对	线性参数	移动动作	2
线型拉伸配对	线性参数	拉伸动作	2
极轴移动	极轴参数	移动动作	1
极轴拉伸	极轴参数	拉伸动作	1
环形阵列	极轴参数	阵列动作	1
极轴移动配对	极轴参数	移动动作	2
极轴拉伸配对	极轴参数	拉伸动作	2
XY 移动	XY 参数	移动动作	1
XY 移动配对	XY 参数	移动动作	3
XY 移动格集	XY 参数	移动动作	4
XY 拉伸方格集	XY 参数	拉伸动作	4
XY 阵列方格集	XY 参数	阵列动作	4
旋转集	旋转参数	旋转动作	1
翻转集	翻转参数	翻转动作	1
可见性集	可见参数	无	1
查寻集	查询参数	查询动作	1

7.2 外部参照

块主要针对小型的图形重复使用，而外部参照则提供了一种比块更为灵活的图形引用方法，即使用"外部参照"功能可以将多个图形链接到当前图形中，并且包含外部参照的图形会随着原图形的修改而自动更新，这是一种重要的共享数据的方式。

7.2.1 附着外部参照

附着外部参照的目的是帮助用户用其他图形来补充当前图形,主要用于在需要附着一个新的外部参照文件,或将一个已附着的外部参照文件的副本附着在文件中,如图7-14所示。执行附着外部参照操作,如图7-15所示,用户可以将以下5种格式的文件附着至当前图形中。

①附着DWG文件。
②附着图像文件。
③附着DWF文件。
④附着DGN文件。
⑤附着PDF文件。

图7-14 选择参照文件

图7-15 附着外部参照

7.2.2 编辑外部参照

当附着外部参照后,外部参照的参照类型(附着或覆盖)和名称等内容并非无法修改和编辑,利用"参照编辑"工具可以对各种外部参照执行编辑操作,如图7-16所示。

7.2.3 剪裁外部参照

"参照"选项板中的"裁剪"工具可以剪裁多种对象,包括外部参照、图像或DWF文件格式等。通过这些剪裁操作,用户可以控制所需信息的显示。直线剪裁操作并非真正修改这些参照,而是将其隐藏显示,同时可以根据设计需要,定义前向剪裁平面或后向剪裁平面,如图7-17所示。

7.2.4 管理外部参照

在AutoCAD中,用户可以在"外部参照"选项板中对附着或剪裁的外部参照进行编辑和管理。单击"参照"选项板右下角的箭头按钮,将打开"外部参照"选项板。在该选项板的"文件参照"列表框中显示了当前图形中各个外部参照文件名称、状态、大小和类型等内容(图7-18)。

图 7-16 "编辑参照"对话框

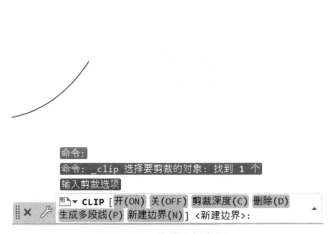 

图 7-17 剪裁外部参照　　　　　图 7-18 管理外部参照

小　结

本章主要介绍了定义图块和插入图块的基本操作，定义图块（B）和插入图块(I)的快捷命令可以只有一个字母，说明这两个命令使用频率非常高。无论是直接定义块还是写块，基点的定义都非常重要。图块的相关概念和操作非常多，例如，块定义、块参照、图块属性、参照编辑、动态块、块编辑等。

外部参照可以直接转换为图块，输入 Xref 命令可以调用外部参照管理器，在管理器中可以将外部参照"绑定"变成图块，也可以拆离外部参照等。当需要将图纸传给第三方审阅的时候，可以将外部参照绑定为图块，避免在传输文件时遗漏引用的图纸导致部分图形不显示。此外，对于引用了多个外部文件的图纸需要转换或通过网络发送时，可以使用 CAD 中的电子传递功能，此功能可自动将当前图纸相关的所有外部文件打包，从而避免文件缺失现象。

上机操作练习

【任务1】螺套。

①单击"默认"选项卡，选择"图层特性"，打开"图层特性"管理器，单击"新建，图层"按

钮，根据中心线、轮廓线、实线等要求修改名称、线型、线框等内容。图 7-19 画图过程中，根据所画部位选择所需要的图形。

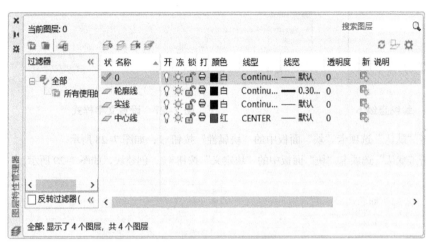

图 7-19　新建图层

②图层选择中心线，选择"默认"选项卡，单击"默认"选项卡"绘图"面板中的"直线"按钮，任选一点为直线起点，水平向右绘制直线（图 7-20）。

③单击"默认"选项卡"修改"面板中的"偏移"按钮，偏移定位直线；单击"默认"选项卡"绘图"面板中的"直线"按钮，绘制多条直线，如图 7-21 所示。

④单击"默认"选项卡"绘图"面板中的"直线"按钮，绘制多条直线，如图 7-22 所示。

图 7-20　绘制直线 1　　　图 7-21　偏移直线和绘制直线　　　图 7-22　绘制直线 2

⑤单击"默认"选项卡"绘图"面板中的"直线"按钮，绘制多条直线，如图 7-23 所示。
⑥单击"默认"选项卡"绘图"面板中的"直线"按钮，绘制多条直线，如图 7-24 所示。
⑦单击"默认"选项卡"绘图"面板中的"镜像"按钮，绘制图像，如图 7-25 所示。

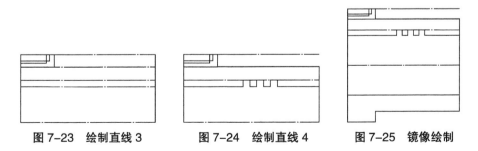

图 7-23　绘制直线 3　　　图 7-24　绘制直线 4　　　图 7-25　镜像绘制

⑧单击"默认"选项卡"绘图"面板中的"直线"按钮，绘制直线，如图 7-26 所示。
⑨单击"默认"选项卡"注释"面板中下拉菜单中的"文字样式"按钮，设置文字样式，如图 7-27 所示。

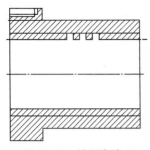 

图 7-26 绘制直线 5　　　　　　　　图 7-27 设置文字样式

⑩ 单击"默认"选项卡"块"面板中的"块属性"按钮，如图 7-28 所示。

⑪ 单击"默认"选项卡"块"面板中的"块定义"按钮，创建块，如图 7-29 所示。

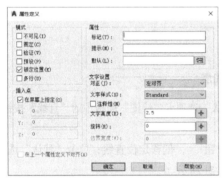 

图 7-28 属性定义　　　　　　　　　图 7-29 创建块 1

⑫ 单击"默认"选项卡"绘图"面板中的"直线"按钮，图中的"三角标号"；单击"默认"选项卡"块"面板中的"插入块"按钮，插入块，如图 7-30 所示。

⑬ 单击"默认"选项卡"块"面板中的"块定义"按钮，创建块，如图 7-31 所示。

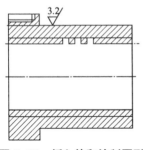

图 7-30 插入块和绘制图形　　　　　图 7-31 创建块 2

⑭ 单击"默认"选项卡"注释"面板中的"线性"按钮，对图形中的线段进行标识，如图 7-32 所示。

⑮ 单击"默认"选项卡"块"面板中的"插入块"按钮，插入块；单击"默认"选项卡"注释"面板中的"引线"按钮，绘制引线，如图 7-33 所示。

⑯ 单击"默认"选项卡"修改"面板中的"旋转"按钮，对块旋转；单击"默认"选项卡"块"面板中的"插入块"按钮，插入块，如图 7-34 所示。

⑰ 单击"默认"选项卡"修改"面板中的"复制"按钮，复制直线，如图 7-35 所示。

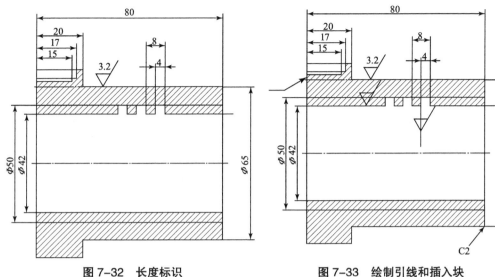

图 7-32 长度标识　　　　　图 7-33 绘制引线和插入块

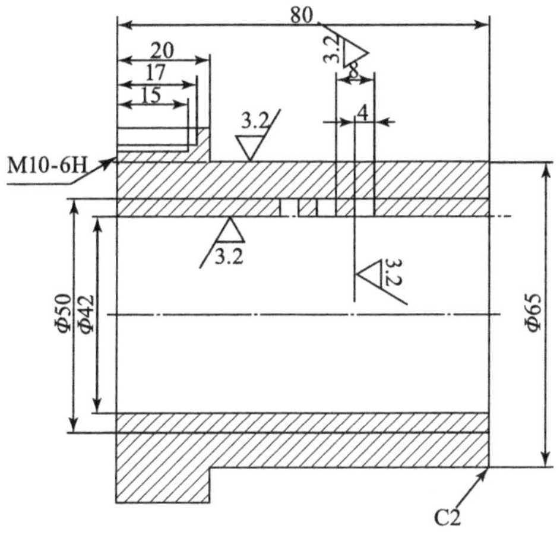

⑱ 单击"默认"选项卡"绘图"面板中的"圆"按钮⊙，绘制圆，如图 7-36 所示。

⑲ 单击"默认"选项卡"绘图"面板中的"直线"按钮╱，绘制定位直线，如图 7-37 所示。

⑳ 单击"默认"选项卡"修改"面板中的"修剪"按钮✂，对图形进行修剪，如图 7-38 修剪图形所示。

㉑ 单击"默认"选项卡"绘图"面板中的"直线"按钮╱，绘制直线，如图 7-39 绘制直线所示。

图 7-34 插入块和旋转块　　　　　图 7-35 复制定位直线

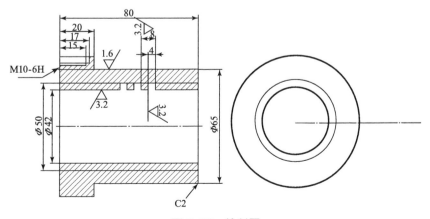

图 7-36 绘制圆

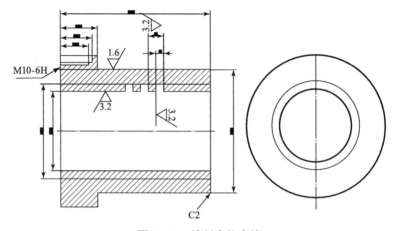

图 7-37 绘制定位直线

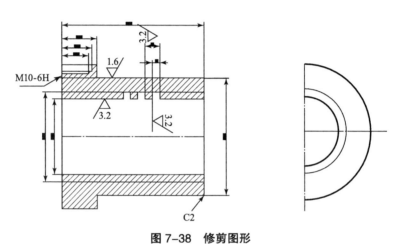

图 7-38 修剪图形

㉒ 单击"默认"选项卡"绘图"面板中的"直线"按钮,绘制直线,如图 7-40 绘制直线所示。

㉓ 单击"默认"选项卡"绘图"面板中的"镜像"按钮,绘制图像,如图 7-41 绘制镜像所示。

㉔ 单击"默认"选项卡"修改"面板中的"拉长"按钮,规范定位直线,如图 7-42 规范定位直线所示。

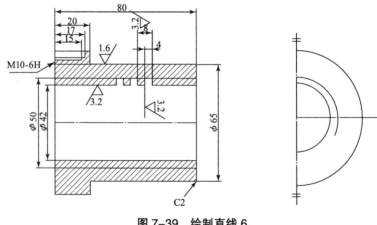

图 7-39 绘制直线 6

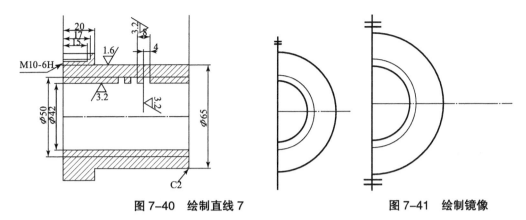

图 7-40 绘制直线 7　　　　　图 7-41 绘制镜像

㉕单击"默认"选项卡"绘图"面板中的"矩形"按钮▭，绘制外边框，如图 7-43 绘制外边框所示。

【任务 2】底座。

①单击"默认"选项卡"绘图"面板中的"直线"按钮╱，任选一点为直线起点，水平向右绘制直线，如图 7-44 所示。

②单击"默认"选项卡"绘图"面板中的"直线"按钮╱，水平向上绘制直线；单击"默认"选项卡"修改"面板中的"偏移"按钮⋐，偏移定位直线，如图 7-45 所示。

③单击"默认"选项卡"绘图"面板中的"直线"按钮╱，绘制直线，如图 7-46 所示。

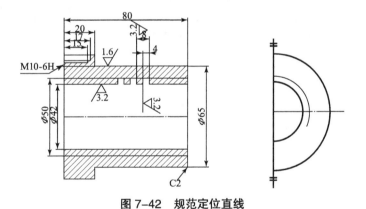

图 7-42 规范定位直线

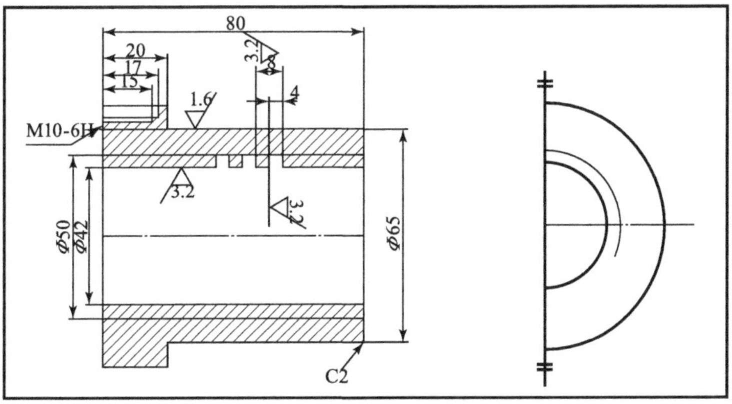

图 7-43 绘制外边框

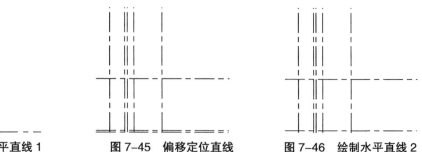

图 7-44 绘制水平直线 1　　图 7-45 偏移定位直线　　图 7-46 绘制水平直线 2

④单击"默认"选项卡"绘图"面板中的"直线"按钮，绘制直线，如图 7-47 所示。
⑤单击"默认"选项卡"绘图"面板中的"圆"按钮，绘制圆，如图 7-48 所示。
⑥单击"默认"选项卡"绘图"面板中的"直线"按钮，绘制水平直线，如图 7-49 所示。

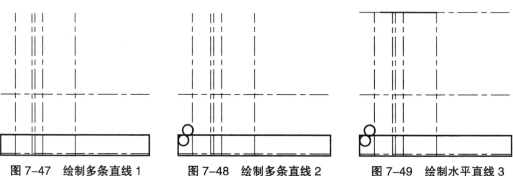

图 7-47 绘制多条直线 1　　图 7-48 绘制多条直线 2　　图 7-49 绘制水平直线 3

⑦单击"默认"选项卡"绘图"面板中的"直线"按钮，连接端点和圆的切点，如图 7-50 所示。
⑧单击"默认"选项卡"修改"面板中的"修剪"按钮，对图形进行修剪，如图 7-51 所示。
⑨单击"默认"选项卡"绘图"面板中的"镜像"按钮，绘制图像，如图 7-52 所示。

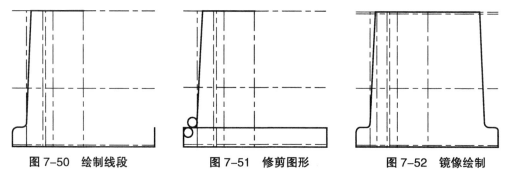

图 7-50 绘制线段　　图 7-51 修剪图形　　图 7-52 镜像绘制

⑩单击"默认"选项卡"修改"面板中的"复制"按钮，复制图 7-51 的图形；单击"默认"选项卡"修改"面板中的"旋转"按钮，将复制图形旋转；单击"默认"选项卡"修改"面板中的"移动"按钮，移动图形至图 7-52 相应位置，如图 7-53 所示。

⑪单击"默认"选项卡"绘图"面板中的"镜像"按钮，绘制图像，如图 7-54 所示。

⑫单击"默认"选项卡"绘图"面板中的"直线"按钮，绘制直线；单击"默认"选项卡"绘图"面板中的"圆"按钮，绘制圆，绘制出倒角，之后再删除圆；单击"默认"选项卡"绘图"面板中的"镜像"按钮，绘制图像，如图 7-55 所示。

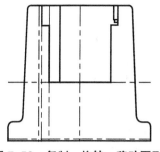 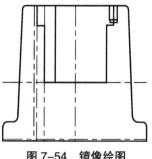 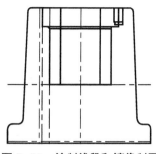

图 7-53　复制、旋转、移动图形　　　图 7-54　镜像绘图　　　图 7-55　绘制线段和镜像制图

⑬ 单击"默认"选项卡"绘图"面板中的"直线"按钮，绘制线段，如图 7-56 所示。

⑭ 单击"默认"选项卡"绘图"面板中的"镜像"按钮，绘制图像，如图 7-57 所示。

⑮ 单击"默认"选项卡"绘图"面板中的"圆"按钮，绘制圆，如图 7-58 所示。

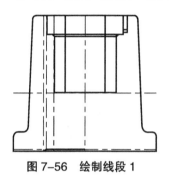 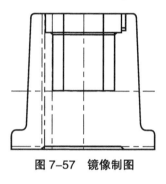 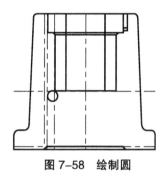

图 7-56　绘制线段 1　　　图 7-57　镜像制图　　　图 7-58　绘制圆

⑯ 单击"默认"选项卡"绘图"面板中的"直线"按钮，连接端点和圆的切点，如图 7-59 所示。

⑰ 单击"默认"选项卡"修改"面板中的"修剪"按钮，对图形进行修剪，如图 7-60 所示。

⑱ 单击"默认"选项卡"绘图"面板中的"镜像"按钮，绘制图像，如图 7-61 所示。

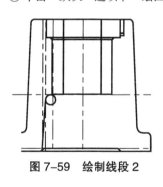 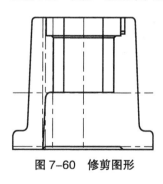 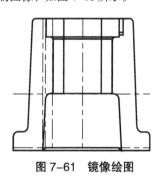

图 7-59　绘制线段 2　　　图 7-60　修剪图形　　　图 7-61　镜像绘图

⑲ 删除多余直线，如图 7-62 所示。

⑳ 单击"默认"选项卡"绘图"面板中的"图案填充"按钮，对图形进行填充，如图 7-63 所示。

㉑ 单击"默认"选项卡"注释"面板中的"线性"按钮，对图形中的线段进行标识，如图 7-64 所示。

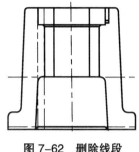
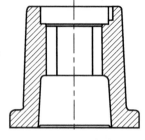

图 7-62 删除线段　　　　　图 7-63 图案填充

㉒ 单击"默认"选项卡"注释"面板中的"引线"按钮 ，绘制引线，如图 7-65 所示。
㉓ 单击"默认"选项卡"块"面板中的"插入块"按钮 ，插入块，如图 7-66 所示。
㉔ 单击"默认"选项卡"修改"面板中的"旋转"按钮 ，将块旋转，如图 7-67 所示。
㉕ 单击"默认"选项卡"块"面板中的"插入块"按钮 ，插入块，如图 7-68 所示。

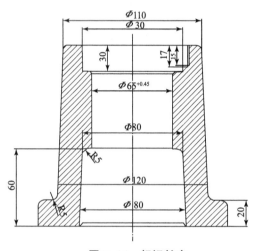
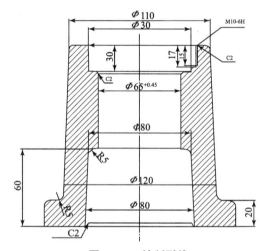

图 7-64 标识长度　　　　　图 7-65 绘制引线

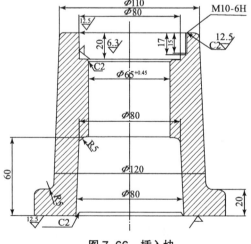
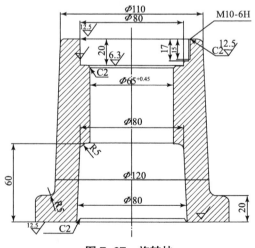

图 7-66 插入块　　　　　图 7-67 旋转块

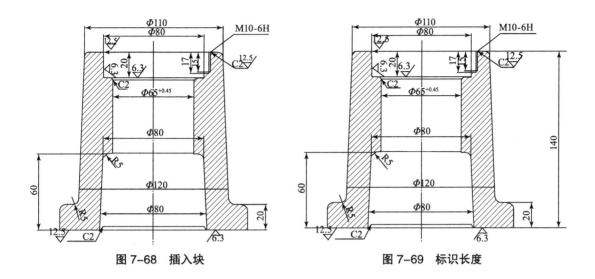

图 7-68 插入块　　　　　　　　图 7-69 标识长度

㉖ 单击 "默认" 选项卡 "注释" 面板中的 "线性" 按钮，对图形中的线段进行标识，如图 7-69 所示。

【任务 3】齿轮轴。

前面介绍了块的相关知识点后，下面将介绍绘制齿轮轴的方法和如何绘制与添加粗糙度符号，这在机械领域经常遇到，具体操作步骤如下所示。

① 点击 "默认" 选项卡，选择 "图层特性"，打开 "图层特性" 管理器，点击 "新建图层" 按钮，根据中心线、轮廓线、实线等要求修改名称、线型、线框等内容。图 7-70 的画图过程中，根据所画部位选择所需要的图形。

② 使用 "直线" 命令，打开正交模式，在视图中，在中心线的左端指定直线的起点，绘制长为 15 的竖直直线，再向右绘制长 60 的水平直线，接着向上绘制长为 4 的竖直直线，然后向右绘制长 80 的水平直线，如图 7-71 所示。

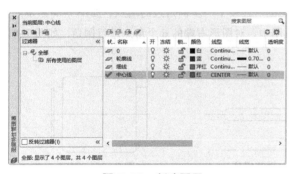
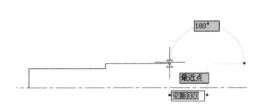

图 7-70 新建图层　　　　　　　　图 7-71 创建直线

③ 使用 "直线" 命令，以上一步绘制直线的终点为起点，向上绘制长为 1 的竖直直线，向右绘制长为 20 的水平直线，再向上绘制长为 4 的竖直直线，接着向右绘制长为 10 的水平直线，如图 7-72 所示。

④ 使用 "直线" 命令，以上一步绘制直线的终点为起点，向上绘制长为 9.3 的竖直直线，再向右绘制长为 65 的水平直线，接着向下绘制长为 9.3 的直线，向右绘制长为 10 的直线，然后向下绘制到中心线的竖直直线形成轴承头，如图 7-73 所示。

图 7-72 继续绘制直线　　　　图 7-73 绘制轴承头

⑤使用"镜像"命令,将中心线上方的图形沿中心线镜像,如图 7-74 所示。

⑥使用"合并"命令,将在同一直线上的竖直直线合并,如图 7-75 所示。

⑦使用"偏移"命令,设置偏移距离为 3,将最左端的竖直直线向左偏移 3。使用"拉长"命令,设置增量为 –12,单击偏移的直线上下端,将直线缩短,如图 7-76 所示。

⑧以上一步偏移直线的上下端为起点,绘制两条长为 50 的水平直线,并连接水平直线的右端点,绘制键槽,如图 7-77 所示。

⑨使用"圆 – 相切、相切、相切"命令,以在上一步绘制的水平直线和竖直直线上指定相切点,绘制两个相切圆,如图 7-78 所示。

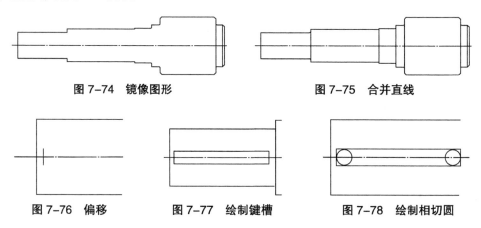

图 7-74 镜像图形　　　　图 7-75 合并直线

图 7-76 偏移　　　　图 7-77 绘制键槽　　　　图 7-78 绘制相切圆

⑩ 使用"倒角"命令,设置距离为 1.5,对图形左端的角度进行倒角,如图 7-79 所示。

⑪ 使用"修剪"命令修剪上一步绘制的相切圆。连接上一步倒角边的端点,如图 7-80 所示。

⑫ 使用"倒角"命令,设置距离为 2,在视图中,对图形右端的 6 个角点进行倒角,如图 7-81 所示。

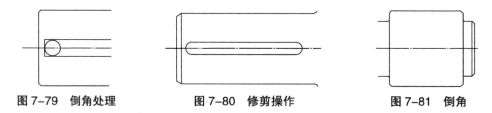

图 7-79 倒角处理　　　　图 7-80 修剪操作　　　　图 7-81 倒角

⑬ 连接图形右端倒角后边的端点。将中心线图层置为当前,绘制过上一步倒角边端点的两条水平中心线,如图 7-82 所示。

⑭ 使用"圆角"命令,设置圆角半径为 2,对齿轮轴中边与边的相交处进行倒圆角,如图 7-83 所示。

⑮ 使用"镜像"命令将图形最上方与最下方的直线以中心线进行镜像,并延伸至图形的左右两壁,如图 7-84 所示。

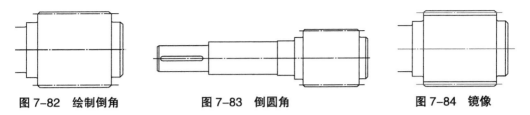

图 7-82　绘制倒角　　　图 7-83　倒圆角　　　图 7-84　镜像

⑯ 在图形左上方绘制两条中心线,以中心线的交点为圆心,绘制半径为 15 的圆,如图 7-85 所示。

⑰ 在视图中,在竖直中心线向右偏移 11,将水平中心线向上、线偏移 4,然后修剪直线和圆,并将直线移至粗实线图层,对修剪后的图形进行图案填充,绘制剖面线,如图 7-86 所示。

⑱ 在图形右上方,以同一起点绘制两条长为 12、6 的水平直线。使用"旋转"命令,将长为 12 的直线绕左端点旋转 60°,将长为 6 的直线绕左端点旋转 120°,连接两条斜线,将成为粗糙度符号,如图 7-87 所示。

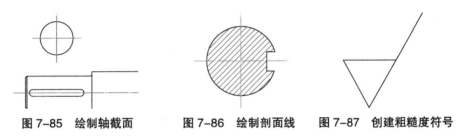

图 7-85　绘制轴截面　　　图 7-86　绘制剖面线　　　图 7-87　创建粗糙度符号

⑲ 在功能区中的"插入"选项卡下的"块定义"面板上,单击"定义属性"按钮,在"属性定义"对话框中输入标记、提示和默认值,设置文字高度为 2,单击"确定"按钮,如图 7-88 所示。

⑳ 在视图中,在粗糙度符号上方指定属性的起点,如图 7-89 所示。

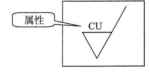

图 7-88　定义粗糙度块 1　　　图 7-89　添加属性

㉑ 在功能区中的"插入"选项卡下的"块定义"面板上单击"创建块"按钮,在"块定义"对话框中,输入块的名称后单击"选择对象"按钮,如图 7-90 所示。

㉒ 在视图中,将粗糙度符号和属性定义为块,指定粗糙度符号的下端点为插入基点,如图 7-91 所示。

㉓ 在功能区中的"块和参照"选项卡下的"块"面板上,单击"插入"按钮,在图形左上端的边上指定插入点,指定旋转角度为 0°,输入粗糙度值为 1.6,如图 7-92 所示。

㉔ 在齿轮轴的外表面继续插入旋转角度为 0°,粗糙度值为 3.2、0.8、1.6 的属性块,如图 7-93 所示。

图 7-90 插入粗糙度块 2

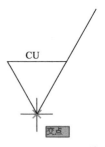

图 7-91 创建块

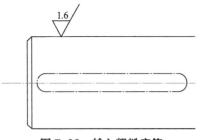

图 7-92 输入粗糙度值

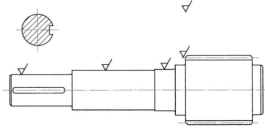

图 7-93 插入粗糙度 1

㉕ 在齿轮轴下方，插入旋转角度为 180°，粗糙度值为 3.2 的块。在图形右下方绘制一条竖直直线，在竖直直线上插入旋转角度为 –90°，粗糙度值为 3.2 的块，如图 7-94 所示。

㉖ 在左上方的断面图中，需要设置键槽中的表面粗糙度，又有图形中空间太小，需要绘制延伸线，然后在延伸线上插入粗糙度块，如图 7-95 所示。

图 7-94 插入粗糙度 2

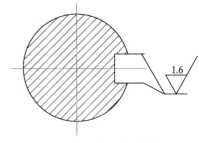

图 7-95 插入粗糙度 3

㉗ 双击图形下方粗糙度值为 3.2 的块，在"增强属性编辑器"对话框中单击"文字选项"标签，设置"对正"为右上，设置"旋转"为 0，单击"确定"按钮，如图 7-96 所示。

㉘ 修改后的粗糙度显示如图 7-97 所示。

图 7-96 "增强属性编辑器"对话框 1

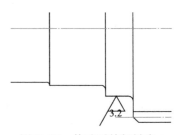

图 7-97 修改后的粗糙度 1

㉙在图形右边，双击在竖直延伸线上的粗糙度值为 3.2 的块，在"增强属性编辑器"对话框中设置"对正"为右上，设置"旋转"为 90，单击"确定"按钮，如图 7-98 所示。

㉚修改后的粗糙度显示如图 7-99 所示。

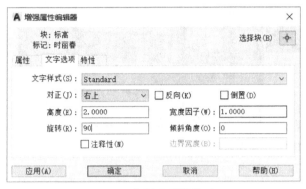

图 7-98 粗糙度属性修改

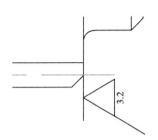

图 7-99 修改后的粗糙度 2

思考题

1. 插入的图形是否可以进行复制、移动、阵列、镜像？请试验。

2. 块有哪两种类型？哪一种既可用于定义它的图形中，也可用于其他图形文件中？为什么可用于其他图形文件中？

3. 一般的 AutoCAD2019 图形文件能否作为块插入到当前图形文件中？如果能，AutoCAD2019 将该图形文件的什么位置作为插入基点？如果不能，请说明原因。

4. 什么是属性块？属性能否单独使用（即只使用属性，不使用块）？一个块只能带一个属性吗？插入属性图形时，AutoCAD 是如何保证插入属性的不同值的？

5. 如何利用设计中心创建 AutoCAD 各符号库的工具选项板？

课后练习

1. 创建如图 7-100 所示的螺钉内部块。

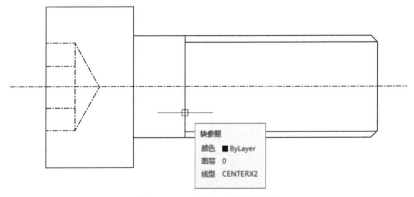

图 7-100 螺钉内部块效果

2. 把客厅图附着在一空白图形文件（图 7-101）。

图 7-101　附着图形参照效果

第 8 章 参数约束与设计中心

⊙ 本章导读

设计过程中,参数化绘图的作用越来越重要,从草图设计到详细的设计,参数化起到关键作用,它能准确表达各尺寸之间和各元素之间的约束关系,从而确保整个设计符合特定的要求。AutoCAD 对于参数化图形,用来控制二维图形关联和限制的约束,主要包括几何约束和标注约束。

⊙ 知识目标

设置约束。

约束图形。

管理几何约束。

掌握设计中心的使用与管理方法。

⊙ 能力目标

建立几何约束,建立标注约束。

了解 AutoCAD 设计中心的启动和组成,使用 AutoCAD 设计中心。

8.1 几何约束

几何约束用来约束图形的位置和形状。利用几何约束可以指定绘图对象必须遵守的条件,或与其他图形对象必须维持的关系。

8.1.1 建立几何约束

几何约束可将几何对象关联在一起,或者指定固定的位置和角度。几何约束一般包括:重合、垂直、平行、相切、水平、竖直、共线、同心、平滑、对称、相等、固定等约束。

操作步骤,以图 8-1 为例,作两直线平行约束。

命令: GcParallel(输入命令)。

选择第一个对象:(指定 AB 直线)。

选择第二个对象:(靠近 C 端指定 CD 直线)。

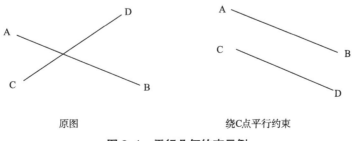

图 8-1 平行几何约束示例

8.1.2 设置几何约束

（1）功能

AutoCAD 提供的几何约束有 10 余种类型，可以通过设置来手动或自动将多个几何参数应用于对象，还能够辅助定位不同要求的图形对象。用户可通过"约束设置"对话框对几何约束进行设置。

（2）执行方式

菜单："参数"→"几何约束"。

命令：autoconstrain。

工具栏："参数化"→"选择"。

（3）操作步骤

在功能区选项板中切换至"参数化"选项卡，单击"几何"面板中的"约束设置"按钮 ，弹出"约束设置"对话框，如图 8-2 所示，在"几何"选项卡中进行相应设置即可设置几何约束。

8.1.3 显示和隐藏几何约束

几何约束是利用约束栏显示的。约束栏可以显示一个或多个图标，这些图标表示已应用于对象的几何约束。用户可以通过"约束栏"的子菜单和"参数化"选项卡来显示几何约束，如图 8-3 所示。

8.2 标注约束

8.2.1 建立标注约束

（1）功能

通过尺寸约束和指定值来限制几何对象的大小。可以通过尺寸约束来控制对象上点之间的距离或角度，也可以通过变量和方程式约束几何图形。

（2）执行方式

建立尺寸约束限制几何对象的大小，与在草图上标注尺寸相似。

菜单："工具"→"工具栏"→"AutoCAD"→"标注约束"。

工具栏："参数"→"标注约束"→"子菜单"。

8.2.2 设置标注约束

（1）功能

可以通过"约束设置"对话框对标注约束进行设置。

图 8-2 约束设置对话框

图 8-3 参数化选项卡

（2）执行方式

建立尺寸约束限制几何对象的大小，与在草图上标注尺寸相似。

菜单："参数"→"约束设置"→"标注"。

命令：autoconstrain。

工具栏：切换"参数化"选项卡，单击几何面板右下角 。

（3）操作步骤

输入命令后，打开"约束设置"对话框，如图8-4所示。

图8-4 "约束设置"对话框

8.3 设计中心

设计中心组织对图形、块、图案填充以及其他图形内容的访问。使用设计中心可以达到以下目的：浏览用户计算机、网络驱动器和Web页上的图形内容（如图形或符号库）；查看任意图形文件中块和图层的定义表，然后将定义插入、附着、复制和粘贴到当前图形中；更新（重定义）块定义；创建指向常用图形、文件夹和Internet网址的快捷方式；向图形中添加内容（如外部参照、块和图案填充）；在新窗口中打开图形文件；将图形、块和图案填充拖动到工具选项板上以便访问；可以在打开的图形之间复制和粘贴内容（如图层定义、布局和文字样式）。

（1）"设计中心"窗口

"设计中心"窗口（图8-5）可以使用左侧的树状图浏览内容的源，而在右侧的内容区中显示内容。可以在内容区中将项目添加到图形或工具选项板中。将显示选定的图形、块、填充图案或外部参照的预览或说明。内容包含：

①树状视图框。用于显示系统内的所有资源。

②内容框。又称控制板，当在树状视图框中选中某一项时，AutoCAD会在内容框显示所选项的内容。

③工具栏。位于窗口上边，由"打开""后退""向前""上一级""搜索""收藏夹""树状视图框切换""预览""说明""视图"等按钮组成。

④选项卡。AutoCAD设计中心有"文件夹""打开的图形""历史记录""联机设计中心"4个选项卡。

设计中心工具栏控制树状图和内容区中信息的浏览和显示。快捷菜单上提供了相同的浏览和显示选项。在内容区中单击鼠标右键可显示该菜单。

与其他可固定的窗口和选项板一样，可以调整设计中心的大小、固定和定位设计中心。其中，许多选项可通过在快捷菜单中选择选项来设定。

（2）启动方式

菜单："工具"→"设计中心"。

命令：adcenter。

工具栏：单击标准工具栏的 按钮。

（3）操作步骤

执行上述命令，系统打开设计中心。第一次启动设计中心时，默认打开的选项卡为"文件夹"。内容显示区采用大图标显示，左边的资源管理器采用 treeview 显示方式显示系统的树形结构，浏览资源的同时，在内容显示区显示所浏览资源的有关细目或内容，如图 8-5 所示。也可以搜索资源，方法与 Windows 资源管理器类似。

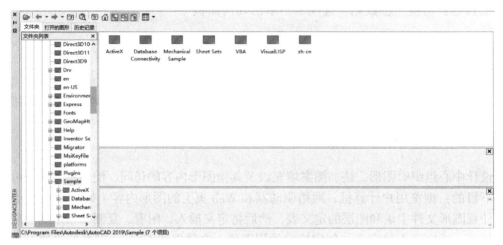

图 8-5　设计中心的资源管理器和内容显示区

8.3.1　使用 AutoCAD 设计中心

AutoCAD 设计中心（AutoCAD Design Center，简称 ADC）为用户提供了一个直观、高效的工具，它与 Windows 资源管理器类似。在快捷工具栏选择"显示菜单栏"命令，在弹出的菜单中选择"工具"→"选项板"→"设计中心"命令，可以打开"设计中心"窗口，如图 8-6 所示。

命令：DC。

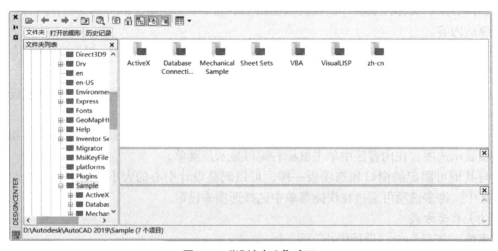

图 8-6　"设计中心"窗口

8.3.2 设计中心功能

利用设计中心功能，不仅可以浏览、查找和管理 AutoCAD 图形等不同资源，而且只需要拖动鼠标，就能轻松地将一张设计图纸中的图层、块、文字样式、标注样式、线框、布局及图形等复制到当前图形文件中。

（1）选项卡操作
①"文件夹"选项卡。
②"打开的图形"选项卡。
③"历史记录"选项卡。

（2）按钮操作

在"设计中心"窗口最上方一行排列有多个按钮图标，可以执行刷新、切换、搜索、浏览和说明等操作（表 8-1）。

表 8-1 "设计中心"窗口图标的功能

按钮名称	功 能
加载	单击该按钮，将打开"加载"对话框，用户可以浏览本地、网络驱动器或 Web 上的文件，并选择想用的文件加载到指定的内容区域
上一页	单击该按钮，将返回到历史记录列表中最近一次的位置
下一页	单击该按钮，将返回到历史记录列表中下一次的记录
上一级	单击该按钮，将显示上一级内容
搜索	单击该按钮，将显示"搜索平"对话框；用户可以从指定搜索条件，以便在图形中查找图形、块和非图形对象
收藏夹	单击该按钮，在内容区中显示"收藏夹"文件夹中的内容
主页	单击该按钮，设计中心将返回到默认文件夹，安装时，默认文件夹被设置为…\Sample\DesignCenter，可以使用树状图中的快捷菜单更改默认文件
树状图切换	单击该按钮，可以显示和隐藏树状视图
预览	单击该按钮，可以显示和隐藏内容区窗格中选定项目的预览，如果选定项目没有保存的预览图像，"预览"区域将为空
说明	单击该按钮，可以显示和隐藏内容区窗格中选定项目的预览，如果选定项目没有保存说明，"说明"区域将为空
视图	单击该按钮，可以为加载到内容区中的内容提供不同的显示格式

设计中心是 AutoCAD 中的一个非常有用的工具。它有类似于 Windows 资源管理器的界面，可管理块、外部参照、光栅图像以及来自其他源文件或应用程序的内容，将位于本地计算机、局域网或因特网上的块、图层、外部参照和用户自定义的图形内容复制并粘贴到当前绘图区中。同时，如果在绘图区打开多个文档，在多文档之间也可以通过简单的拖放操作来实现图形的复制和粘贴。粘贴内容除了包含图形本身外，还包含图层定义、线型、字体等内容。这样资源可得到再利用和共享，提高了图形管理和图形设计的效率。

按 Ctrl+2 即可打开设计中心，通常使用 CAD 设计中心可以完成以下工作：

①浏览和查看各种图形（DWG/DXF）图像文件（BMP/JPG/TGA 等），并可显示预览图像及其说明文字。

②展开打开或浏览到图形文件的各种数据，如图层、线型、标注样式、文字样式、块，可将标注样式、文字样式直接复制并粘贴到其他图形中，还可以直接将块插入到当前

图形中，浏览图形中块数据。

③将图形文件（dwg）从控制板拖放到绘图区域中，即可打开图形；而将光栅文件从控制板拖放到绘图区域中，则可查看和附着光栅图像。

④在本地和网络驱动器上查找图形文件，并可创建指向常用图形、文件夹和Internet地址的快捷方式。

⑤可以在设计中心中选择打开或未打开图形中的块，将这些块拖动到工具选项板中或右键创建新的工具选项板。

8.3.3 设计中心插入图形

使用AutoCAD设计中心最终目的是在当前图形中调入块特征、引用图像和外部参照等内容，并且在图形之间复制块、图层、线型、文字样式、标注样式以及用户定义的内容等。根据插入内容类型的不同，对应插入设计中心图形的方法也不相同。在AutoCAD中，用户可以根据需要使用设计中心插入合适的图形文件。

在AutoCAD设计中心允许用户在打开图形中发现、预览、拖和放块、标注样式、文本样式、图层和布局等。用户能够进入先前保存的图形文件，复制打开图形中的任何一个部分。

（1）打开设计中心面板（图8-7）

命令：DC。

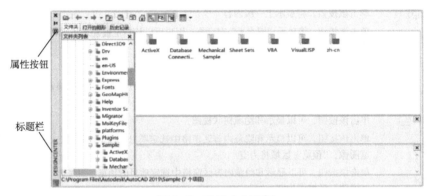

图8-7 设计中心面板

①如何调整面板大小。如果用户想要改变面板的宽度和高度，放置于面板边上，直到光标变成双箭头，单击拖拉面板中心的尺寸。

②如何剪短面板。如果用户想要移动面板到屏幕右边或者左边，单击标题栏，然后拖拉到图形到其他地方并释放。

③如何隐藏面板。用户能够使用自动隐藏按钮，隐藏用户中心面板。单击"属性"按钮，选择"自动隐藏（A）"按钮，当自动隐藏按钮打开，面板就被隐藏，仅仅标题栏可见，当光标放在标题栏上，面板重新出现。

（2）选项卡

在面板上有3个选项卡，允许用户改变视觉，这3个选项卡分别是：文件夹选项卡，打开图形选项卡和历史记录选项卡（图8-8）。

图8-8 文件夹

①文件夹选项卡。显示 Windows 资源管理器的指南和文件，用户可以导航和确定系统内容（图 8-9）。

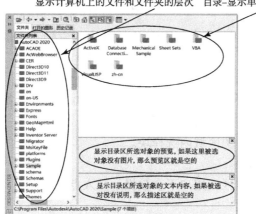

图 8-9　文件夹列表

②打开图形选项卡。显示所有可打开的图形，允许用户选择打开图形目录和嵌入到另一个图形（目标图形必须被激活）。

③历史记录选项卡。显示最近设计中心允许的选项卡，允许用户双击路径加载到目录区域。

（3）按钮

在设计中心的顶部（图 8-10），各按钮功能见表 8-1。单击"选择"按钮。

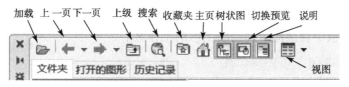

图 8-10　文件夹按钮

（4）操作步骤

①命令：DC，按 Enter 确认，启动 AutoCAD 设计中心，在"设计中心"选项板中选择合适的文件，单击鼠标右键，在弹出的快捷菜单中选择"在应用程序窗口中打开"命令（图 8-11）。

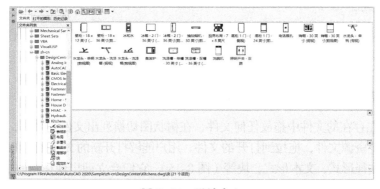

图 8-11　设计中心

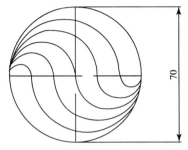

图 8-12 使用设计中心插入图形文件

②执行操作后,关闭"设计中心"选项板,即可使用设计中心插入图形文件,效果如图 8-12 所示。

8.3.4 使用设计中心创建块

创建块有拖放和指定轴、比例或者旋转角度两种方法,下面分别介绍这两种方法。

(1)拖放(图 8-13)

①在命令输入 DC 命令,按 Enter 确认,启动 AutoCAD 设计中心。

②在"树"内,从特定的绘图区域内选择块。

③在目录区内选择需要的块。

④拖拉块到打开文件的绘图区,用户不会被提示插入点。

(2)指定轴、比例或者旋转角度

①双击在目录区,"插入块"对话框出现。

②指定屏幕或者输入插入点的轴。

③指定比例因素。

④指定旋转角。

⑤选择"确定"按钮。

⑥放置块。

注意:在 AutoCAD 中,使用 AutoCAD 设计中心时,可以当前图形中插入块(图 8-14)。用户如果需要插入标注、图层、线型、样式、块等任意资源对象,还可以从"设计中心"选项板中直接拖放到当前图形的工作区。

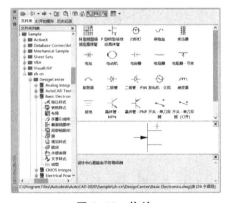

图 8-13 拖放

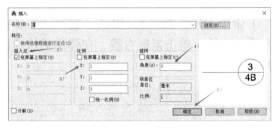

图 8-14 插入

8.3.5 拖放布局、图层、文本类型

用户能够在存在的文件中拖放任何文件,在树状图切换列出文件夹列表,打开绘图文件。在树区域内指定资源文件,拖拉到打开的文件。用户能够打开新的文件夹,拖出在先前绘图区创建的图层、注释形式、文本形式、块等(图 8-15)。它们会立即出现在新的文件中,用户可以很快创建新文件,不必创建图层、注释形式、文本形式、块等,也可以从先前文件中复制。

第 8 章 参数约束与设计中心

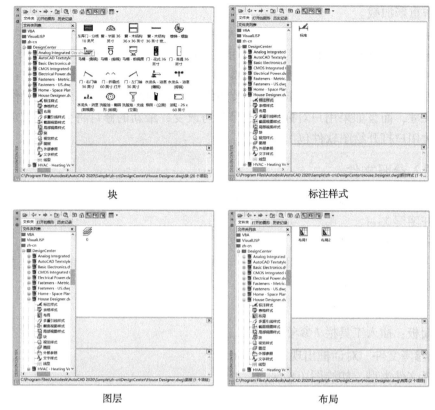

图 8-15 创建相关内容

8.3.6 外部引用绘图（Xref）

使用外部参照命令用于插入另一个绘图文件图像到当前绘图区。AutoCAD 称原绘图文件为"母"，称新的绘图文件为"子"。这个命令按钮类似"插入"命令，但是当用户从母绘图文件参考子绘图文件，子绘图文件图像出现，但这种情况只有在原子绘图文件保存的路径被加载到母绘图文件时，子绘图文件不会成为永久的母绘图文件。

用户每一次打开母绘图文件，母绘图文件会自动寻找子绘图文件，加载目前子绘图文件（通过路径）的图像。如果子绘图文件没有被改变，那么更新的版本将会出现。所以母绘图文件总是呈现子文件的最新版本。虽然子绘图文件的路径信息保存于子绘图文件，但母绘图文件的数据量不会增加，这是 Xref 的一大优势。

如果用户想要子绘图文件成为母绘图文件的一部分，可以将子绘图文件绑定在母绘图文件上。如果想要让子文件的图像暂时消失，可以选择不加载，用户让其出现可以进行重新加载。如果想要删除图像或者子绘图文件的路径，用户可以拆开它（操作参看下文）。

使用外部参照命令的好处：

①如果用户需要绘制立面图。可以外部引用楼层平面体图，并使用其作为墙、窗户和门地址模板。用户能够从楼面平面图捕捉对象直接获得各种维数，不需要参考和在绘图之间进行测量。如果在最新数据下图层平面图没有任何变化，当用户重新打开立面图，最新的图层平面图设计将会自动出现。为了使图层平面图不可见，选择不加载。当用户需要它

出现，操作重新加载。

②如果用户想要在一张图纸上绘制多幅图，很多项目要求"标准"或者"细节"绘图，绘图包括用户画出的每套图。目前，用户需要在原来的绘图软件包绘制每个细节，或者绘制这些透明的"粘贴"。用户使用外部引用命令。用户需要进行以下操作：对每个标准和细节制作个人图纸；Xref 标准或者细节图纸到原来的绘图软件包（这个操作不仅需要降低文件尺寸，而且如果用户对标准和细节进行改变，最新的修订将会自动被加载，加载伴随着每次用户打开绘图软件包）。

8.3.7 插入参照文件

①打开母绘图区（例如，打开的十进制设置）。
②打开图层 Xref。
③选择"模型"工具栏。
注释：用户应该插入 Xref 到模型空间而不是图纸空间。视口可能被锁定或者不被锁定，这不是关键。
④选择 Xref 的命令按钮。

操作面板：插入工具栏 / 参考面板 / 。
"选择参考文件"对话框出现（图 8-16）。
⑤选择文件类型，如绘图（*.dwg）。
⑥用户选定 Xref。
⑦选择"打开"按钮，"附着外部参照"对话框出现（图 8-17）。

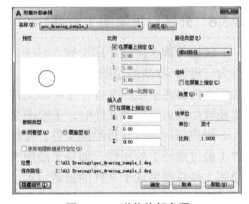

图 8-16　选择参考文件　　　　　图 8-17　附着外部参照

⑧在名称对话框命名所选择的文件。
⑨选择"参看类型"。
- 附着型：这个选项从一个绘图区附着到另一个绘图区。如果用户附着子绘图到母绘图，再附着母绘图到祖母绘图，这时候组绘图保持附着状态（子、母和祖母链生成）。
- 覆盖型：这个选项很像附着型，如果用户覆盖子绘图到母绘图，再附着母绘图到祖母绘图，只有母绘图保持附着，子绘图不被附着（只有母与祖母链生成）。

⑩插入点。提前确定 X、Y 和 Z 比例坐标，或者确定屏幕的点用光标确定插入点。

因子。用户能选统一的的比例对话框。

⑫路径类型。选择路径类型保存为 Xref，路径类型包括无路径、相对路径和完整路径。

⑬旋转点。确定旋转的角度或者确定屏幕对话框在命令行输入比例因素。

⑭选择"确定"按钮（Xref 将消失）。

⑮如果用户还出现插入点，用光标确定插入点。

如果 Xref 没有出现，可以尝试以下操作：

①确定用户的 Xref 是在模型空间而不是图纸空间。

②解锁视口，使用查看/缩放/扩展找到绘图，重新锁定视口。

③确定 Xref 绘图被绘制在模型区，在图纸空间中绘制的对象不能被外部引用。

④确定 Xref 绘图不被冻结。

8.3.8 控制参照图像消失

当插入 Xref 绘图，图形消失。这仅仅是从母绘图确定 Xref 的一个帮助项目。可以控制淡入的百分比。

①选择淡入控制工具栏。

操作面板：插入工具栏→参照面板/

②移动滑动块降低淡入程度，向左滑动加深淡化程度（图 8-18）。

数值 0= 没有淡出；数值 90= 最大淡出。

图 8-19 所示为案例。

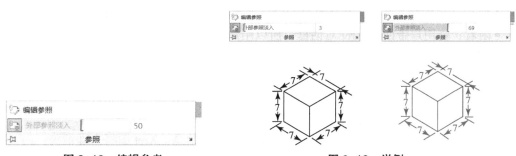

图 8-18 编辑参考　　　　图 8-19 举例

注释：在淡化控制被保存的计算机中，不是被保存为单个文件；如果用户在另一台计算机打开母绘图可能会出现与之不同的情况。

8.3.9 外部参照调色板

外部参照面板允许用户能在当前绘图区查看管理外部参照绘图信息（图 8-20）。

选择 Xref 面板步骤：

操作面板：插入→参照/ ；输入命令：XR。

①标题区。在当前绘图区存在的每个绘图。

- 参照名：原绘图名字。
- 状态：列出绘图是否被打开，加载，未发现。
- 大小：表明绘图的尺寸大小。

- 类型：显示 Xref 绘图是附着型还是覆盖型。
- 日期：列出起初引用 Xref 绘图的日期。
- 保存路径：每次用户打开当前绘图区时，计算机能够找到列出和加载 Xref 绘图的路径。

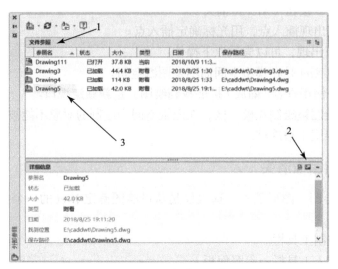

图 8-20　外部参照面板

②"预览"按钮。显示所选绘图的预览图。

③菜单（右击文件名字，显示菜单）。

- 打开：打开被选 Xref，在新窗口编辑。在 Xref 面板被关闭后，新窗口出现。
- 附着：将用户带回到 Xref 对话框，所以用户可以选择 Xref 的另一个绘图区。
- 卸载：卸载不同于拆离。一个卸载的 Xref 绘图区是不可见的，但是信息保留并且能够被重新加载。
- 重载：该功能将重载已经卸载的东西或者更新。如果另一个组员工作于工作区，用户会喜欢最新的版本，选择重载选项，最新版本将加载到当前版本中绘画。
- 拆离：删除所有关于选定的 Xref 绘图的当前文件信息。Xref 图将立即消失。
- 绑定：当用户绑定一个 Xref 图时，它就变成了当前的一个永久部分基础图。Xref 管理器中关于 Xref 图的所有信息选择将会消失。当用户打开底图时它不会搜索先前插入的 Xref 图的最新版本。
- 外部参照类型：当用户绑定一个 Xref 图时，它就变成了当前的一个永久部分允许用户在附加或覆盖之间切换。

小　结

利用参数化功能，可以为图形对象建立几何约束和标注约束，实现尺寸驱动，即当改变图形的尺寸参数后，图形会自动发生相应的变化。利用 AutoCAD 里的"设计中心"能够方便地将其他图纸里的"块"图形插入正在设计的图纸里（也可以将其他图纸里的"文字样式""标注样式""图层"等添加到正在设计的图纸里）。

上机操作练习

【任务 1】 相切约束。

相切约束用于约束两条曲线或直线与圆、椭圆及圆弧，使其彼此相切或在其延长线上相切。

操作步骤：

①在功能区选项板中切换至"参数化"选项卡，单击"几何"面板中的 按钮。

②根据命令提示操作，在绘图区中依次选择长方形的上边和圆，执行操作后，即可使长方形与圆相切，效果如图 8-21 右图所示。

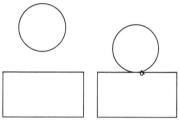

图 8-21　相切约束

【任务 2】 同心约束。

用户可以根据需要使用同心约束命令约束两圆同心。

操作步骤：

①在功能区选项板中切换至"参数化"选项卡，单击"几何"面板中的◎按钮。

②根据命令提示操作，在绘图区中依次选择大圆和小圆，执行操作后，即可约束两圆同心，效果如图 8-22 右图所示。

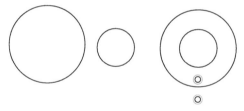

图 8-22　同心约束

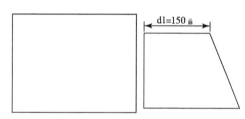

图 8-23　标注水平约束对象

【任务 3】 标注水平约束对象。

用户可以根据需要使用"水平"标注命令约束对象上两个点之间或不同对象上两个都之间 X 方向的距离。

操作步骤：

①在功能区选项板中切换至"参数化"选项卡，单击"标注"面板中的线性下拉按钮，在弹出的下拉列表框中单击 按钮。

②在绘图区中的左上端点和右上端点上依次单击，然后拖拽鼠标至上方合适位置处单击，在弹出的文本框中输入 150 并单击"确定"，执行操作后，即可标注水平约束对象，效果如图 8-23 右图所示。

【任务 4】 标注直径约束对象。

用户可以根据需要对图形的直径进行直径约束。

操作步骤：

①在功能区选项板中切换至"参数化"选项卡，单击"标注"面板中的线性下拉按钮，在弹出的下拉列表框中单击 按钮。

②在绘图区中选择小圆，在绘图区中的合适位置单位处单击，在弹出的文本框中输入"150"并单击"确定"，执行操作后，即可标注直径约束对象，效果如图 8-24 右图所示。

【任务5】使用设计中心创建块。

在图形中，使用设计中心创建块（图8-25）。

①命令：DC；Keyboard：<Enter>，启动AutoCAD设计中心。

②在"树"内，从特定的绘图区域内选择块。

③在目录区内选择需要的块。

④拖拉块到打开文件的绘图区，用户不会被提示插入点。

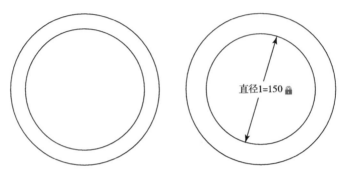

图8-24　标注直径约束对象

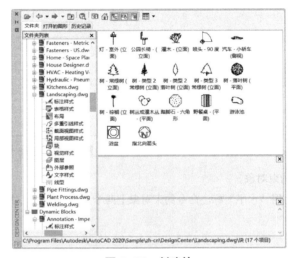

图8-25　创建块

思考题

1. 参数化绘图和普通绘图有什么本质的区别？其优点有哪些？
2. 几何约束是否可以部分约束而不需要完全约束？完全约束的图形是否可以直接编辑修改？
3. 标注约束和尺寸标注有什么区别？是否可以相互转换？
4. 注释性约束、动态约束分别是什么含义？
5. 通过设计中心可以实现哪些功能？在设计中心中通过拖放的方式打开和插入文件操作有什么区别？
6. 要查询某图线的图层、位置、大小，应该采用什么命令？
7. 通过计算器计算表达式"（300+20）/（20.5-30）×199"应如何操作？

8. 清理图形中的线型、图层、文字样式、标注样式等有什么条件？是否所有的图层、文字样式、标注样式都可以清理？

9. 在使用 pedit 命令将两根屏幕上看上去相连的直线和圆弧连接起来时发现无法完成，原因有哪些？如何找出准确原因？

10. 保证图形标准统一的方法有哪些？

11. 如何录制动作并回放？如何在其中加入消息提示？

课后练习

1. 根据本章节内容，建立和设置几何约束。
2. 根据本章节内容，建立和设置标注约束。
3. 使用 AutoCAD 设计中心查找和打开图形文件，并复制其内容，创建新的文件，进行保存。

▶▶▶ 第 9 章 机械设计绘图

⊙ 本章导读

机械制图的目的就是为了对机械或者零部件进行完整的表达，为实际生产提供准确的依据。本章主要介绍了绘制机械工程图的基础知识，详细讲述了工程图设计的一些规范，如图纸的选取、字体样式以及标题框设计等。同时，介绍了利用 AutoCAD 绘制机械工程图标准样板文件的具体步骤，在今后的实际工作绘图过程中可以直接调用此样板文件，从而节省绘图前的很多设置工作。

在机械工程中，机器或部件都是由许多相互联系的零件装配而成的，制造机器或部件必须首先制造组成它的零件，而零件图是生产中指导制造和检验零件的主要详图。在设计过程中，一般先绘制出装配图，再按照装配图所提供的结构形式和尺寸拆绘零件图。本章将详细介绍机械工程中零件图的分类、绘制方法和步骤。另外，还将介绍装配图的特殊表达方法及装配图的绘制方法。

⊙ 知识目标

了解机械工程图的一般特点。
掌握常见标准机械图纸的绘制规范。
熟练掌握机械样板图纸的绘制。
了解零件图和装配图的基本内容。
熟练掌握装配图的绘制过程及方法。

⊙ 能力目标

组合体的绘制。
零件图的绘制。

9.1 机械工程图规则

机械工程图简洁清晰地表达了一台机器或者部件的结构、形状或者装配形式、工作原理等。在绘制机械工程图时，均需采用一些规范的画法，这样可以在机械设计、制造等工作中进行很好地沟通交流，以方便工程师或企业管理人员对设计、制造机械零部件进行实时追踪管理。一般机械工程图包括以下 3 个特点：

①机械工程图完整地表达了一个零件或一台机器的所有细节特征，使得用于应用的零件能在图纸中完整而清晰地表现出来。
②机械工程图有一个统一的格式和规范，以便于图形的设计及图形的统一管理。
③图纸明确了采用何种加工工艺来确保零件或装配体的实际制造加工情况。

图样是现代工业生产中最基本的技术文件，是工程界表达和交流技术的思想的共同语言。图样的绘制必须遵守统一的规范，即中华人民共和国国家标准，简称国标，一般用 GB 表示。工程技术人员在进行机械工程图的设计时必须严格遵守，认真贯彻国家标准。本节将简要介绍机械工程图纸幅面、格式、标题栏，以及比例、字体等国家所规定的相关内容。

（1）图纸幅面的设置

机械工程图纸幅面一般有5种，分别用幅面代号A0、A1、A2、A3、A4表示。绘制技术图样时，一般应优先采用见表9-1所列的图纸幅面，必要时也可以对幅面进行加长，但加长的幅面长应该是基本幅面短边的整数倍增加得到的。

表9-1 图纸幅面   单位：mm

幅面代号	A0	A1	A2	A3	A4
幅面大小（B×L）	841×1189	594×841	420×594	297×420	210×297
e	20			10	
c	10			5	
a	25				

注：B、L为图纸的总长度和宽度，a为留给装订的一边的空余宽度，c为其他3条边的空余宽度，e为无装订时各边空余宽度。

（2）图纸格式的设置

在图纸上必须用粗实线，其格式一般分为留装订边和不留装订边两种，并且同一产品的图样格式必须保持一致。留装订边和不留装订边的图框格式分别如图9-1和图9-2所示。

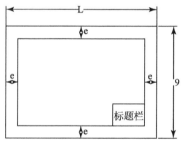
图9-1 留装订边的图框格式

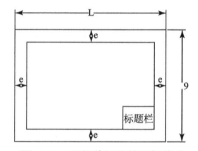
图9-2 不留装订边的图框格式

（3）标题栏的样式

每张标准的图样中均应该有标题栏，标题栏一般位于图框的右下角。国家标准对标题的格式做了相应的规定，标准的标题栏如图9-3所示。由于标题栏中的内容较多，在进行机械图纸绘制时刻进行相应简化。

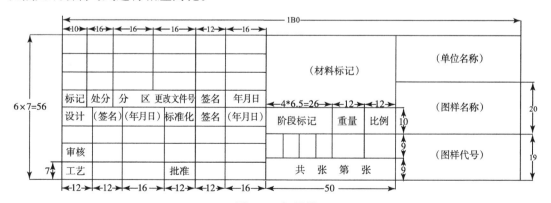
图9-3 标题栏

（4）图形比例的设定

比例表示图纸中图形与实物相应要素的线性尺寸之比（图形:实物）。按其比值来分，一般分为原值比例（1:1）、放大比例（>1 的数值）和缩小比例（<1 的数值）3 类。在机械工程图中要尽量反映实物的真实尺寸大小，故尽可能地用原值比例来绘制机械图样。在图纸中反映尺寸值应是实物的实际尺寸值，表 9-2 所列为《技术制图　图纸幅面和格式》（GB/T 14689—2008）规定的各种的尺寸比例。

表 9-2　图纸幅面和格式尺寸比例

比例种类	第一系列	第二系列
原值比例	1:1	—
放大比例	2:1、5:1 $2\times(10)n:1$、$5\times(10)n:1$	2.5:1、4:1 $2.5\times(10)n:1$、$4\times(10)n:1$
缩小比例	1:2、1:5、1:(10)×n $1:2\times(10)n$、$1:5\times(10)n$、 $1:1\times(10)n$	1:1.5、1:2.5、1:3、1:4、1:6 $1:1.5\times(10)n$、$1:2.5\times(10)n$、$1:3\times(10)n$、 $1:4\times(10)n$、$1:6\times(10)n$

当在图样中出现部分图形的比例与标题栏中的比例不一致时，对这个图形应在视图下方或右方另行标注所用比例，如 I/（2:1）、(B-B)/（4:1）。

（5）字体的设定

在图样中，除了表达物体形状的图形以外，还需要用文字、数字及字母来表达物体的大小及技术要求等内容。字体的标注也有相应的标准，一般要求如下：

①字体必须工整，笔画应清楚，字体间距必须均匀，字体排列要整齐。

②字体高度的公称尺寸系列为 1.8、2.5、3.5、5、7、10、14、20，如果需要书写更大的字，其字体高度应按 $\sqrt{2}$ 的比率进行递增。一般字体的高度即代表字体的号数。在 AutoCAD 中绘图时，选用不同的图纸幅面则对字体有相应的规定，在后面的章节中将对其进行详细的讲述。

③汉字应写成长仿宋体，并应该采用国家正式公布的《汉字简化方案》中规定的简化字。汉字的高度不小于 3.5，其字宽一般为 $h/\sqrt{2}$。

④字母和数字分 A 型和 B 型。A 型字体的笔画宽度一般为字高的 1/14；B 型字体的笔画宽度一般为字高的 1/10。在同一张图样中，只允许选用一种类型的字体。

⑤字母和数字可写成直体和斜体。斜体字字头向右倾斜，与水平基准线成 75°。

（6）图线的设定

图线是起点和终点间以任意方式连接一种几何图形，形状可以是直线或曲线、连续线或不连续。

①图线的种类。国家标准规定了图线的名称、线度及一般应用等，供绘图时选用，详细说明见表 9-3 所列。图线的宽度分为粗、中粗、细 3 种。机械工程图上采用的粗实线和细实线，其宽度比例为 2:1，粗实线的宽度一般为 0.5~2d/mm，制图中一般常用的粗实线宽度为 0.7d/mm 和 1d/mm。

表 9-3　国标图线

名称	线宽（d/mm）		主要用途及图线长度	
粗实线	0.7	0.5	可见轮廓线，可见棱边线	
细实线	0.35	0.25	尺寸线、延长线、剖面线、引出线等	
波浪线			断裂处的边界线、视图与剖视图的分界线	
双折线			断裂处的边界线、视图与剖视图的分界线	
细虚线			不可见棱边或轮廓线	长画长 12d，短画间隔长 3d
粗实线	0.7	0.5	允许表面处理的表示线	
细点画线	0.35	0.25	轴线、分度圆线、对称中心线等	长画长 24d，短画间隔长 3d，点长 ≤ 0.5d
细双点画线			相邻辅助零件的轮廓线、中断线	
粗点画线	0.7	0.5	限定范围表示线	

② 图线绘制注意事项。

● 同一图样中，同类图线的宽度应一致，虚线、细点画线即双点画线的线段长度和间隔应各自均匀相等。

● 两条平行线之间的最小间隙不得小于 0.7mm。

● 点画线或双点画线的首末两端应是线段而不是点。点画线或双点画线之间相交时，其交点应为线段相交；在较小的图形上绘制点画线或双点画线有困难时，可用细实线代替。

● 点画线、虚线与其他图线相交时应是线段相交，不能交在空隙处。

● 当虚线处在粗实线的延长线上时，应先留空隙，再画虚实线的短画线。

（7）尺寸标注的设定

图样的大小还得由图样上所标注的尺寸来确定。对于尺寸标注，国标规定了一些机械设计图样中的标注尺寸的方法。

① 尺寸标注规则。

● 图样上所标注的尺寸数值应反映零件或部件的真是大小，与图形本身的大小及准确无关。

● 在图样上反映尺寸一般默认单位为 mm，若要采用其他单位，则必须注明单位名称或代号。

● 零件图或装配图中所标注的尺寸只能标注一次，且应能很好地表达零件的结构。

● 图样中所标注的尺寸为零件或者部件的完工尺寸。

② 尺寸的组成。在图样中一个完整的尺寸应由尺寸界线、尺寸线、尺寸箭头和尺寸数字 4 部分组成，在后续的 AutoCAD 标题栏中绘制中将会具体介绍如何设置尺寸标注。尺寸标注的组成如图 9-4 所示。

③ 尺寸标注要求。

● 尺寸界线应用细实线绘制，也可以利用中心线或轮廓线作为尺寸界线。

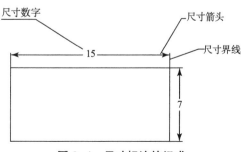

图 9-4　尺寸标注的组成

- 在光滑过渡处标注尺寸时，必须用细实线将轮廓线延长，从它们的交点引出尺寸界线。
- 尺寸线必须用细实线单独画出，不得与其他画线重合或画在延长线上，且必须与所标注的线段平行。
- 尺寸数字应写在尺寸线上方或其中断处，数字要求工整。角度的数字一律水平书写。
- 对于狭小位置的尺寸可以用圆点代替箭头。

9.2 零件图简介

任何一台机器或部件都是由零件装配而成的。表达单个零件的结构形状、尺寸大小以及加工等方面技术要求的图样，称为零件图。任何机械或部件都由若干零件装配而成。零件的加工和检验都是以零件图作为依据的。

9.2.1 零件图的内容

零件图是反映设计者意图及生产部门组织生产的重要技术文件，因此，它不仅应将零件的材料、内外结构形状和大小表达清楚，还要对零件的加工、检验、测量提供必要的技术要求。

①视图。包括主视图、剖视图、剖面图、局部放大图等，用于完整、清晰地表达零件的内外形状和结构。

②完整的尺寸。零件图中应正确、完整、清晰、合理地标注出制造零件所需的全部尺寸，用于确定零件各部分结构形状和相对位置。

③技术要求。用于说明零件在制造和检验时应达到的技术要求，如表面粗糙度、尺寸公差、形状和位置公差及表面处理和材料热处理等。

④标题栏。位于零件图的右下角，用于填写零件的名称、材料、比例、数量、图号及设计、制造、校核人员名字等。

9.2.2 零件图的分类

在绘制零件图时，应对零件进行形状结构分析，根据零件的结构特点、用途及主要加工方法，确定零件中图的表达方案，选择主视图、视图数量和各视图的表达方法。在机械生产中，根据零件的结构形状，大多可将零件分为4类。

（1）轴类零件

轴类零件一般要配合别的零件使用。机器中的轴一般起传动、套起定位、支承或连接等作用。这类零件的主体结构是回转体，局部结构有螺纹、销孔、键槽、倒角、中心孔、油孔、定位孔等。

在绘制此类零件时，一般主视图的轴线应放置在水平位置，且应尽量将销孔、键槽、定位孔等朝前。看主视图没有表达清楚的局部结构，应使用断面图、局部放大图表示。标注尺寸时，径向尺寸以轴线为基准，轴向尺寸以端面或轴线为基准。重要的尺寸和一些与其他零件配合的有关尺寸要直接标注出来。

（2）盘盖类零件

盘盖类零件是指各种端盖、阀盖、轮等，一般起传递动力或支承、轴向定位等作用。

这类零件的主体结构是回转体，伴有肋、沉孔、轮辐、键槽、螺孔等。

在绘制该类零件时，一般按照加工位置选择主视图，把轴线放在水平位置，一般采用全剖视图、简化画法和断面图。其他视图一般不做剖视图，并可用国标规定进行简化画法。尺寸可按加工工序标注，径向尺寸以轴线为基准，轴向尺寸以端面为基准。

（3）叉架类零件

叉架类零件包括拨叉、连杆、支座等，主要起支承和连接作用。在绘制此类零件时，选择主视图要考虑工作位置，工作位置不固定时，应考虑以形状特征为原则，并采用全剖视图、局部视图或断面图等。其他视图多采用斜视图、局部视图和断面图。

（4）箱体类零件

箱体类零件主要指阀体、泵体、减速器箱体等。一般是机器或部件的主体，对机器或部件起支承、包容和定位的作用，其结构形状也较复杂。

由于此类零件加工部位多，工序也多，所以在绘制时，主视图的选择主要以工作位置和形状特征为原则，将用到各种表达方法。其他视图也较多，一般按零件的结构情况选择各种表达方法。尺寸标注一般以主要轴孔的轴线、底面、结合面、端面、对称面为基准。主要轴孔、轴线到底面的距离等重要尺寸必须直接标注。

9.3 零件图绘制过程及方法

零件图的绘制过程就是将零件图的内容完整表达出来的过程。用计算机绘图时，要充分利用计算机绘制的优势，实现零件图的快速绘制和完整表达。

9.3.1 零件图的绘制过程

绘制零件图的一般步骤如下：

①绘制零件之前，首先应根据图纸幅面大小和版式的不同，建立符合机械制图国家标准的若干机械图样模板。建立的模板中包括图纸幅面、图层、尺寸标注的一般样式、使用文字的一般样式和标题栏等，这样绘图时，就可以根据零件的类型和大小的不同，确定图纸幅面的大小和版式，直接调用建立好的模板进行绘制。有利于提高绘图效率。

②在绘图时，应根据零件类型的不同，确定主视图和其他视图的布局。主视图是零件图中最主要视图，主视图选择是否合理，直接关系到看图和绘图方便与否。因此，在绘制零件图时，必须先选择主视图。主视图选择应包括选择主视图的投影方向和确定零件安放位置。对于多数零件，主视图不能完全表达其结构和形状时，就需要选择其他视图进行补充表达。其他视图的确定可以从以下6个方面来考虑：

- 优先选用基本视图，并采用剖视图和断面图。
- 根据零件的复杂程度和结构特点，确定其他视图的数量。
- 在完善、正确、清楚地表达零件结构形状的前提下，力求视图数量最少，以免重复、烦琐，导致主次不分。
- 定比例。根据视图的数量和目测实物大小，确定适当的比例，并选择合适的图纸样板。
- 图纸绘制完成后，进行尺寸标注和技术要求标注。

零件是按照零件图中所标注的尺寸进行加工和检测的,标注尺寸除了正确、完整、清晰外,还应做到合理。所谓的合理标注尺寸,是指一方面所标注的尺寸要满足零件的设计要求,另一方面又要复合加工工艺要求,便于加工、测量和检验。

标注零件尺寸时,应先对零件各组成部分的结构形状、作用进行分析,了解哪些是影响零件精度和产品性能的重要尺寸,哪些是对产品性能影响不大的一般尺寸,然后选定基准尺寸,从基准尺寸出发,标注定形和定位尺寸。

零件的技术要求主要有:尺寸公差、形位公差、表面粗糙度、热处理与表面镀涂层以及零件加工、检验的要求。零件图的技术要求一般采用规定的代(符)号、数字、字母等标注在视图上,当不能用代(符)号标注时,允许在"技术要求"的标题下,用简要文字进行说明。

一般先标注基本尺寸,再标注形位公差等技术要求。

- 填写标题栏,并保存图形文件。

9.3.2 零件图的绘制方法

要学会零件图的绘制就需要掌握零件图的绘制方法。正确的零件图绘制方法是实现零件图快速准确绘制的基础。零件图包括一组视图、尺寸、技术要求和标题栏等内容,其中视图是零件图的主要组成部分。绘制零件图其实就是绘制零件图中的视图,视图的布局应该匀称、美观且要符合投影规律,即"长对正,高平齐,宽相等"。

绘制零件图的方法很多,这里就是集中对常用的方法进行讲解。

(1)坐标定位法

坐标定位法就是通过给定视图中各点的准确坐标值来绘制零件图的方法。在绘制一些大而复杂的零件图时,为了实现视图布局的匀称美观,经常需要应用该方法来绘制基准线,确定各个视图的位置,然后再综合应用其他绘图方法绘制图形。用该方法绘图比较精确,但是由于需要计算各个点的精确坐标,因此也比较费时。

(2)利用绘图辅助线

利用绘图辅助线绘制零件图就是通过绘制构造线命令,绘出水平与竖直辅助线,以便保证视图之间的投影关系,并结合图形绘制及编辑命令完成零件图的绘制。

(3)利用对象捕捉跟踪功能

利用对象捕捉跟踪功能,也可以保证零件图中视图的投影关系,从而准确地绘制零件图。

9.4 装配图简介

装配图是一种表达机器或者部件的图样。主要表达机器或部件的结构形状、装配关系以及工作原理的技术要求。一般在机械设计过程中,要事先把机械的装配图画出来,然后根据装配图所提供的信息画出要件的零件图。最后,再将具体的零件图重新装配起来,看是否发生干涉或者尺寸位置不准确等情况。

9.4.1 装配图的内容

装配图是设计和绘制零件图的主要依据,是装配生产过程、调试、安装、维修的主要技术文件。一般要有以下4方面的内容。

（1）一组视图

用一组视图来表达机器或部件的工作原理、装配关系、连接及安装方式和主要零件的结构形状。应注意的是，装配图只是装配机器和部件的依据，不是加工零件的依据。所以装配图不需要将所有零件的形状能够表达清晰，以免视图数量过多。

（2）必要的尺寸

必要的尺寸只标注表示部件或机器规格、性能，以及装配、安装、检测、运输等方面所需要的尺寸，它与零件图形标注尺寸的要求不同。

（3）技术要求

用文字或符号说明装配、检验调试以及使用等方面的要求。装配图上的技术要求包括以下4个方面：

①机器或部件在装配和检验时的具体要求。
②关于机器性能指标方面的要求。
③安装、运输以及使用方面的要求。
④有关试验项目的规定。

（4）零件的序号、明细表和标题栏

为了便于看图和生产管理，装配图中对每种零件都要编写序号，并编制明细栏，标出零件的序号、名称、规格、数量、材料等内容。标题栏用来注明机器或部件的名称、规格、比例、图号及设计者、设计单位等。

9.4.2 装配图的规定画法

装配件和零件的作用不同，因此对表达的要求也不同。下面对装配图的规定画法做一些解释。

（1）接触面和配合面的画法

接触面是指两个零件相互接触的表面，配合面是基本尺寸相等的两个零件的结合面，虽然它们是两个面，但只需画一条粗实线。当两个相邻零件的基本尺寸不相同时，即使间隙很小，也必须画出两条线，要使用夸大画法。例如，虽然螺杆直径和孔径的基本尺寸相近，其配合间隙很小，但也要画双线。

（2）剖面线画法

为了便于读图时区分不同零件，两个接触的相邻零件的剖面线应方向不同，或间距不同。但是应该注意，对于同一零件在不同视图或断面图上，其剖面线的方向和间距应相同。

（3）标准件和实心件画法

对于实心零件、螺纹紧固件等，当剖切平面通过其轴线纵向剖切时，这些零件均按不剖切绘制（如螺钉、螺栓、螺母、垫圈、键、销、球及轴等）。如需要表明零件上的键槽、销孔、凹槽等，则可用局部剖视图表示。但是垂直这些零件的轴线横向剖切时，应绘出剖面线。

9.5 装配图绘制过程及方法

9.5.1 装配图绘制过程

装配图使视图清楚地表达机器（或部件）的工作原理各零件之间的相对位置和装配关系，以及尽可能地表达出主要零件的基本形状。装配图的绘制过程和零件图类似，但又有自己的特点，一般步骤如下：

①在绘制装配图之前，要建立机械图样模板，以规定绘图标注并提高工作效率。

②在绘制装配图之前，先分析装配体，确定视图。一般以最能反映机器或部件中各零件的装配关系和工作原理的视图作为主视图，且尽可能表示出机械或部件的工作位置或安装位置。选定主视图后，对于那些装配关系、工作原理及主要零件的主要结构还没有表达清楚的部分，应选择适当的其他视图来补充表达。一般情况下，机器或部件中的每一个零件至少应在视图中出现1次。

③使用零件图拼画绘制方法绘制装配图。

④图形绘制完成后，标注装配图尺寸及其技术要求。装配图的作用不同于零件图，所以只需要标注一些必要的尺寸即可，如规格性能尺寸、装配尺寸、安装尺寸、外形尺寸等。在装配图中，用简明文字逐条说明在装配过程中应表达的技术要求，应保证调整间隙的方法和要求、产品执行的技术标准和试验、验收技术规范、产品外观等符合要求。对于需要文字说明的技术要求，可在标题栏的上方或左边。技术要求的主要内容有装配要求、检验要求和使用要求等。

⑤编写装配图中的零件序号并绘制明细栏。为了便于读图、图样管理和生产准备工作，装配图中的零件或部件需要编写序号，而零件的序号、名称、数量、材料等自下而上填写在标题栏上方的明细栏中。

⑥填写明细栏和标题栏，并保存图形文件。

9.5.2 装配图的绘制方法

装配图的绘制思路主要有两种，一种是由已有的零件图或块拼装装配图，另一种是从头开始按一定顺序直接画出各个零件，直到最后完成装配体设计过程。绘制装配图主要有零件块插入、图形文件插入和直接绘制装配图3种方法。

（1）零件块插入

零件块插入法就是讲组成机器或部件的各个零件先创建为块，然后按零件的相对位置，将零件块逐个插入，从而成为装配图的方法。创建零件块的步骤如下。

①用各种绘制和编辑命令绘制零件图，并标注文字和尺寸。

②将绘制完成的零件图用"写块"命令 wblock 创建为块，供以后拼画装配图时调用。

（2）图形文件插入

图形文件可以用插入块命令，在不同的图形中直接插入。可以用直接插入图形文件的方法来拼画装配图。但是插入零件块时应注意，在块插入时，插入的基点为零件图形左下角坐标（0,0），这样在拼绘装配图时就无法准确地确定零件图形在装配图中的位置。因此，为了使图形插入时能准确地放到合适的位置，在绘制完零件图后，应首先用定义基点命令设置插入基点，然后再保存文件，这样在块的命令时，就以定义的基点为插入点进行插入。

（3）直接绘制装配图

对于比较简单的装配图，可以直接利用 AutoCAD 的二维绘图及编辑命令，按照装配图的画法步骤进行绘制。在绘制的过程中，还要用到对象捕捉及正交等绘图辅助工具，帮助进行精确绘制，并用对象追踪来保证视图之间的投影关系。

小　结

本章主要介绍了 AutoCAD 在机械设计方面的操作方法、二维平面图形的绘制与编辑、常用绘图辅助工具的使用、文字与尺寸标注、图层和图块的应用、绘图环境的设置、零件图、装配图、图形打印输出等主要内容。

上机操作练习

【任务 1】绘制左视图。

在机械设计中最常见且可靠的机械部件连接方式是螺栓连接。本例介绍螺栓的绘制方法，效果如图 9-5 所示。

图 9-5　螺栓

①单击"默认"选项卡→"图层"面板→ (图层特性)按钮，系统弹出如图 9-6 所示的"图层特性管理器"选项板。

②单击"图层特性管理器"的 (新建图层)按钮，在右侧窗格内显示出新建的图层，图层名称默认为"图层 1"。

③单击"名称"列下面的 图层1 图标，输入"粗实线层"。

④单击"线宽"列下面的 ——默认 图标，选择"0.30mm"，然后单击"确定"，如图 9-7 所示，第一个图标创建完毕。

⑤重复步骤②操作，新建一个图层。

⑥仿照步骤③的操作，输入新图层名称为"中心线层"。

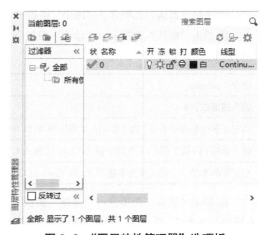

图 9-6　"图层特性管理器"选项板

⑦单击"颜色"列下面的 ■白 图标，弹出如图 9-8 所示的"选择颜色"对话框，选择"红色"，单击"确定"。

⑧单击"线型"列下面的 ——Continuous 图标，弹出如图 9-9 所示的"选择线型"对话框，单击 加载(L)... 按钮，在弹出的如图 9-10 所示的"加载或重载线型"对话框内选择"center"线型，单击"确定"，完成第二个图层的创建。

图 9-7 设置线宽

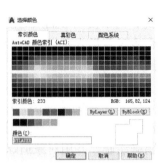
图 9-8 设置颜色

图 9-9 "选择线型"对话框

图 9-10 "加载或重载线型"对话框

⑨重复步骤⑤至⑧的操作，创建一个名称为"细实线层"的图层，"颜色"设置为"黑色"，"线型"设置为"continuous"。然后单击"确定"，图层创建完毕。

⑩选择"默认"选项卡→"图层"面板→"图层"下拉列表框→"中心线层"图层为当前绘制层。

⑪单击"默认"选项卡→"绘图"面板→／（直线）按钮，绘制如图 9-11 所示的中心线。

⑫选择"默认"选项卡→"图层"面板→"图层"下拉列表框→"粗实线层"图层为当前绘图层。

⑬单击"默认"选项卡→"绘图"面板→⬡（多边形）按钮，绘制结果如图 9-12 所示。其操作命令行依次提示：

命令：polygon
输入侧面数：6
指定正多边形的中心点 [边（E）]：（指定图 9-11 中两条中心线交点）
输入选项 [内接于圆（I）外切于圆（C）]：（输入 C，选择外切于圆）
指定圆的半径：（输入圆的半径为 7，按 Enter 键结束 polygon 命令）

⑭单击"默认"选项卡→"修改"面板→↻（旋转）按钮，根据命令行提示，选取多边形，以中心线交点为基点，输入 90，进行指定角度旋转，效果如图 9-13a 所示。

⑮单击"默认"选项卡→"绘图"面板→⊙（圆心、半径）按钮，以中心线交点为圆心，根据提示捕捉六边形任意边的中点，绘制如图 9-13b 所示的圆。

图 9-11 绘制中心线　　　　　图 9-12 绘制的多边形

    a. 旋转效果   b. 绘制内切圆

图 9-13 旋转后绘制内切圆

【任务 2】绘制主视图。

①单击"默认"选项卡→"绘图"面板→╱（直线）按钮，选取合适位置绘制如图 9-14 所示的偏置直线。

②单击"默认"选项卡→"修改"面板→⊆（偏移）按钮，效果如图 9-15 所示。其操作命令行依次提示：

命令：offset
指定偏移距离或 [通过（T）删除（E）图层（L）]：6
选择要偏移的对象 [退出（E）放弃（U）]：（选择图 9-14 中偏置直线）
指定要偏移的那一侧上的点，或 [退出（E）多个（M）放弃（U）]：（指定图 9-14 中偏置直线的右侧，按 Enter 键结束 offset 命令）

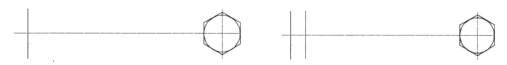

    图 9-14 绘制直线   图 9-15 偏移直线

③重复步骤②的操作，分别将步骤①绘制的直线向右偏移 40、60，效果如图 9-16 所示。

④单击"默认"选项卡→"绘图"面板→╱（直线）按钮，从左视图的对应点向左引导鼠标，绘制水平直线，效果如图 9-17 所示。

    图 9-16 偏移效果   图 9-17 绘制水平线

⑤单击"默认"选项卡→"绘图"面板→○（两点）按钮，根据命令行提示绘制如图 9-18 所示的圆。

⑥单击"默认"选项卡→"修改"面板→（修剪）按钮，根据命令行提示，选择相应边为修剪边，对偏移后的中心线进行修剪，效果如图 9-19 所示。

⑦单击"默认"选项卡→"绘图"面板→╱（直线）按钮，从图中圆弧的下端点向最下侧的水平线作为垂线，绘制效果如图 9-20 所示。

    图 9-18 绘制圆   图 9-19 修剪效果

⑧单击"默认"选项卡→"绘图"面板→╱（直线）按钮，从上一步绘制的线段的中点向左引导，绘制直线效果如图 9-21 所示。

图 9-20　绘制垂直线段　　　　图 9-21　绘制水平线段

⑨单击"默认"选项卡→"绘图"面板→⌒（三点创建圆弧）按钮，根据命令行提示，分别捕捉步骤⑦绘制线段的上端点、步骤⑧绘制线段与最左侧垂直线的交点，步骤⑦绘制的下端点。绘制的圆弧效果如图 9-22 所示。

⑩单击"默认"选项卡→"修改"面板→⚠（镜像）按钮，根据命令行提示，选择水平中心线为镜像线，对步骤⑨绘制的圆弧进行镜像，效果如图 9-23 所示。

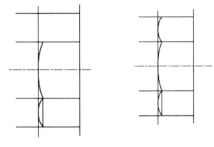

图 9-22　绘制圆弧　　图 9-23　镜像操作

⑪单击"默认"选项卡→"修改"面板→✂（修剪）按钮，根据命令行提示，选择合适的修剪边，对图形进行修剪，修剪完成后删除多余的线段，效果如图 9-24 所示。

图 9-24　修剪操作

【任务 3】编辑图形。

①单击"默认"选项卡→"修改"面板→⊂（偏移）按钮，效果如图 9-25 所示。其操作命令行依次提示：

命令：offset
指定偏移距离或 [通过（T）删除（E）图层（L）]：3
选择要偏移的对象 [退出（E）放弃（U）]：（选择图 9-26 中水平中心线）
指定要偏移的那一侧上的点，或 [退出（E）多个（M）放弃（U）]：（指定图 9-26 中水平中心线的上侧，按 Enter 键结束 offset 命令）

②重复步骤①的操作，将水平中心线向上偏移 4 个单位。

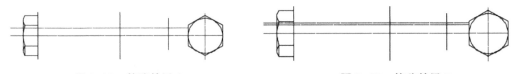

图 9-25　偏移效果 1　　　　图 9-26　偏移效果 2

③单击"默认"选项卡→"修改"面板→✂（修剪）按钮，根据命令行提示，选择合适的修剪边，对图 9-25 所示的图形的进行修剪，修剪完成后删除多余的线段，效果如图 9-27 所示。

④选择最上方的中心线，单击"默认"选项卡→"图层"面板→💡☀🔒■中心线 下拉按钮，选择"粗实线层"，将其更改为"粗实线"；重复操作，将中间"中心线"更改为"细实线层"，效果如图 9-28 所示。

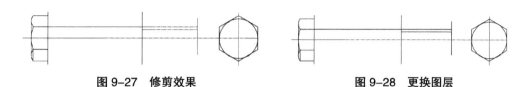

图 9-27　修剪效果　　　　　　　图 9-28　更换图层

⑤单击"默认"选项卡→"修改"面板→▲（镜像）按钮，根据命令行提示，选择水平中心线为镜像线，对步骤④绘制的两条直线进行镜像，效果如图 9-29 所示。

⑥单击"默认"选项卡→"修改"面板→⌐（倒角）按钮，完成倒角操作，效果如图 9-30 所示。其操作命令行依次提示：

命令：chamfer

选择第一条直线或 [放弃（U）多段线（P）距离（D）角度（A）修剪（T）方式（E）多个（M）]：（选择图 9-29 中螺栓杆最右边竖线）

选择第二条直线，或按住 Shift 键选择直线以应用角点或 [距离（D）角度（A）方法（M）]：（选择图 9-29 中螺栓杆最上边的水平直线，按 Enter 键继续绘制螺栓杆下边倒角）

选择第一条直线或 [放弃（U）多段线（P）距离（D）角度（A）修剪（T）方式（E）多个（M）]：（选择图 9-29 中螺栓杆最右边竖线）

选择第二条直线，或按住 Shift 键选择直线以应用角点或 [距离（D）角度（A）方法（M）]：（选择图 9-29 中螺栓杆最下边的水平直线）

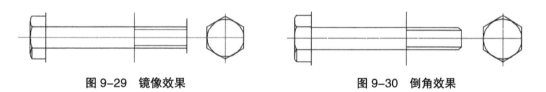

图 9-29　镜像效果　　　　　　　图 9-30　倒角效果

⑦单击"默认"选项卡→"绘图"面板→╱（直线）按钮，在倒角位置绘制垂直线段，如图 9-31 所示。

⑧用鼠标选择图 9-28 中的竖直直线，如图 9-32 所示，将其上端点拉伸到与最上方水平直线垂直位置，下端点拉伸到最下方水平直线垂直的位置，效果如图 9-33 所示。

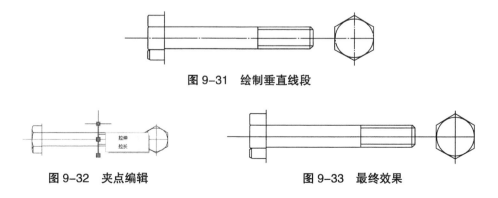

图 9-31　绘制垂直线段

图 9-32　夹点编辑　　　　　　　图 9-33　最终效果

思考题

1. 在图样中一个完整的尺寸应由哪4部分组成？
2. 特表达单个零件的结构形状、尺寸大小以及加工等方面技术要求的图样称为什么？
3. 在机械生产中，根据零件的结构形状，大多可将零件分为哪4类？
4. 装配图的绘制方法有哪些？
5. 一般机械工程图包含哪些特点？
6. 字体标注的标注要求是什么？
7. 简述零件图的绘制方法。
8. 简述装配图的绘制过程。

课后练习

1. 完成端盖的零件图（图9-34）。

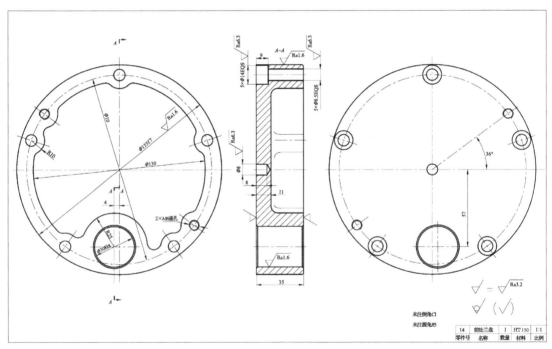

图9-34 端盖零件图

2. 完成截止阀的装配图（图9-35）。

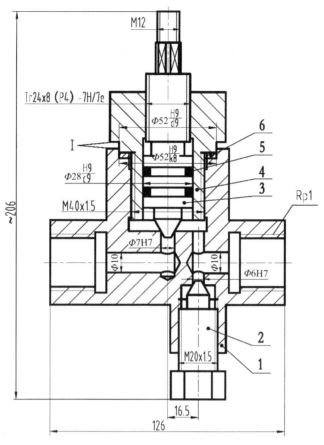

图 9-35 截止阀装配图

▶▶▶ 第10章 建筑设计绘图

🌐 本章导读

本章主要介绍建筑设计的一些基本理论,包括建筑设计概述、建筑制图标准、绘图模板、规范设置图纸和一般绘图步骤等内容,为相关建筑工程图纸的绘制打下理论基础。

🌐 知识目标

了解建筑设计的内容。
熟悉建筑制图的标准。
了解绘图模板的内容。
掌握规范设置图纸和一般绘图步骤。

🌐 能力目标

绘制标准层与底层平面图、正立面图。
绘制楼梯平面详图。

10.1 建筑设计概述

建筑设计是指建筑物在进行实地建造之前,设计者依据设计意图和建设任务,遵循相关的法律法规,将施工与使用过程中所存在或可能发生的问题,提前做好全面设想,拟订好解决问题的方法与方案,用图纸和文件表达出来的一种过程与结果。建筑工程从拟订计划到建成使用要经过以下环节:编制设计任务书、审定设计指标以及设计方案、选择建造地址、场地勘测、建筑工程设计、施工招标、组织施工、安装配套工程、装饰装修工程、试运行及交付使用建筑物、回访和总结。建筑工程设计包括建筑设计、结构设计、设备设计3个方面,涵盖设计一栋建筑物或建筑群所要做的全部工作。习惯上将建筑工程设计称为建筑设计。

(1)建筑设计

建筑设计包括总体和个体设计两个方面,通常由注册建筑师来完成该项工作。在进行建筑设计工作时,要根据审批下达的设计任务书和国家有关的政策法规,综合分析建筑功能、建筑规模、建筑标准、材料供应、施工水平、地段特点、气候条件等因素,运用科学技术知识和美学方案,正确处理各种要求之间的相互关系,为创造良好的空间环境提供方案和建造蓝图。

(2)结构设计

结构设计是指根据建筑设计选择符合实际的结构布置方案,进行结构计算及构件设计,多由结构工程师来完成。

(3)设备设计

设备设计包括给水、排水、电气照明、采暖通风空调、动力等的设计,该领域需要由有关专业的工程师配合建筑设计来完成。

图 10-1、图 10-2 所示为 2008 年北京举办的第 29 届奥运会的标志性建筑物——鸟巢体育馆与水立方游泳馆，是经典建筑设计的代表。

图 10-1　鸟巢体育馆

图 10-2　水立方游泳馆

10.2　建筑制图标准

10.2.1　图纸幅面、图框、标题栏和会签栏

建筑图纸幅面主要有 A0、A1、A2、A3 和 A4，如图 10-3 所示，单位为 mm。每张图纸都要画出图框，其中图框线用粗实线绘制，在图框右下角画出标题栏，需要会签图纸还需要绘制出会签栏，位置和格式如图 10-4 所示。对于标题栏，不同单位有不同格式，如图 10-5 所示为某 A4 图纸标题栏。

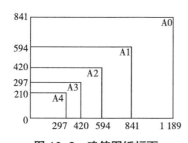

图 10-3　建筑图纸幅面

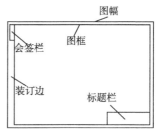

图 10-4　图框内容

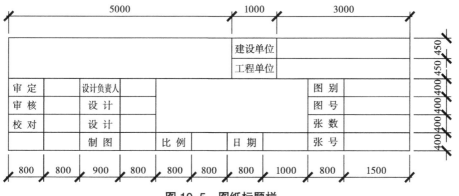

图 10-5　图纸标题栏

10.2.2 图纸比例

图纸比例是图中图形与其实物相应要素的线性尺寸之比,由于建筑物的形体庞大,必须采用不同的比例来绘制,一般情况下都要缩小比例绘制。在建筑施工图中,各种图样常用的比例见表 10-1 所列。

表 10-1 建筑施工图的常用比例

图名	常用比例	备注
总平面图	1:500,1:1000,1:2000	
平面图、立面图、剖视图	1:50,1:100,1:200	
次要平面图	1:300,1:400	指屋面平面图、工业建筑的地面平面图等
详图	1:1,1:2,1:5,1:10,1:20,1:25,1:50	1:25 仅适用于结构构件详图

10.2.3 图线

在建筑施工图中,为了表明不同的内容并使层次分明,须采用不同线型和线宽的图线来绘制图形。图线的线型和线宽可以按表 10-2 所列的说明来选用。

表 10-2 图线的线型和线宽及其用途

名称	线宽	用途
粗实线	b	①平面图、剖视图中被剖切的主要建筑构造(包括构配件)的轮廓线 ②建筑立面图的外轮廓线 ③建筑构造详图中被剖切的主要部分的轮廓线 ④建筑构配件详图中的构配件的外轮廓线
中实线	0.5b	①平面图、剖视图中被剖切的次要建筑构造(包括构配件)的轮廓线 ②建筑平面图、立面图、剖视图中建筑构配件的轮廓线 ③建筑构造详图及建筑构配件详图中的一般轮廓线
细实线	0.35b	小于 0.5b 的图形线、尺寸线、尺寸界线、图例线、索引符号、标高符号等
中虚线	0.5b	①建筑构造及建筑构配件不可见的轮廓线 ②平面图中的起重机轮廓线 ③拟扩建的建筑物的轮廓线
细虚线	0.35b	图例线、小于 0.5b 的不可见轮廓线
粗点画线	b	起重机轨道线
细点画线	0.35b	中心线、对称线、定位轴线
折断线	0.35b	不需画全的断开界线
波浪线	0.35b	不需画全的断开界线、构造层次的断开界线

10.2.4 字体

图纸中的汉字应用长仿宋体书写,字体的号数即字体的高度(单位为 mm),分为 20、14、10、7、5、3.5、2.5、1.8,长仿宋体字的高宽比为 3/2。长仿宋体字字如图 10-6 所示。

10.2.5 定位轴线及其编号

建筑施工图的定位轴线是施工定位、放线的重要依据。凡是承重墙、柱子等主要承重构件，都应画上轴线来确定其位置。对于非承重的分隔墙、次要的局部承重构件等，有时用分轴线定位，有时也可以由注明其与附近轴线的相对位置来确定。定位轴线采用细点画线表示，此线应

10号　排列整齐字体端正

5号　笔画清晰注意起落

3.5号　横平竖直结构匀称

图 10-6　长仿宋体字字例

伸入墙体内 10~15mm。轴线的端部用细实线画直径为 8mm 的圆圈并对轴线进行编号。水平方向的编号采用阿拉伯数字，从左到右依次编号，一般称为纵向轴线。垂直方向的编号用大写英文字母自下而上顺序编写，通常称为横向轴线。如图 10-7 所示为某建筑平面图的定位轴线及其编号。

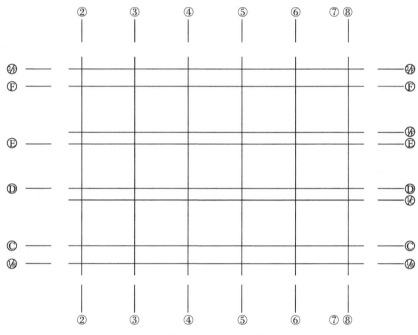

图 10-7　某建筑平面图的定位轴线及其编号

10.2.6 尺寸标注

用图线画出的图样只能表示形体的形状，只有标注尺寸才能确定其大小。对于建筑图纸的尺寸标注，主要有 4 个要素，尺寸界线、起止符号（箭头）、尺寸线和尺寸数字），如图 10-8 所示。

在建筑制图中，有一些常用的图例符号，包括轴号、索引符号、标高、指北针等，图 10-9 列出了这些符号的图形。这些图例符号在 AutoCAD 中一般制作成块，在需要时插入即可。这些图例符号都有大小形状的规定，后面在制作块时，将会较为详细地列出它们的尺寸及使用场合。

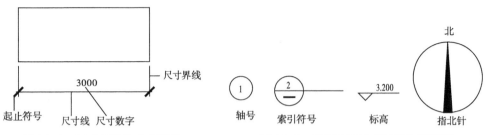

图10-8 尺寸标注的4个要素　　　　图10-9 建筑制图中常用的图例符号

10.3 模板介绍

由于AutoCAD是一种通用的图形软件，并不是专门针对建筑制图的，因此，当新建一个AutoCAD图形文件开始绘图时，系统默认的设置比较单一，如线型为continuous，即细实线；线宽的默认值为0.25mm；文字样式为standard；标注样式为ISO-25；默认的图层只有一个0图层。如果要绘制建筑图纸，根据上面的介绍，显然是无法满足要求的。常规的做法是，根据所要绘制的图形的具体情况，在开始绘图前和在绘图过程中，设置AutoCAD的一些样式，包括图层、线型、线宽、文字样式和标注样式等。然后利用这些样式绘制符合要求的图纸。

对于以上情况，AutoCAD提供了样板的功能，系统自带了一些样板文件，可通过样板文件来新建图形文件。下面介绍有关的操作过程。

当双击桌面上AutoCAD的图标后，就开始启动AutoCAD，此时系统打开"启动"对话框。该对话框提供了4种不同的启动方法，共包括4个选项卡，当前打开的是"打开图形"选项卡的内容，它列出了本系统最后编辑修改的9个图形文件。单击第三个选项卡，即"使用样板"选项卡，此时在对话框的"选择样板"栏中列出了AutoCAD自带的几个样板文件，选择其中的"Tutorial-iArch.dwt"，此时在右侧的预览区显示了该样板图形的预览图像，在下部的样板说明"区域列出了该样板文件的一些简要描述，对话框显示内容如图10-10所示。

打开"新建"对话框，如图10-11所示。

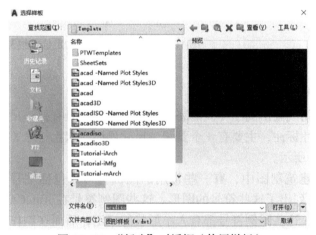

图10-10 样板文件对话框　　　　图10-11 "新建"对话框（使用样板）

单击"确定"或"打开"按钮，系统就打开了该样板文件默认设置的新图形，此时 AutoCAD 的操作界面如图 10-12 所示。

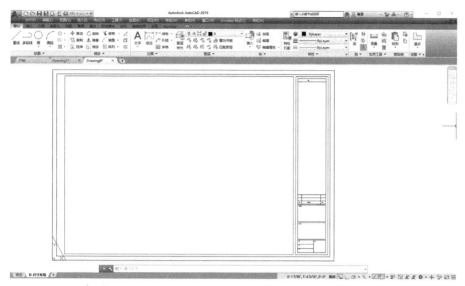

图 10-12　通过样板文件建立的新图形文件

显然，该新建的图形已经绘制好了图框，并且已经设置了几个图层及文字样式，可以通过单击"图层"工具栏和"特性"工具栏的有关列表框，查看相关的内容。另外，当前打开的是"图纸"空间。

由此可见，通过样板文件建立的新文件，已经包含了很多内容及有关样式设置，这与常规的新建文件有很大差别，节省了很多工作。下面，简单介绍一下 AutoCAD 中有关样板的概念。

样板图形存储图形的所有设置，并可能包括预定义的图层、标注样式和视图。样板图形通过文件扩展名 .dwt 区别于其他图形文件，它们通常保存在 template 目录中。

如果根据现有的样板文件创建新图形，则在新图形中的修改不会影响到样板文件。用户可以使用 AutoCAD 提供的一种样板文件，也可以创建自定义样板文件。

需要创建使用相同惯例和默认设置的几个图形时，通过创建或自定义样板文件可以节省很多时间。这样，以后每次启动 AutoCAD 或者新建文件时，将直接新建一个基于自定义样板的图形文件。该过程的操作设置将在后面介绍。

很显然，当经常绘制建筑图纸时，因建筑行业工种比较多，如土建、强电、采暖空调、给排水和弱电等。因此，需要绘制不同类型的图纸。这样平时在绘制图纸时，可以先建立一个模板图形（习惯上把样板称为模板，后面将采用模板的名称），把需要使用的样式预先设置好；还可以制作常用的块，然后将其作为一个模板文件。以后要绘制图形时，首先打开该模板文件，以需要的图名保存，然后在模板基础上绘制图形，这样可以省掉大量重复工作，从而大大提高绘图效率。最后需要对图纸进行清理，将不需要的样式和图层以及块清理掉，以免浪费资源，同时也能提高打开图形文件的速度。

根据前面介绍的有关建筑制图的标准来设置建筑模板得知，一个建筑模板的内容至少应包括以下几个方面：图层、线型、文字样式、标注样式和块制作。下面分别进行简单介绍。

10.3.1 图层

对于一张建筑图纸来说，内容都比较多，为便于绘图修改，一般都要设置十几个图层，有的甚至更多。如单纯一张建筑平面图，常用的图层是根据其构造与图形固有的情况来决定的，一般均设置以下图层：轴线、柱子、墙体、门窗、室内布置、文字标注、尺寸标注、图签等。

对于设备平面图，则根据不同的系统，一般又设置以下图层：强电（动力、照明和插座）、水（给水、排水和消防水）、空调（空调水管、空调风管和防排烟）、弱电（消防、综合布线、安防和楼宇自控）等。当然，并不是在模板中都需要把这些图层设置好，一般只需要设置建筑平面图的几个图层即可。因为设备平面图都是在建筑平面图的基础上绘制的，需要绘制哪个类型的系统，根据需要再新建图层即可。

在模板中设置图层时，建议采用汉字名称来冠名，这样图纸格式比较统一，而且一目了然，便于对图层进行管理。另外，在新建图层时，可以预先设置好图层的颜色、线型和线宽，如轴线图层一般为红色，线型为细点画线。这样就方便绘图，绘出的图形也比较清晰。

10.3.2 线型

建筑图纸中的图线主要有3种，即实线、虚线和点画线，其图线的粗细由线宽决定。在 AutoCAD 中已经有一个默认线型为实线，在模板文件中还需要加载虚线和点画线两种线型。另外，由于绘制的建筑图纸一般都比较大，因此还需要考虑修改线型的全局比例因子——Ltscale25、50。

10.3.3 文字样式

在建筑制图中，需要使用文字的地方很多，如房间名称、门窗类型、尺寸标注中的文字、图框说明栏、设计说明、施工说明和设备图例表等。这些文字一方面要考虑文字样式，另一方面要考虑文字的大小，这些需要在模板文件中设置。

建筑制图的标准规定采用长仿宋体字，但是在实际的 AutoCAD 绘图中，一般设置多种文字样式。如对于汉字可以采用仿宋体或者宋体，而数字和字母选择种类就比较多，而且还可以写成直体或斜体。

10.3.4 标注样式

AutoCAD 默认的标注样式是 ISO-25，该样式不能用于建筑图纸的标注，必须设置新的建筑类型标注。对每一种标注样式，其标注文字的大小都是确定的。另外，由于图纸大小程度的不同，有些建筑图纸除了标注出主要的轴线定位尺寸外，还要对某些局部的形体进行标注，在总平面图中，由于图形的实际尺寸很大，因此还需要设置一种尺寸标注样式。总之，在模板文件中至少要设置两种新的标注样式。在正式绘制图形时，还可以再设置新的尺寸标注样式。

10.3.5 块制作

在 AutoCAD 中，灵活运用块功能可以大大提高绘图效率。在建筑图纸中，可以作为块的物体很多，如前面介绍的图例符号；还有建筑平面图中的门窗、盥洗设施、厨房设施等；对于设备平面图，基本上所有的安装设备都可以制作成块。这一类设备由于数量都很大，而且图形符号都是统一的，因此制作成块后，既方便调用，又能保证绘制图形的标准，可以极大地提高绘图效率。

由于 AutoCAD 已经具有设计中心功能，可以很方便地调用其他图形文件的块，但是在模板文件中制作统一的模块还是比较方便。这些块的制作有两种方法，一种是可以从设计中心中调用相似的块后，将其分解然后修改，最后制作成块；另一种是可以直接绘制，然后制作成块。对于块的名称，一般采用英文名称或者其名称的拼音，对于相同类型但是尺寸不同的设备，可以在名称后加数字后缀。除了要包含以上内容外，建筑模板还需要设置绘图环境，包括辅助功能设置、图形单位设置等内容。

小　结

本章介绍了 AutoCAD 在以土木工程及相关专业的应用为基础，加入建筑制图的统一要求，通过工程实践的案例来分析 AutoCAD 命令的运用。结合建筑实例图介绍了 AutoCAD 命令的综合应用与使用技巧。主要内容包括：简单图形的绘制与修改，点的设置和编辑，制图的辅助工具，视窗显示控制，图形尺寸的标注及一些绘制建筑图的综合实例。

上机操作练习

【任务】绘制平面图（图 10-13）。

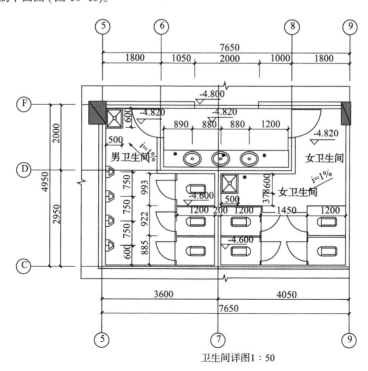

图 10-13　卫生间平面图

操作步骤如下：

① 新建文件。启动 AutoCAD 应用程序，单击快速访问工具栏中的"新建"按钮，打开"选择样板"对话框，如图 10-14 所示。选择"acadiso.dwt"选项，单击"打开"按钮，即可新建一个样板文件。

② 设置绘图单位。在命令行中输入 units（单位）命令并回车，弹出"图形单位"对话框，在"长度"选项组里的"类别"下拉列表中选择"小数"。在"精度"下拉列表框中选择 0，如图 10-15 所示。

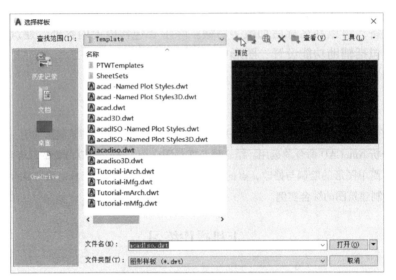

图 10-14 "选择样板"对话框

③ 设置图层。单击"图层"面板中的"图层特性"按钮，弹出"图层特性管理器"对话框，单击对话框中的"新建图层"按钮，创建剖面图所需要的图层，并为每一个图层定义名称、颜色、线型、线宽，设置好的图层效果如图 10-16 所示。

图 10-15 "图形单位"对话框

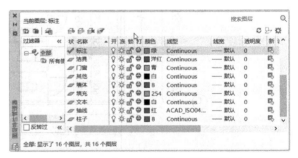

图 10-16 "图层特性管理器"对话框

④ 设置图形界限。在命令行中输入 limits（图形界限）命令并回车，设置绘图区域。然后执行 ZOOM（缩放）命令，完成观察范围的设置。其命令行提示如下：

命令：limits

重新设置模型空间界限：

指定左下角点或 [开 (ON)/ 关 (OFF)] <0.0000,0.0000>：

指定右上角点 <420.0000,297.0000>：10000,6000

⑤ 绘制定位轴线。将"轴线"图层置为当前层，单击"绘图"面板中的直线按钮 ，配合"正交"功能和"对象捕捉"功能，绘制一条水平轴线和一条垂直轴线。单击"修改"面板中的偏移按钮 ，根据卫生间房间分隔，生成轴线网。

⑥ 单击"修改"面板中的修剪按钮 。将轴线网中多余的轴线进行修剪，如图 10-17 所示。

⑦ 绘制墙体。将"墙体"图层置为当前层，在命令行中输入 mline（多线）命令并回车，设置卫生间上部的墙体宽度为 200，下部的墙体宽度为 100，对齐方式为居中对齐，沿轴线绘制出墙体。

在命令行中输入 mledit（编辑多线）命令并回车，在弹出的"多线编辑工具"对话框中，选择适当的编辑工具编辑墙体；然后将"轴线"图层关闭，得到如图 10-18 所示的墙体效果。

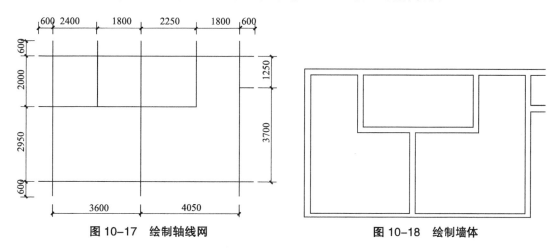

图 10-17　绘制轴线网　　　　　　　图 10-18　绘制墙体

⑧ 绘制柱子。将"柱子"图层置为当前层，单击"绘图"面板中的 rectang（矩形）按钮 ，设置矩形的尺寸为 500×700，绘制出柱子的轮廓线。

单击"绘图"面板中的"HATCH"（图案填充）按钮 ，对柱子进行图案填充；单击"修改"面板中的"复制"按钮 ，配合"对象捕捉"功能，复制柱子到卫生间平面图中，如图 10-19 所示。

⑨ 绘制卫生间门洞口。将"墙体"图层置为当前层，单击"绘图"面板中的直线按钮 ，沿墙角绘制垂直或水平辅助线；单击"修改"面板中的偏移按钮 ，生成卫生间门洞口的辅助线。

单击"修改"面板中的修剪按钮 ，将门窗洞口处的墙线和辅助线进行修剪；单击"修改"面板中的删除按钮 ，将绘制的水平辅助线和垂直辅助线进行删除，如图 10-20 所示。

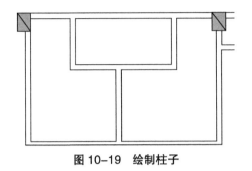
图 10-19　绘制柱子

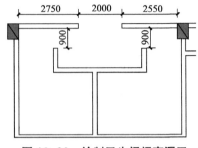
图 10-20　绘制卫生间门窗洞口

⑩ 绘制卫生间门。将"门窗"图层置为当前层,单击"绘图"面板中的直线按钮,绘制一条水平直线和一条垂直线,长度为 900;单击"修改"面板中的偏移按钮,将水平直线向下偏移 40,得到如图 10-21 所示效果。

单击"绘图"面板中的圆按钮,绘制出卫生间门开启方向线。单击"修改"面板中的修剪按钮 修剪 进行修剪,完成如图 10-22 所示效果。

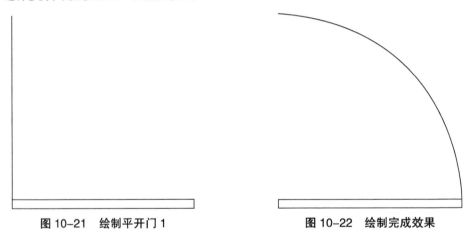

图 10-21　绘制平开门 1　　　　　　　图 10-22　绘制完成效果

单击"修改"面板中的移动按钮 移动,将平开门移到门洞口处。单击"修改"面板中的镜像按钮 镜像,复制出另一个平开门;单击"绘图"面板中的直线按钮,绘制卫生间入口门口线,如图 10-23 所示。

⑪ 绘制折断线。将"其他"图层置为当前层,单击"绘图"面板中的直线按钮,沿卫生间墙体外缘绘制出折断线和折断符号,如图 10-24 所示。

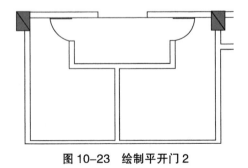
图 10-23　绘制平开门 2

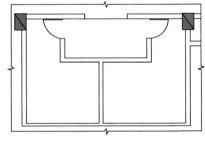
图 10-24　绘制折断线

⑫ 绘制卫生间隔断。单击"绘图"面板中的直线按钮，沿卫生间墙角绘制水平和垂直辅助线。单击"修改"面板中的偏移按钮，生成卫生间隔断和隔断门洞口的辅助线。

单击"修改"面板中的修剪按钮，将辅助线进行修剪。单击"修改"面板中的删除按钮，将绘制的水平辅助线和垂直辅助线删除。然后单击"修改"面板中的复制按钮，配合"缩放"功能，复制平开门到卫生间隔断门洞中，如图10-25所示。

⑬ 插入卫生洁具设备。按下快捷键 Ctrl+2，打开 AutoCAD 设计中心，插入卫生间设备；单击"修改"面板中的"移动"按钮和"复制"按钮，配合"对象捕捉"功能，复制卫生洁具设备到卫生间详图中；单击"绘图"面板中的直线按钮，绘制出台式洗脸盆平台线，如图10-26所示。

卫生间详图主体部分绘制完成后，就要对卫生间详图标注尺寸、轴线编号和文字说明等。

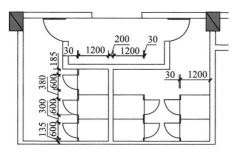

图 10-25　绘制卫生间隔断

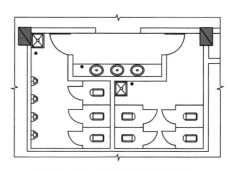

图 10-26　插入卫生洁具设备

⑭ 标注。将"标注"图层置为当前层，"注释"面板单击标注样式按钮，在弹出"标注样式管理器"对话框中修改标注样式，方法同平面图的尺寸标注样式；单击线性按钮和连续按钮，标注各部分尺寸，如图10-27所示。

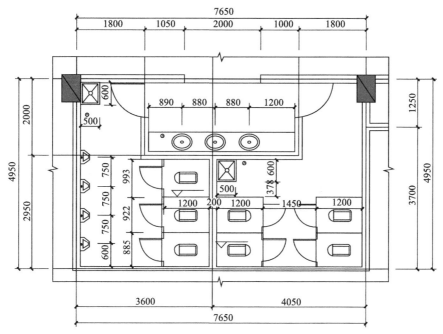

图 10-27　标注尺寸

⑮ 标注轴线编号。单击"绘图"面板中的"直线"按钮，绘制一条长500的垂直线；单击"绘图"面板中的"CIRCLE"（圆）按钮，绘制一个直径为400的圆。单击"注释"面板中的"多行文字"按钮 A，在圆中心位置绘制出轴线编号文字。

单击"修改"面板中的"移动"按钮 ✦ 移动，配合"端点和象限点捕捉"功能，将直线移到圆的正上方；单击"复制"按钮 复制，配合"旋转和镜像"功能，复制多个轴线编号到卫生间详图中。然后双击轴线编号文字，对编号文字进行修改，如图10-28所示。

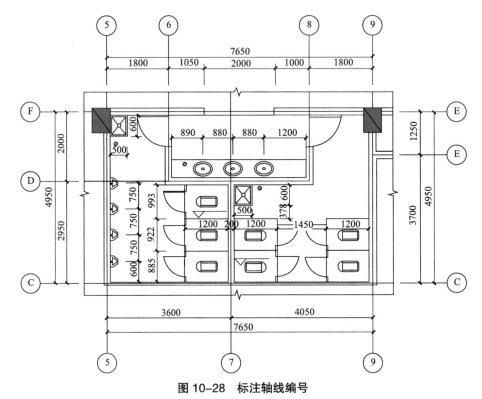

图10-28　标注轴线编号

⑯ 绘制标高符号。将"标注"图层置为当前层，单击"绘图"面板中的"直线"按钮，绘制一个等腰三角形，并延长该等腰三角形的水平边。单击"注释"面板中的"多行文字"按钮 A，在等腰三角形上方绘制出标高数字。

单击"修改"面板中的"复制"按钮 复制，复制标高符号和文字到需要标注的位置。双击标高数字，对标高数字进行修改，如图10-29所示。

⑰ 绘制坡度。单击"绘图"面板中的"多段线"按钮，绘制出坡度箭头。单击"注释"面板中的"多行文字"按钮 A，在坡度箭头上方绘制坡度文字。单击"修改"面板中的复制按钮 复制，配合"旋转"功能，将坡度箭头和文字复制到卫生间详图中合适位置，如图10-30所示。

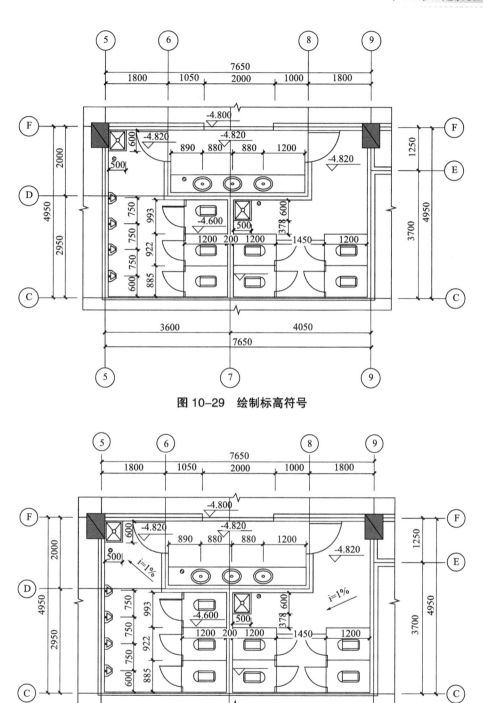

图 10-29 绘制标高符号

图 10-30 绘制坡度箭头和文字

思考题

1. 将一个将要建造的建筑物的内外形状和大小，以及各个部分的结构、构造、装修、设备等内容，按照现行国家标准的规定，用正投影法，详细准确地绘制出图样，绘制的图样称为_____。
2. 施工图根据专业的不同一般分为_____、结构施工图（简称"结施"）和_____。
3. 总平面的标注内容包括尺寸、_____、文字标注、_____、文字说明等内容。
4. 一般情况下，总平面图应该包含哪些内容？
5. 请简述建筑平面图的图示要点及内容。
6. 建筑立面图的图示内容主要有哪几个方面？

课后练习

1. 新建一个名为"建筑"的标注样式，以系统默认的ISO-25样式为基础，设置标注箭头为"建筑标记"，引线设置为"倾斜"，箭头大小为300，设置文字高度为500，文字置于尺寸线上方且与尺寸线对齐，不加引线，文字始终保持在尺寸界线之间，标注尺寸线型标注的单位格式为"小数"，保留小数点后0位，其余选项保持选项系统的默认设置。
2. 完成绘制图10-31所示的建筑平面图。

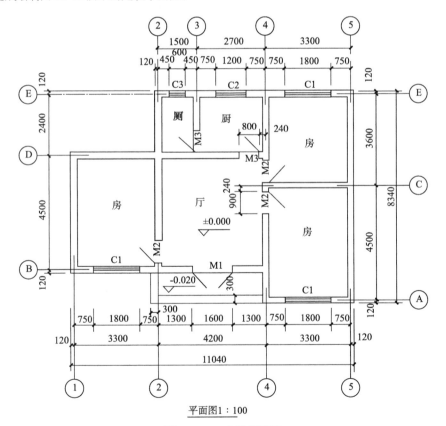

平面图1:100

图 10-31　建筑平面图

▶▶▶ 第 11 章　打印输出和发布

⊙ 本章导读

当完成图形内容的全部绘制和编辑后，用户可以通过对现有的图形进行布局设置、打印输出或在线发布等操作，以便查看、对比、参照和资源共享。使用 AutoCAD 输出图纸时，用户不仅可以将绘制好的图形通过布局或模型空间直接打印，还可以将信息传递给其他的应用程序。除此之外，用户利用 Internet 网络平台还可以发布、传递图形，进行技术交流或信息资源共享等。

⊙ 知识目标

熟悉设计中心的功能。
熟悉模型空间和布局空间。
掌握图形的页面设置和打印设置。

⊙ 能力目标

快速查看布局和图形。
显示或隐藏布局和"模型"选项卡。
创建布局、页面设置。
打印设置、输出图形、创建图纸集。
PDF 的输入与输出。

11.1　创建与管理布局

在称为"布局"的标准尺寸图纸上显示一个或多个缩放的设计视图。完成以实际大小创建模型后，可以切换到图纸空间布局以创建模型的缩放视图并添加说明、标签和标注。还可以指定不同的线型和线宽以供在图纸空间中显示。每个布局都代表一张单独的打印输出图纸，用户可以根据设计需求创建多个布局以显示不同的视图，并且还可以在布局中创建多个浮动视口。

11.1.1　模型空间和布局空间

模型空间和布局空间是 AutoCAD 的两个工作空间，并且通过这两个空间可以设置打印效果，其中通过布局空间的打印方式比较方便快捷。在 AutoCAD 中，模型空间主要用于绘制图形的主体模型，而布局空间主要用于打印输出图纸时对图形的排列和编辑。

①模型空间。主要是用于建模，在模型空间中，可以绘制全比例的二维图形或三维模型，还可以为图形添加标注和注释等内容，模型空间还是一个没有界限的三维空间，并且永远是按照 1∶1 的实际尺寸绘图，如图 11-1 所示。

②布局空间。又叫图纸空间，主要用于出图。模型建好后，需要将模型打印到纸面上形成图样。使用布局空间可以方便地设置打印设备、纸张、比例尺、图样布局，并可以预

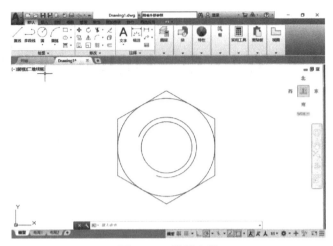

图 11-1 模型空间

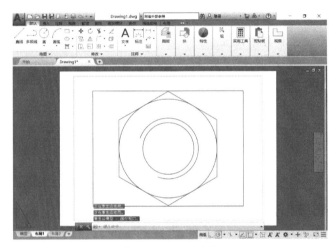

图 11-2 布局空间

览实际出图的效果，如图 11-2 所示。

使用 qvdrawing 命令可以轻松预览打开的图形和对应的模型与布局空间，并可以在两种空间之间任意切换。在应用程序窗口的底部，以缩略图形式显示预览图像的两级结构。第一级显示打开图形的图像，第二级显示图形中模型空间和布局的图像。

快速查看图形，如图 11-3 所示。

快速查看布局，如图 11-4 所示。

11.1.2 显示或隐藏布局和"模型"选项卡

在"功能区"选项板中选择"视图"选项卡，在"界面"面板中单击"布局选项卡"按钮，就可以显示或隐藏布局和模型选项卡。步骤如下：

①在命令行输入 OP 命令→打开"选项"对话框→勾选或者不勾选"显示布局和模型选项卡（L）"，如图 11-5 所示。

②按"确认"按钮，即可显示或者隐藏布局和模型选项卡，如图 11-6、图 11-7 所示。

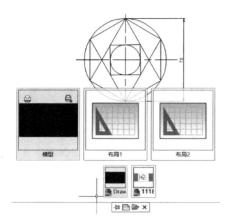
图 11-3 快速查看图形

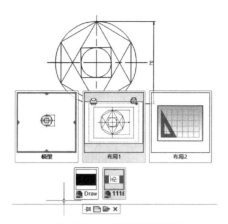
图 11-4 快速查看布局

图 11-5 选项

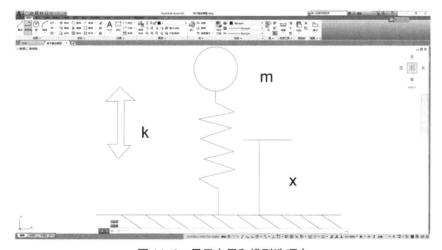
图 11-6 显示布局和模型选项卡

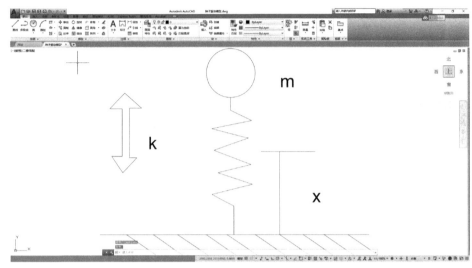

图 11-7　隐藏布局和模型选项卡

布局空间在图形输出中占有极大的优势和地位，同时也为用户提供了多种用于创建布局的方式和管理布局的不同方法。新建布局步骤如下：

在左下角"模型/布局"选项卡，右击选择"新建布局"，如图 11-8 所示。

图 11-8　新建布局

11.1.3　页面设置

在进行图纸打印时，必须对打印页面的打印样式、打印设备、图纸大小、图纸打印方向以及打印比例等参数进行设置。pagesetup 命令控制每个新建布局的页面布局、打印设备、图纸尺寸和其他设置。页面设置选项如图 11-9 所示。

①新建页面设置。显示"新建页面设置"对话框（图 11-10），从中可以为新建页面设置输入名称，并指定要使用的基础页面设置。

图 11-9　页面设置管理器

图 11-10　新建页面设置

②修改页面设置。显示"页面设置"对话框（图 11-11），从中可以编辑所选页面设置的设置。

③输入页面设置。显示所选图形中可供输入的页面设置（图 11-12）。

图 11-11　修改页面设置

图 11-12　输入页面设置

页面设置步骤：

方法一：打开"输出"选项卡→"打印"面板→"页面设置管理器"命令，如图 11-13 所示。

方法二：在命令行输入 pagesetup，按 Enter 确认。

图 11-13　"输出"选项卡

方法三：工具栏中"文件"→"页面设置管理器"。

11.2　打印输出

创建完成的图形对象都需要以图纸的形式打印出来，以便后期的工艺编排、交流以及审核。通常在布局空间设置浮动视口，确定图形的最终打印位置，然后通过创建打印样式表进行必要的打印设置，最后执行"打印预览"命令查看布局无误，即可执行打印操作。

11.2.1　打印设置

（1）设置打印样式

在打印输出图形时，所打印图形线条的宽度根据对象类型的不同而不同。对于所打印的线条属性，不但可以在绘图时直接通过图层进行设置，还可以利用打印样式表对线条的颜色、线型、线宽、抖动以及端点样式等特征进行设置。打印样式表可以分为颜色和命名打印样式表两种类型。在快捷工具栏选择"显示菜单栏"命令，在弹出的菜单中选择"文件"→"打印"命令，可以打开"打印－模型"窗口，下拉打印样式表，选择合适样式（如 acd、ctb），单击"编辑"符号，设置打印样式表，如图 11-14 所示。

①创建打印样式表。依次单击"工具"菜单→"向导"→"添加打印样式表"。

②命名打印样式表。AutoCAD 根据在打印样式定义中指定的特性设置来打印图形，文件扩展名是 .stb。

③颜色打印样式表。使用 AutoCAD 颜色索引号创建打印样式表，文件扩展名为 .ctb。

（2）设置打印比例

在"打印-模型"对话框的"打印比例"选项区域，可以设置图形的打印比例。用户绘制图形一般按1∶1比例绘制，打印输出图形时则需要根据图纸尺寸确定打印比例。系统默认的选项是"布满图纸"，即系统自动调整缩放比例。使所绘图形充满图纸。用户还可以直接在"比例"下拉列表框中选择标准缩放比例。如果需要自己制定打印比例，可选择"自定义"选项，此时可以在自定义对应的两个数值框中设置打印比例。其中，第一个文本框表示图纸尺寸单位，第二个文本框表示图形单位。如设置打印比例为2∶1，即可在第一个文本框内输入2，在第一个文本输入1，则表示图纸中一个单位在打印输出后变成两个单位。

（3）设置打印设备

为了获得更好的打印效果，在打印之前，应对打印设备进行设置。在"功能区"选项卡，单击"打印"面板中的"打印"按钮，弹出"打印-模型"对话框，在"打印/绘图仪"选项区域，可以设置打印设备，用户可以在"名称"下拉列表框中选择需要的打印设备，如图11-15所示。

图11-14 "打印样式表编辑器"对话框

图11-15 设置打印

（4）设置图纸尺寸

在"打印-模型"对话框的"图纸尺寸"下拉列表框中，用户可以选择标准图纸的尺寸。在"功能区"选项板中切换至"输出"选项卡，单击"打印"面板中"页面设置管理器"按钮，弹出"页面设置管理器"对话框，单击"修改"按钮，如图11-16所示。在打"打印机/绘图仪"选项区域单击"名称"右侧地下拉按钮，在弹出的下拉菜单中选择合适的打印设备，单击"图纸尺寸"右侧的下拉按钮，在弹出的下拉列表框中选择A3选项，单击"确定"按钮，返回"页面设置管理器"对话框，单击"关闭"按钮，即可设置图纸尺寸（图11-17）。

11.2.2 输出图形

打印是指定设备和介质设置，然后打印图形。打印输出就是将最终设置完成后的图纸布局通过打印的方式输出该图形，或将图纸信息输出其他程序中，使图纸从计算机中脱离，方便进行零部件加工工艺的辅助加工，如图11-18所示。

第 11 章 打印输出和发布

由于 AutoCAD 的绘图界限没有限制，所以在打印图形时，必须设置图形的打印范围，这样可以更准确地打印需要的图形。在"打印 – 模型"对话框的"打印区域"选项组中，"打印范围"下拉列表框中包括"窗口""图形界限"和"显示"3 个选项，各选项的含义如下：

①窗口。打印指定窗口内的图形对象。

②图形界限。选择该选项，只打印设定的图形界限内的所有对象。

③显示。选择该选项，可以打印。

在 AutoCAD 中，用户可以通过以下 4 种方式预览打印效果：

①命令。在命令行中输入 preview 命令，并按 Enter 键确认。

②菜单。单击"菜单浏览器"按钮，在弹出的下拉菜单中，选择"打印"→"打印预览"命令。

③面板。在功能区，切换至"输出"选项卡，在"打印"面板中单击"预览"按钮。

④对话框。在"打印 – 模型"对话框中单击"预览"按钮。

使用以上任意一种方法，AutoCAD 都将按照当前的页面设置、绘图设备设置及绘图样式等，在屏幕上绘制出最终要输出的图形。

图 11-16 "页面设置管理器"对话框

图 11-17 图纸尺寸

图 11-18 "打印"对话框

11.3 发布图形

AutoCAD 拥有与 Internet 进行连接的多种方式，并且能够在其中运行 Web 浏览器。用户可以通过 Internet 访问或存储 AutoCAD 图形以及相关文件，并且通过该方式生成相应的 DWF 文件，以便进行浏览与打印。

11.3.1 创建图纸集

图纸集是来自一些图形文件的一系列图纸的有序集合。用户可以在任何图形中将布局作为图纸编号输入到图纸集中，在图纸一览表和图纸之间建立一种连接。在 AutoCAD 中，图纸集可以作为一个整体，进行管理、传递、发布和归档。在 AutoCAD 中，用户可以通过使用"创建图纸集"向导来创建图纸集，如图 11-19 所示。在向导中，既可以基于现有图形从头开始创建图纸集，也可以使用样例图纸集作为样板进行创建。

①从样例图纸集创建图纸集。使用此选项创建图纸集时，样例图纸集可提供新图纸集的组织结构和默认设置。指定根据图纸集的子集存储路径创建文件夹。使用此选项创建空图纸集后，可以单独地输入布局或创建图纸。步骤：

选择"文件"→"新建"→"图纸集"菜单命令，如图 11-20 所示。

图 11-19　创建图纸集　　　　　　　　图 11-20　新建图纸集

在弹出的"创建图纸集 – 开始"对话框中选择"样例图纸集"选项，然后单击"下一步"按钮，弹出"创建图纸集 – 图纸集样例"对话框，如图 11-21 所示。

选择"Architectural Metric Sheet Set"选项，如图 11-22 所示。

单击"下一步"按钮，弹出"创建图纸集 – 图纸集详细信息"对话框，指定"新图纸集的名称"，如图 11-23 所示。

单击"下一步"按钮，弹出"创建图纸集 – 确认"对话框，如图 11-24 所示。

②从现有图形文件创建图纸集（图 11-24）。使用此选项创建图纸集时，指定一个或多个包含图形文件的文件夹，然后可以指定图纸集的子集组织复制图形文件的文件夹结

图 11-21 样例图纸集

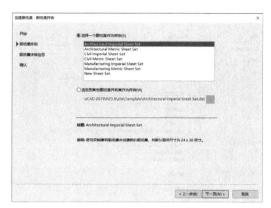

图 11-22 选择图纸集

图 11-23 新图纸集的名称

图 11-24 "创建图纸集"对话框

构。这些图形的布局可自动输入到图纸集中。步骤：

在弹出的"创建图纸集-开始"对话框中选择"现有图形"选项，然后单击"下一步"按钮，弹出指定"新图纸集的名称"对话框（图 11-25）。

在样例页面进行样例的选择设置，如图 11-26 所示。

进行图纸的详细设置后，单击"完成"，如图 11-27 所示。

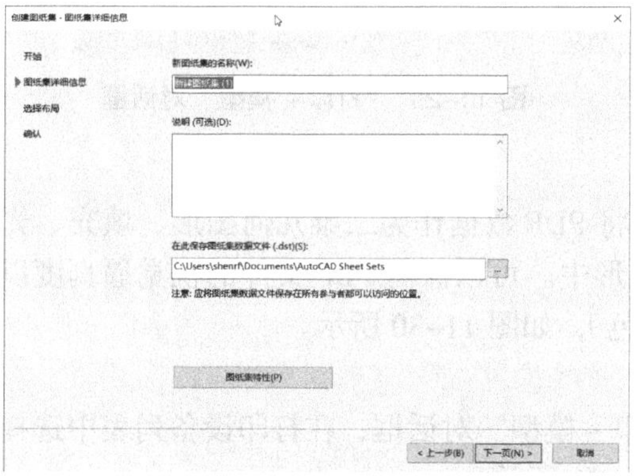

图 11-25 新图纸集的名称

图 11-26 选择布局

图 11-27 确认图纸集

11.3.2 PDF 的输入与输出

为了方便审阅、查看、打印、传输，很多情况下会将 DWG 图纸转换成 PDF 文件。因为 DWG 格式需要 AutoCAD 等特定软件才能打开，其中涉及版本、兼容性。如果是不需要编辑，只需要查看、打印，PDF 文件拥有体积小、所见即所得（打印也是如此）、查看方便（矢量）等优势。不会因为字体、打印样式、软件、移动设备限制，如果可能还能打开/关闭图层，批注。此外，PDF 还可以保证文档完整性、受限制。如提交审阅或交给甲方查看时多了一层保障，也可以设置加密，限制查看、修改、打印（分为无限制和低分辨率以及不可打印）等操作。

PDF 除了便携外，做其他用途时也比较方便。可以在几乎所有平台做演示、打印，也可以转换为多种格式进行编辑，最常见就是转为图片。因为是矢量，可以根据需要输出不同格式或尺寸，原文件不受影响，不用多次导出。正因为这种需求非常多，网上有不少人问这方面的问题。也正因为这种需求越来越多，CAD 提供了越来越多与 PDF 相关的功能。便携文档格式（PDF）是可在多个平台上查看的压缩电子文档格式。PDF 文件广泛用于通过 Internet 传递图形数据。PDF 文件是发布和共享设计数据以供查看和标记时的一种常用方法。AutoCAD 不仅支持创建 PDF 文件作为 AutoCAD 图形的发布输出，还支持将 PDF 数据输入到 AutoCAD 中。将图形文件输出为 PDF，如图 11-28、图 11-29 所示。

图 11-28 "另存为"对话框

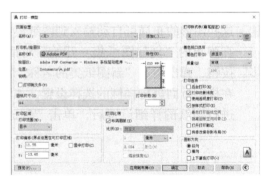

图 11-29 "打印 – 模型"对话框

（1）PDF 文件的输入

PDF 文件的输入就是从指定的 PDF 文件中将 PDF 数据作为二维几何图形、填充、光栅图像和 TrueType 文字输入到 AutoCAD 当前图形中。可以保留 PDF 文件的视觉逼真度以及某些特性（如 PDF 的比例、图层、线宽和颜色），如图 11-30 所示。

（2）打印输出 PDF

打开图纸，单击"打印"按钮，打开"打印 – 模型"对话框，在打印设备列表中选择 dwgtoPDF 或其他 PDF 的虚拟打印驱动，如图 11-31 所示。

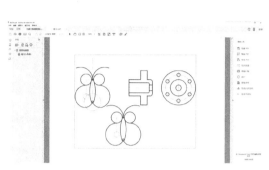
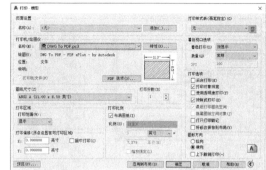

图 11-30　PDF 文件输入　　　　　图 11-31　"打印 – 模型"对话框

在 CAD 高版本中除了 dwgTOPDF 驱动外，还有多种针对不同需求的 PDF 打印驱动，这些 PDF 驱动只是预设的分辨率和尺寸不同。纸张大小、打印范围、比例、打印样式表的设置与普通打印机的操作完全一致。只是在一些特殊的情况下用户需要单击"特性"按钮去定制 PDF 打印的一些特性，如图 11-32 所示。

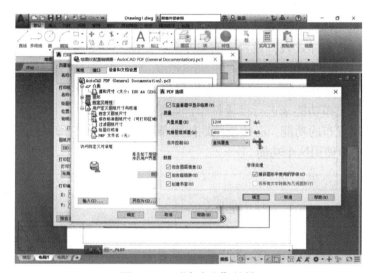

图 11-32　"自定义"特性

在 PDF 的"自定义"特性中，有两个参数比较重要，一是矢量图形的数据，二是光栅图像的分辨率。如果图纸中使用了操作系统的字体，转换 PDF 时会保留字体，在 PDF 可以编辑这些文字。但如果使用的是 CAD 内部的 SHX 字体或在 CAD 里修改了宽高比的操作系统文字，PDF 不支持，只能将这些字体转换为几何图形。由于有些图纸文字样式里字体设置不支持中文，但多行文字显示成了宋体，这种情况在转换的时候可能出问题，文字可能会消失。遇到这种情况解决办法有两种：一是将文字样式修改成正确的字体；二是在"自定义特性"对话框中取消勾选"捕获图形中使用的字体"后，再勾选"将所有文字转换成几何图形"。

（3）直接输出 PDF

①直接在菜单中点击"输出 PDF"，就可以将 DWG 转换成 PDF，如图 11-33 所示。

②在对话框右上方的下拉框中可以选择输出 PDF 的驱动，如图 11-34 所示。

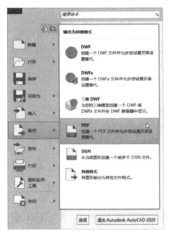

图 11-33 输出 PDF

图 11-34 另存为 PDF

③单击"选项"按钮，即打印 PDF 驱动的"自定义特性"对话框，如图 11-35 所示。

④用户也可以设置"输出"范围为"显示""范围"或"窗口"，页面设置默认使用当前的页面设置，也可以选择"替代"，指定替代的页面设置，在页面替代设置中，可以重新选择图纸尺寸、打印样式表，设置比例和方向，如图 11-36 所示。

（4）发布（PUBLISH）

CAD 实现批量打印的功能，必须事先设置好布局和页面设置，每个布局只能放一个图框，这样可以用发布功能来进行批量打印，如图 11-37 所示。

注意：想要用发布的功能，必须规范地使用布局，并预先保存好每个布局的页面设置，否则没有办法成功地使用这个功能。

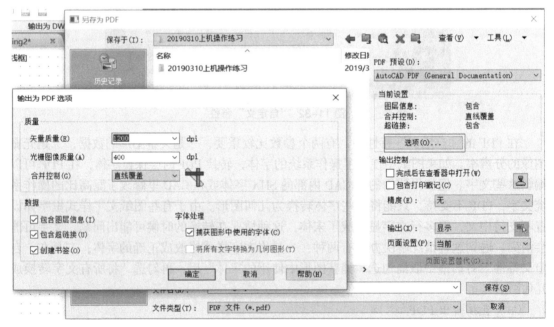

图 11-35 打印 PDF

第 11 章 打印输出和发布

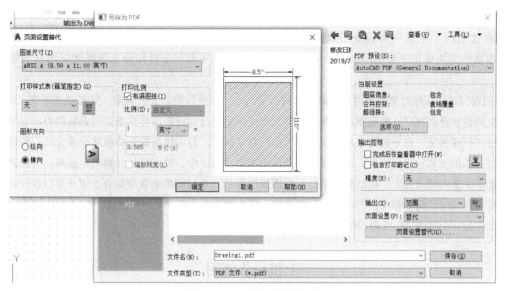

图 11-36 页面设置替代

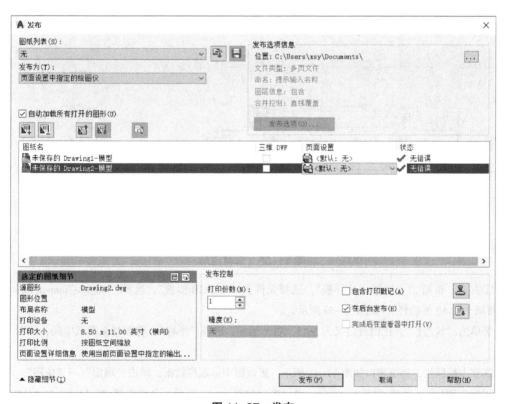

图 11-37 发布

小　结

每个布局都代表一张单独的打印输出图纸，用户可以根据设计需求创建多个布局以显示不同的视图，并且还可以在布局中创建多个浮动视口。模型空间和布局空间是 AutoCAD 的两个工作空间，并且通过这两个空间可以设置打印效果，通过布局空间的打印方式比较方便快捷。在 AutoCAD 中，模型空间主要用于绘制图形的主体模型，而布局空间主要用于打印输出图纸时对图形的排列和编辑。

创建完成的图形对象都需要以图纸的形式打印出来，以便后期的工艺编排、交流以及审核。通常在布局空间设置浮动视口，确定图形的最终打印位置，然后通过创建打印样式表进行必要的打印设置，最后执行"打印预览"命令查看布局无误，即可执行打印操作。打印输出就是将最终设置完成后的图纸布局通过打印的方式输出该图形，或将图纸信息输出到其他程序中，使图纸从计算机中脱离，方便进行零部件加工工艺的辅助加工。图纸集是来自一些图形文件的一系列图纸的有序集合。用户可以在任何图形中将布局作为图纸编号输入到图纸集中，在图纸一览表和图纸之间建立一种连接。在 AutoCAD 中，图纸集可以作为一个整体进行管理、传递、发布和归档。

上机操作练习

【任务 1】打印输出练习。

打印图 11-38 所示的图形。

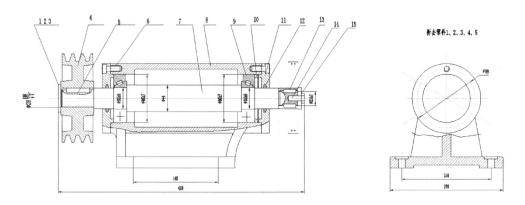

图 11-38　素材图形

①右击"布局 2"，选择"从样板"，选择文件夹"CADGB 模板"，选择"Gb_a3-NamedPlotStyles"，创建布局"GbA3 标题栏"，如图 11-39 所示。

②单击"状态栏"，比例自定义为 1:3，右击鼠标，选择"平移"，将图移至图纸中间，如图 11-40 所示。

③双击标题栏，弹出窗口如图 11-41 所示，更改图中标题栏数据。单击"确定"→"应用"。

④单击图标，选择"打印"，弹出窗口如图 11-42 所示，名称选择"PublishToWebJPG.pc3"，图纸大小选择"ISOA3（420.00×297.00）"，单击"确认"打印出图。

【任务 2】创建打印样式表练习。

对图 11-43 所示的图形进行创建打印样式表。

①按 Ctrl+O 组合键，打开素材图形，选择菜单栏中的"工具"→"向导"→"添加打印样式表"命令，弹出图 11-44"添加打印样式表"对话框，单击"下一步"按钮，如图 11-44 所示。

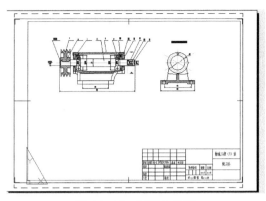
图 11-39 创建布局图

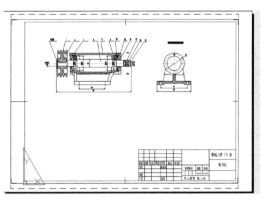
图 11-40 调整图形

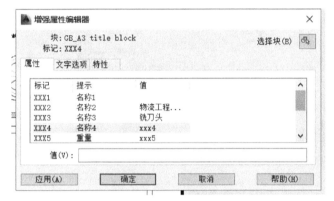
图 11-41 增强属性编辑

图 11-42 打印

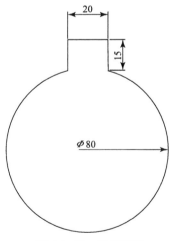
图 11-43 素材图形

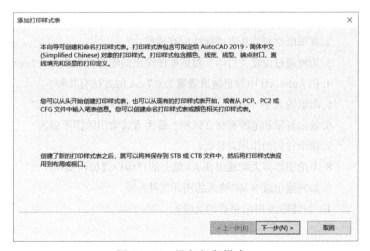
图 11-44 添加打印样式

②进入"开始"界面（图 11-45），保持默认设置，单击"下一步"按钮，进入"表格类型"界面（图 11-46），保持默认设置，单击"下一步"按钮。

③进入"文件名"界面，在文件名文本框中输入"后立杆"，单击"下一步"按钮（图 11-47）。

④弹出"完成"界面，单击"完成"按钮（图 11-48），此时即可创建打印样式表。

图 11-45 "开始"界面

图 11-46 "表格类型"界面

图 11-47 "文件名"界面

图 11-48 "完成"界面

思考题

1. 图纸空间和模型空间有哪些主要区别？
2. 在图纸空间能否直接标注所有的尺寸？
3. 如何通过设置"打印"对话框使输出的轮廓线宽度为 0.7mm？
4. 在 AutoCAD 中设置输出线宽为 0.7mm 的方法有几种？
5. 图纸的大小、边框、可打印区域、打印区域有什么区别？
6. 输出界限和范围有什么区别？哪种方式输出的图形最大？
7. 输出比例的作用是什么？
8. 不论图形多大均输出在 A4 纸上的打印设置如何操作？
9. 如何输出成 WMF 格式的图元文件？
10. 如何输出 PDF 格式的文件？

课后练习

1. 利用电子图集的方法打印图，如图 11-49 所示。
2. 输出下图的 DWF 文件，如图 11-50 所示。
3. 利用"管理设计中心"，根据图 11-51 在图 11-52 中插入块。

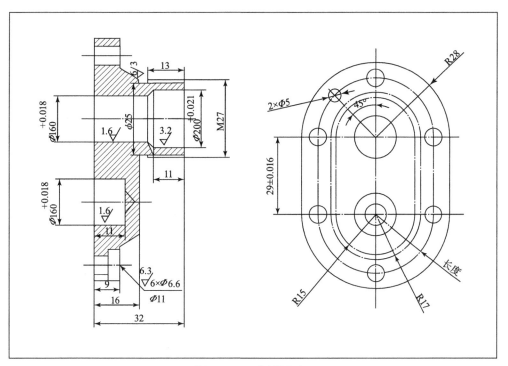

图 11-49 素材图形 1

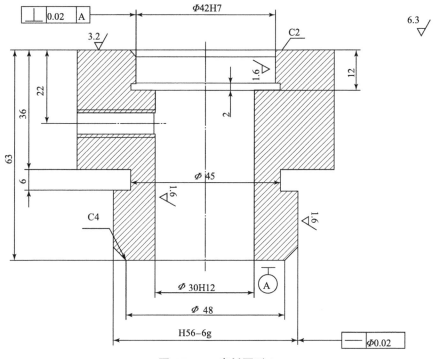

图 11-50 素材图形 2

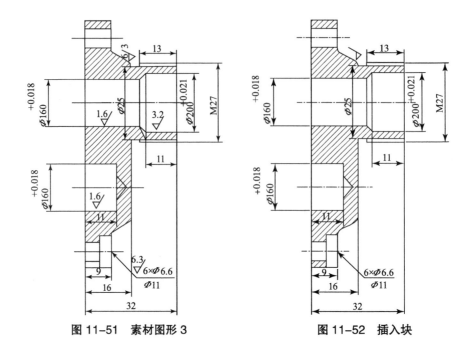

图 11-51 素材图形 3　　　　图 11-52 插入块

参考文献

付饶，段利君，洪友伦，2020. AutoCAD 中文版基础应用信息化教程 [M]. 南京：南京大学出版社.

蒋冬清，朱俊杰，代春香，2018. AutoCAD 2014 实用教程 [M]. 成都：西南交通大学出版社.

曹汉鸣，2017. AutoCAD 2016 绘图应用 [M]. 南京：东南大学出版社.

陈杰峰，2017. 机械制图 [M]. 重庆：重庆大学出版社.

郑才国，2016. 中文版 AutoCAD 2016 基础 [M]. 重庆：重庆大学出版社.

闫双喜，2015. 计算机辅助园林设计 [M]. 重庆：重庆大学出版社.

张佑林，陈松平，张燕红，等，2015. 机械工程图学基础教程 [M]. 北京：人民邮电出版社.

赵冰华，喻骁，胡爱宇，等，2014. 土木工程 CAD+ 天正建筑基础实例教程 [M]. 南京：东南大学出版社.

陆学斌，李永强，2013. AutoCAD 机械制图基础及应用 [M]. 北京：人民邮电出版社.

唐人卫，李铭章，杨为邦，2013. 画法几何及土木工程制图 [M]. 南京：东南大学出版社.

胡仁喜，杭平平，江霞，等，2013. AutoCAD 机械制图实例教程 [M]. 北京：人民邮电出版社.

沈嵘枫，戴之铭，粘雅玲，2014. 计算机辅助设计立体化教材建设 [J]. 成都师范学院学报（3）：108-111.

沈嵘枫，2004. 从创新角度设置 CAD 教学 [J]. 重庆交通学院学报：社会科学版（3）：140-141.

沈嵘枫，2010. 城市规划仿真教学 [J]. 农业科技与信息：现代园林（6）：64-66.

沈嵘枫，2005. 基于 Solidworks 的杂质分离机叶轮强度设计 [J]. 林业机械与木工设备（1）：36-38.

沈嵘枫，曾任仁，2005. 杂质分离机主轴的有限元分析 [J]. 现代机械（1）：4-6.

中国标准化管理委员会，1998. GB/T 14665—1998，机械工程 CAD 制图规则 [S]. 北京：中国标准出版社.

中国标准化管理委员会，2012. GB/T 14665—2012，机械工程 CAD 制图规则 [S]. 北京：中国标准出版社.

中国标准化管理委员会，1999. GB/T 17825.1—1999，CAD 文件管理总则 [S]. 北京：中国标准出版社.

中国标准化管理委员会，1999. GB/T 17825.2—1999，CAD 文件管理基本格式 [S]. 北京：中国标准出版社.

中国标准化管理委员会，1999. GB/T 17825.3—1999，CAD 文件管理编号原则 [S]. 北京：中国标准出版社.

中国标准化管理委员会，1999. GB/T 17825.4—1999，CAD 文件管理编制规则 [S]. 北京：中国标准出版社.

中国标准化管理委员会，1999. GB/T 17825.6—1999，CAD 文件管理更改规则 [S]. 北京：

中国标准出版社．

中国标准化管理委员会，1999. GB/T 17825. 9—1999，CAD 文件管理完整性 [S]. 北京：中国标准出版社．

中国标准化管理委员会，1999. GB/T 17825. 10—1999，CAD 文件管理存储与维护 [S]. 北京：中国标准出版社．

中国标准化管理委员会，1996. GB/T 16722. 3—1996，技术产品文件计算机辅助技术信息处理产品设计过程中的状态 [S]. 北京：中国标准出版社．

中国标准化管理委员会，2001. GB/T 18594—2001，技术产品文件字体拉丁字母、数字和符号的 CAD 字体 [S]. 北京：中国标准出版社．

附录1 AutoCAD 常用键盘命令

一、常用功能键

F1：获取帮助

F2：实现作图窗和文本窗口的切换

F3：控制是否实现对象自动捕捉

F4：数字化仪控制

F5：等轴测平面切换

F6：控制状态行上坐标的显示方式
F7：栅格显示模式控制
F8：正交模式控制
F9：栅格捕捉模式控制
F10：极轴模式控制
F11：对象追踪模式控制
（用 Alt+ 字母可快速选择命令，这种方法可快捷操作大多数软件）

二、常用快捷键

ALT+TK 如快速选择
ALT+NL 线性标注 ALT+VV4 快速创建四个视口
ALT+MUP 提取轮廓
Ctrl+B：栅格捕捉模式控制（F9）
Ctrl+C：将选择的对象复制到剪切板上
Ctrl+F：控制是否实现对象自动捕捉（F3）
Ctrl+G：栅格显示模式控制（F7）
Ctrl+J：重复执行上一步命令
Ctrl+K：超级链接
Ctrl+N：新建图形文件
Ctrl+M：打开选项对话框
Ctrl+O：打开图象文件
Ctrl+P：打开打印对说框
Ctrl+S：保存文件
Ctrl+U：极轴模式控制（F10）
Ctrl+V：粘贴剪贴板上的内容
Ctrl+W：对象追踪式控制（F11）
Ctrl+X：剪切所选择的内容
Ctrl+Y：重做
Ctrl+Z：取消前一步的操作
Ctrl+1：打开特性对话框
Ctrl+2：打开图象资源管理器
Ctrl+3：打开工具选项板
Ctrl+6：打开图象数据原子
Ctrl+8 或 QC：快速计算器
双击中键：显示里面所有的图像

三、尺寸标注

DLI：线性标注

DRA：半径标注
DDI：直径标注
DAL：对齐标注
DAN：角度标注
DCO：连续标注
DCE：圆心标注
LE：引线标注
TOL：公差标注

四、捕捉快捷命令

END：捕捉到端点
MID：捕捉到中点
INT：捕捉到交点
CEN：捕捉到圆心
QUA：捕捉到象限点
TAN：捕捉到切点
PER：捕捉到垂足
NOD：捕捉到节点
NEA：捕捉到最近点

五、基本快捷命令

AA：测量区域和周长（area）
ID：指定坐标
LI：指定集体（个体）的坐标
AL：对齐（align）
AR：阵列（array）
AP：加载*lsp 程系
AV：打开视图对话框（dsviewer）
SE：打开对象自动捕捉对话框
ST：打开字体设置对话框（style）
SO：绘制二围面（2dsolid）
SP：拼音的校核（spell）
SC：缩放比例（scale）
SN：栅格捕捉模式设置（snap）
DT：文本的设置（dtext）
DI：测量两点间的距离
OI：插入外部对象
RE：更新显示

RO：旋转
LE：引线标注
ST：单行文本输入
La：图层管理器

六、绘图命令

REC：矩形
A：绘圆弧
B：定义块
C：画圆
D：尺寸资源管理器
E：删除
F：倒圆角
G：对象组合
H：填充
I：插入
J：对接
S：拉伸
T：多行文本输入
W：定义块并保存到硬盘中
L：直线
PL：画多段线
M：移动
X：分解炸开
V：设置当前坐标
U：恢复上一次操作
O：偏移
P：移动
Z：缩放

附录 2　AutoCAD 样板说明

acad-NamedPlotStyles.dwt（dwt-30.7KB）
使用英制单位、ANSI 标注设置和指定的打印样式创建图形。
acad-NamedPlotStyles3D.dwt（dwt-31.8KB）
使用英制单位、ANSI 标注设置、指定的打印样式和初始等轴测视图创建图形。
acad.dwt（dwt-30.8KB）
使用英制单位、ANSI 标注设置和基于颜色的打印样式创建图形。
acad3D.dwt（dwt-32.3KB）
使用英制单位、ANSI 标注设置、基于颜色的打印样式和初始等轴测视图创建图形。
acadISO-NamedPlotStyles.dwt（dwt-30.9KB）
使用公制单位、ISO 标注设置和指定的打印样式创建图形。
acadISO-NamedPlotStyles3D.dwt（dwt-31.8KB）
使用公制单位、ISO 标注设置、指定的打印样式和初始等轴测视图创建图形。
acadiso.dwt（dwt-30.8KB）
使用公制单位、ISO 标注设置和基于颜色的打印样式创建图形。
acadiso3D.dwt（dwt-32.2KB）
使用公制单位、ISO 标注设置、指定的打印样式和初始等轴测视图创建图形。
ArchitecturalImperial（dwt-48.6KB）
使用英制单位和适用于建筑的典型设置创建图形。
ArchitecturalMetric（dwt-47.5KB）
使用公制单位和适用于建筑的典型设置创建图形。
CivilImperial（dwt-46.4KB）
使用英制单位和适用于土木工程的典型设置创建图形。
CivilMetric（dwt-46.1KB）
使用公制单位和适用于土木工程的典型设置创建图形。
ManufacturingImperial（dwt-52.7KB）
使用英制单位和适用于机械设计的典型设置创建图形。
ManufacturingMetric（dwt-50.1KB）
使用公制单位和适用于机械设计的典型设置创建图形。
Tutorial-iArch.dwt（dwt-38.8KB）
使用英制单位和适用于建筑的典型设置创建图形。
Tutorial-iMfg.dwt（dwt-39.4KB）
使用英制单位和适用于机械设计的典型设置创建图形。
Tutorial-mArch.dwt（dwt-42.0KB）
使用公制单位和适用于建筑的典型设置创建图形。

Tutorial-mMfg.dwt（dwt-49.1KB）

使用公制单位和适用于机械设计的典型设置创建图形。

AutoCAD 图纸集

ArchitecturalImperialSheetSet（dst-24.7KB）

创建默认图纸尺寸为 24 × 36 英寸的新图纸集。

ArchitecturalMetricSheetSet（dst-23.8KB）

创建默认图纸尺寸为 594mm × 841mm 的新图纸集。

CivilImperialSheetSet（dst-16.7KB）

创建默认图纸尺寸为 24 × 36 英寸的新图纸集。

CivilMetricSheetSet（dst-16.6KB）

创建默认图纸尺寸为 594mm × 841mm 的新图纸集。

ManufacturingImperialSheetSet（dst-14.5KB）

创建默认图纸尺寸为 17 × 22 英寸的新图纸集。

ManufacturingMetricSheetSet（dst-14.4KB）

创建默认图纸尺寸为 297mm × 420mm 的新图纸集。